北大版普通高等教育"十四五"规划教材

21世纪教师教育系列教材·初等教育系列

小学英语课程教学设计与实践

主　编　杨小彬
副主编　林一如　高　琳
编　者　洪　晨　应胜男　宋秋红　丁红梅　高　琳
　　　　林一如　李蓓蓓　白　兰　付　洁

北京大学出版社
PEKING UNIVERSITY PRESS

图书在版编目（CIP）数据

小学英语课程教学设计与实践 / 杨小彬主编. -- 北京：北京大学出版社，2025.6. -- (21世纪教师教育系列教材. 初等教育系列). -- ISBN 978-7-301-36223-5

Ⅰ.G623.312

中国国家版本馆CIP数据核字第2025TC7597号

书　　　名	小学英语课程教学设计与实践 XIAOXUE YINGYU KECHENG JIAOXUE SHEJI YU SHIJIAN
著作责任者	杨小彬 主编
责 任 编 辑	于　娜
标 准 书 号	ISBN 978-7-301-36223-5
出 版 发 行	北京大学出版社
地　　　址	北京市海淀区成府路205号　100871
网　　　址	http://www.pup.cn　新浪微博：@北京大学出版社
微信公众号	通识书苑（微信号：sartspku）　科学元典（微信号：kexueyuandian）
电 子 邮 箱	编辑部 jyzx@pup.cn　　总编室 zpup@pup.cn
电　　　话	邮购部 010-62752015　发行部 010-62750672　编辑部 010-62767857
印 刷 者	北京鑫海金澳胶印有限公司
经 销 者	新华书店
	787毫米×1092毫米　16开本　16.75印张　300千字 2025年6月第1版　2025年6月第1次印刷
定　　　价	55.00元

未经许可，不得以任何方式复制或抄袭本书之部分或全部内容。
版权所有，侵权必究
举报电话：010-62752024　电子邮箱：fd@pup.cn
图书如有印装质量问题，请与出版部联系，电话：010-62756370

内容简介

本书依据最新修订的《义务教育英语课程标准（2022年版）》编写，专为一线小学英语教师设计，紧扣课堂教学的中心环节，按照趣味性、互动性和实用性原则，为小学英语教师提供了语音、词汇、语法、听力、口语、阅读、读写课和游戏活动等课堂教学设计的40个案例，并配有编者们的视频说明，是编者们十多年小学英语教学经验的结晶。本书力求架起连接理论与实践的桥梁，为教师提供可操作的路径，帮助每一位教师上好每一堂课。

本书可作为英语教育专业学生教材教法课程用书，同时也可作为小学英语教师培训和进修教材。

作者简介

杨小彬，湖北大学外国语学院教授、博士生导师，湖北大学"沙湖学者"，湖北省优秀基层教学组织负责人，长期从事外语教育学、语言学及应用语言学研究。曾获得湖北省高等学校教学成果二等奖、湖北大学校级教学成果一等奖。

本书资源

扫描右侧二维码，关注"博雅学与练"微信公众号，即可扫描本书所有的二维码观看视频学习资源。

一书一码，相关资源仅供一人使用。

读者在使用过程中如遇到技术问题，可发邮件至 yunana1219@163.com。

任课教师可根据书后的"教辅申请说明"反馈信息，获取教辅资源。

小学英语课程教学
设计与实践
请刮开后扫描获取本书资源
本码2030年12月31日前有效

前　言

我国小学英语教学起步于20世纪90年代，发展于21世纪初，并在上个十年逐渐在大中城市的小学中普及。但是由于受到经济条件、师资力量、生活环境、基础设施、理论与实践探索等多种因素的影响，小学英语教学普遍存在费时低效的问题。教学中应试的成分偏多，课堂教学与初高中英语教学同质化，教学设计不注重小学生认知水平和认知结构的特点，教学目标不注重英语应用能力培养，从而导致小学生英语学习的兴趣不足，实际英语应用能力也难以达到社会的期望。

"全面提升课堂教学水平"是中共中央、国务院印发的《教育强国建设规划纲要（2024—2035年）》第（十）条提出的要求，课堂教学是组织教学的中心环节，教学目标的落实和学生能力的提升依赖于有效的课堂教学设计。小学英语课堂教学要全面理解和把握2024年9月全国教育大会指出的"教育的政治属性、人民属性、战略属性"，全面落实《义务教育课程方案（2022年版）》和《义务教育英语课程标准（2022年版）》的相关精神，从最基本的课堂教学设计入手，以趣味性和实用性为原则，全面创新小学英语课堂教学设计与实践工作。小学英语的课堂教学设计，首先要遵循国家标准；其次要因材施教，教学活动必须符合小学生的认知特点；最后还要具有实用性。

本书围绕小学英语教学的总体目标和分级目标，按照趣味性、互动性和实用性原则，为小学英语教师提供了语音、词汇、语法、听力、口语、阅读、读写课和游戏活动等课堂教学设计的案例。每一章均提供五个案例，案例选材不拘泥于某一个版本的教材，案例设计者均有10年以上小学英语教学经验，且大都具有高级职称，是所在学校的英语课程组负责人。

本书专为一线小学英语教师设计，突出课堂设计实践能力的培养。本书所编写的案例都经过实践的检验，是编者们十多年教学经验的结晶，教师们可以直接采用我们提供的案例设计，也可以根据实际情况酌情选用，更可以在此基础上创造出全新的教学设计。期望本书对小学英语教师，特别是中西部地区的小学英语教师有所启发，并实实在在提高课堂教学设计能力。

编写《小学英语课程教学设计与实践》是一项艰巨的工程，我们得到了华中师范大学、湖北省人民政府研究室、湖北省教育厅、湖北大学等联合创建的"信息化与基础教育均衡发展省部共建协同创新中心"的大力支持,得到了湖北省和广东省两地小学英语教师的大力支持,在此一并表示感谢!

本书共有九章。第一章"小学英语教学设计概述"由杨小彬和洪晨编写,第二章"小学英语语音教学设计与实践"由应胜男编写,第三章"小学英语词汇教学设计与实践"由宋秋红编写,第四章"小学英语语法教学设计与实践"由丁红梅编写,第五章"小学英语听力教学设计与实践"由高琳编写,第六章"小学英语口语教学设计与实践"由林一如编写,第七章"小学英语阅读教学设计与实践"由李蓓蓓编写,第八章"小学英语读写课教学设计与实践"由白兰编写,第九章"小学英语游戏活动教学设计与实践"由付洁编写。

由于我们理论水平和实践水平的限制,尽管我们在写作过程中力求完美,编写过程不免有挂一漏万,如有错漏之处,恳请专家、学者、同行们批评指正。

2025 年 2 月于武昌沙湖之滨

目 录

第一章 小学英语教学设计概述 ... 1
第一节 小学英语教育发展历程 ... 2
第二节 小学英语教学目标 ... 7
第三节 小学英语教学设计原则 ... 13

第二章 小学英语语音教学设计与实践 ... 17
第一节 小学英语语音教学内容分析 ... 17
第二节 学习者分析 ... 19
第三节 小学英语语音教学案例设计 ... 21

第三章 小学英语词汇教学设计与实践 ... 38
第一节 小学英语词汇教学内容分析 ... 38
第二节 学习者分析 ... 40
第三节 小学英语词汇教学案例设计 ... 40

第四章 小学英语语法教学设计与实践 ... 59
第一节 小学英语语法教学内容分析 ... 59
第二节 学习者分析 ... 60
第三节 小学英语语法教学案例设计 ... 63

第五章 小学英语听力教学设计与实践 ... 84
第一节 小学英语听力教学内容分析 ... 84
第二节 学习者分析 ... 85
第三节 小学英语听力教学案例设计 ... 88

第六章 小学英语口语教学设计与实践 ... 115
第一节 小学英语口语教学内容分析 ... 116
第二节 学习者分析 ... 117
第三节 小学英语口语教学案例设计 ... 122

第七章　小学英语阅读教学设计与实践 ... 160
第一节　小学英语阅读教学内容分析 ... 161
第二节　学习者分析 ... 161
第三节　小学英语阅读教学案例设计 ... 163

第八章　小学英语读写课教学设计与实践 ... 188
第一节　小学英语读写课教学内容分析 ... 189
第二节　学习者分析 ... 194
第三节　小学英语读写课教学案例设计 ... 197

第九章　小学英语游戏活动教学设计与实践 ... 232
第一节　小学英语游戏活动教学内容分析 ... 233
第二节　学习者分析 ... 234
第三节　小学英语游戏活动教学案例设计 ... 236

参考文献 ... 253

第一章　小学英语教学设计概述

中国小学英语教育发展和壮大是中国大规模改革开放战略的必然选择。语言是思维的外衣，是人类彼此沟通的主要工具。由于历史的原因，英语在现代社会被当作世界"通用语"在世界范围内广泛使用。为了学习世界各国的先进技术、实现中西方文明的有效融通，中国教育界最早聚焦于大学英语，通过编写大学英语教学大纲和开发大学英语四级、六级考试等手段，大力发展大学英语教学。21世纪初期，中国的改革开放事业进一步加快，国际化程度进一步加深，与此相适应，中国教育部更加重视基础阶段的英语教学，小学英语教育逐渐走向规范化，教与学的研究得以加快发展。

经过20多年的快速发展，中国的小学英语教育取得了长足的进步。小学英语师资的学历结构和年龄结构更加合理化，小学英语教材更加多样化，小学英语教法研究更加多元化。但是，关于小学是否有开设英语的必要、是否需要解除小学英语的主科地位的讨论一直没有停歇。这客观上反映了小学英语教学面临困难的现状。

首先，小学英语教学效果未达到预期。社会和家长在小学生英语学习的目标和评价手段上并没有一个统一的指挥棒。无论是教育部2001年颁布实施的《小学英语课程教学基本要求（试行）》，还是《义务教育英语课程标准（2011年版）》，以及《义务教育英语课程标准（2022年版）》，都对小学英语课程的性质和目标做了比较详细的描述，但是对于实现课程目标的方法和手段没有统一的规定，没有出台统一的评价手段和原则。家长们大都不了解这些纲领性文件，不了解小学生学习英语的目的，甚至用大学生或者成年人的标准来评价孩子的英语学习成效。小学英语教师在教学方法、教学手段上也各显神通，但是由于缺乏相应的培训，小学英语教学与中学英语教学同质化问题严重。

其次，小学英语教师教学任务重，缺乏在职培训和交流。在开设小学英语课程的学校也还存在着师资不足的情况，导致教师教学负担重。王蔷（2011）调查发现，小学英语班级平均人数约为50人，有些班级高达70—90人，教师周课时在16—20节，有些教师周课时达到22—24节。不少教师跨2—4个年级教授两三百名学生，工作负担和压力都超出常规。繁重的教学工作使教师疲于应付，没有时间和精力研究教材和教法。另外，客观上小学英语教师的学历结构还有待提升。小学英语教师的分布存在城乡差别、中西部差别，优秀的小学英语教师大多集中在中东部大城市，而西部乡村小学英语教师受教学任务的限制，缺乏与同行交流的机会，更缺乏向优秀英语教师学习的机会。以上种种原因，可能会导致小学英语教师在教学方法、课堂设计和教学研究等方面的倦怠。

最后，小学英语教师课堂设计有待提升。课堂教学是小学英语教学成功与否的关键所在。在小学生"减负"的时代背景下，小学英语教师必须对小学英语的课程性质、教学目标、教学原则、教学方法等有系统的学习和掌握，做到因事、因地、因材进行课堂设计和教学实践，才能有效地利用课堂时间，更好地发挥课堂教学的作用。

小学英语教学需要全面落实《义务教育课程方案（2022年版）》和《义务教育英语课程标准（2022年版）》的相关精神，紧密结合时代要求，从最基本的课堂教学设计入手，以趣味性和实用性为原则，全面推进课堂设计与实践工作，为加快推进教育现代化、建设教育强国、办好人民满意的教育服务。

本章将从小学英语教育发展历程、小学英语教学目标和小学英语教学设计原则三个方面展开论述，以便读者更好地阅读和使用本教材后续章节的相关案例。

第一节　小学英语教育发展历程

1978年以前的中国小学英语教育大多是零散的，缺乏合理、系统的课程体系，缺乏相应的合格师资，没有统一的教材，在实践层面并没有大规模实施过。在本书中，小学英语主要是指1978年之后在中国小学阶段实施的课堂英语教学。总体上看，中国小学英语教育的发展经历了三次大的变革，分别在1978年、2001年和2011年。这三次大变革以三个文件的颁布和实施为标志。下面我们将围绕这三个文件，分阶段讨论中国小学英语教育的发展历程。

一、起步阶段（1978—2000年）

改革开放初期，英语教学的目的主要是让学生学习西方先进的科学技术，拓展其国际视野。因为师资和教材缺乏，所以基本上只有部分大学才有条件开设英语课，小学英语处于艰难起步阶段。

以1978年《全日制十年制中小学英语教学大纲（试行草案）》的颁布为代表，我国的基础外语教育开始艰难起步，英语慢慢进入高中课堂和初中课堂，并成为高考和中考的基础科目，英语在初中和高中受到了空前的重视。根据该草案的要求，英语教学普遍特别注重听、说、读、写等语言知识的学习，注重英语的工具性价值，强调英语教学的实践性，提出了"精讲语言基础知识，着重培养学生运用语言进行交际的能力""听、说、读、写综合训练，阶段侧重""尽量使用英语，适当利用母语"等教学策略与方法。在实际教学过程中，词汇教学和阅读教学是教学的重点，教学方法以语法翻译法为主。

这一时期的小学英语教育只是在中东部少数大城市慢慢发展，小学英语教学基本上处于从无到有的阶段。合格师资严重不足，没有统编教材，小学英语教育基本处于可有可无的状态。

1992年《九年义务教育全日制初级中学英语教学大纲（试用修订版）》是对1978年《全日制十年制中小学英语教学大纲（试行草案）》的突破，在教学目标、教学观念、教学方法、教学手段等方面都有不同程度的发展。在教学目标上，改变传统的以读写教学为主的"哑巴英语"，强调通过听、说、读、写的基本训练，不仅仅让学生获得英语知识，还要"培养学生运用语言进行交际的能力"，并且开始从外语教育对于拓展学生国际视野、提高学生综合素质等人格发展角度思考英语教学的价值问题。在教学观念和教学方法上，教师的"主导"作用慢慢变为"指导"作用，指明教师的主要任务是"引导和帮助学生学习英语"。在教学手段上，大纲要求充分利用各种教具和现代化教育技术进行英语教学，挂图、磁带、幻灯机、录像带、VCD、DVD和计算机慢慢融入英语课堂。

1992—2000年，在全面推进社会主义科学发展的时代背景下，英语教学受到了前所未有的重视，在"疯狂英语"和"从娃娃抓起"引发的全面学英语的热潮带动下，全国许多大中城市的小学效仿初中和高中，开始创造条件，大规模开设小学英语课，使其成为与语文和数学并列的一门基础学科。

同样受限于小学英语师资发展城乡不平衡和大部分教师学历偏低等原因，此阶段对于是否有必要开设小学英语课还存在疑问，乡村小学普遍还没有开设英语课。

二、发展阶段（2001—2010年）

随着我国加入世界贸易组织（WTO），我国国民的总体英语水平与我国的国际地位和发展所需要的国民英语水平存在差距，因此，我国对新课程改革强力推进，以提高国民素质为宗旨，以培养创新精神和实践能力为重点，促进每个学生健康发展，培养学生良好品德，培养学生终身学习的愿望和能力。2001年，教育部颁布了《小学英语课程教学基本要求（试行）》（以下简称《基本要求》），重新定位了新时代背景下小学英语教学的任务和目标。

《基本要求》强调小学开设英语课程的基本目标是："2001年秋季始，全国城市和县城小学逐步开设英语课程；2002年秋季，乡镇所在地小学逐步开设英语课程。小学开设英语课程的起始年级一般为三年级。"

《基本要求》指出小学阶段开设英语课程的目的是："激发学生学习英语的兴趣，培养他们英语学习的积极态度，使他们建立初步的学习英语的自信心；培养学生一定的语感和良好的语音、语调基础；使他们形成初步用英语进行简单日常交流的能力，为进一步学习打下基础。"

在教学模式和方法上，《基本要求》提出"要创建以活动课为主的教学模式"，要求教师不讲语法概念，"采用听、做、说、唱、玩、演的方式，鼓励学生积极参与，大胆表达，侧重提高小学生对语言的感受和初步用英语进行听、说、唱、演的能力"。

在教材和资源方面，《基本要求》指出："小学英语教材应符合儿童的认知特点，有利于培养他们的学习兴趣与语感；要有利于学生了解英语国家的文化、习俗，培养他们对异国文化的正确态度。教材还应有利于培养学生用英语进行交流和做事情的能力，提高他们的思维能力和认识世界的能力。小学英语教学应尽量采用多种媒体的现代化教学手段，充分利用录音机、VCD 机、广播、电视、网络等设备和技术，创设良好语言环境和充分的语言实践机会。"

在教学评价方面，要"以形成性评价为主，以学生平时参与各种英语教学活动所表现出的兴趣、态度和交流能力为主要依据"。

《基本要求》把小学、初中和高中的英语教学目标分为 1—9 级：1—2 级为小学生的毕业要求；3—5 级为初中生的毕业要求；6—7 级为高中生的毕业要求；8—9 级供有兴趣和有潜能的学生选修。其中，小学英语教学的目标要求见表 1-1。

表 1-1　小学英语教学的目标要求

级别	目标类别	目标描述
一级	听、做	● 能根据听到的词语识别或指认图片或实物 ● 能听懂课堂指令并作出相应的反应 ● 能根据指令做事情，比如指图片、涂颜色、画图、做动作、做手工等 ● 能在图片和动作的提示下听懂小故事并作出反应
	说、唱	● 能听录音并进行模仿 ● 能相互问候 ● 能交流简单的个人信息，如姓名、年龄等 ● 能表达简单的情感和感觉，如喜欢和不喜欢 ● 能够根据表演猜意思、说词语 ● 能唱简单的英文歌曲 15—20 首，说歌谣 15—20 首 ● 能根据图、文说出单词或短句
	玩、演	● 能用英语做游戏并在游戏中用英语进行交际 ● 能做角色表演 ● 能表演英文歌曲及简单的童话剧，如《小红帽》等

（续表）

级别	目标类别	目标描述
一级	读、写	● 能看图识字 ● 能在指认物体的前提下认读所学词语 ● 能在图片的帮助下读懂小故事 ● 能正确书写单词和句子
	视听	● 能看懂语言简单的英文动画片或程度相当的教学节目。视听时间每学年不少于10小时（平均每周20—25分钟）
二级	听	● 能在图片、手势的帮助下，听懂语速较慢但语调自然的话语或录音材料 ● 能听懂简单的配图小故事 ● 能听懂课堂活动中简单的提问 ● 能听懂常用指令和要求并作出适当的反应
	说	● 能在口头表达中做到发音清楚、重音正确、语调达意 ● 能就所熟悉的个人和家庭情况进行简短对话 ● 能恰当运用一些最常用的日常套语（如问候、告别、致谢、致歉等） ● 能在教师的帮助下讲述小故事
	读	● 能认读所学词语 ● 能根据拼读规律读出简单的单词 ● 能读懂教材中简短的要求或指令 ● 能读懂问候卡等中的简单信息 ● 能借助图片读懂简单的故事或小短文，养成按意群阅读的习惯 ● 能正确朗读所学故事或短文
	写	● 能根据要求为图片、实物等写出简短的标题或描述 ● 能模仿范例写句子 ● 能写出简单的问候语 ● 写句子时能正确使用大小写字母和标点符号
	玩、演	● 能按要求用英语做游戏 ● 能在教师的帮助下表演小故事或童话剧 ● 能表演歌谣或简单的诗歌30—40首（含一级要求） ● 能演唱英文歌曲30—40首
	视听	● 能看懂英文动画片和程度相当的英语教学节目，每学年不少于10小时（平均每周不少于20—25分钟）

注：

①小学英语的话题范围包括数字、颜色、时间、天气、食品、服装、玩具、动植物、身体、个人情况、家庭、学校、朋友、文体活动、节日等。

②小学阶段学生接触的英语词汇以话题范围为主，总量控制在600—700个单词。本教学要求对词汇不做具体规定。

这个阶段的小学英语教育在乡村学校逐渐开始普及，小学英语师资队伍、学历结构逐步优化，小学英语教材和资源全面发展。英语作为世界通用语、作为跨文化交流的媒介、作为公民基本素养的价值在小学英语教育中得以凸显。

三、普及阶段（2011 年至今）

2008 年国际金融危机大爆发，使我们认识到世界处于大发展和大调整的变革时期，作为一个和平发展的大国，中国要承担重要的历史使命和国际责任与义务。在人类命运共同体的建设和"一带一路"倡议的大潮中，我国小学英语教学进一步跨越发展。

2011 年，教育部颁布了《义务教育英语课程标准（2011 年版）》（以下简称《课程标准》），明确了在义务教育阶段开设英语课程对青少年的未来发展的重要意义："学习英语不仅有利于他们更好地了解世界，学习先进的科学文化知识，传播中国文化，增进他们与各国青少年的相互沟通和理解，还能为他们提供更多的接受教育和职业发展的机会。学习英语能帮助他们形成开放、包容的性格，发展跨文化交流的意识与能力，促进思维发展，形成正确的人生观、价值观和良好的人文素养。学习英语能够为学生未来参与知识创新和科技创新储备能力，也能为他们未来更好地适应世界多极化、经济全球化以及信息化奠定基础。"

《课程标准》进一步强调了小学英语课程工具性和人文性兼具的特点："就人文性而言，英语课程承担着提高学生综合人文素养的任务，即学生通过英语课程能够开阔视野，丰富生活经历，形成跨文化意识，增强爱国主义精神，发展创新能力，形成良好的品格和正确的人生观与价值观。"

《课程标准》还对小学英语课程的基本理念、设计思路、总体目标、分级标准和实施建议分别做了纲领性总结。这一文件明确了小学英语教师、教材和教学的发展方向，极大地推进了我国的小学英语教学，使得几乎所有的小学从三年级开始开设小学英语课程，提高了小学生的整体英语水平。

《课程标准》关于小学必须从三年级开始开设英语课程的规定，大大推动了小学英语教学的发展，尤其是大大推动了农村小学英语的普及。小学英语教师数量增加、学历结构和年龄结构进一步优化，小学英语教材进一步规范化，小学英语课堂教法的研究进一步深入。

2022 年，为贯彻落实党的十八大、党的十九大精神，落实全国教育大会部署，全面落实立德树人根本任务，进一步深化课程改革，教育部颁布了《义务教育英语课程标准（2022 年版）》[以下简称《英语课标（2022）》]，进一步明确了英语的地位和义务教育英语课程的性质："英语属于印欧语系，是当今世界经济、政治、科技、文化等活动中广泛使用的语言，是国际交流与合作的重要沟通工具，也是传播人类文明成果的载体之一"；"义务教育英语课程体现工具性和人文性的统一，具有基础性、实践性和综合性特征。学习和运用英语有助于学生了解不同文化，比较文化异同，汲取文化精华，逐步形成跨文化沟通与交流的意识和能力，学会客观、理性看待世界，树立国际视野，涵养家国情怀，坚定文化自信，形成正确的世界观、人生观和价值观，为学生终身学习、适应未来社会发展奠定基础。"

本章将在第二节对《英语课标（2022）》中小学英语的教学目标和课程标准进行全方位的解读，以便读者进一步明晰小学英语的课程标准。

第二节　小学英语教学目标

教学目标是课堂设计的出发点和指挥棒，小学英语教师必须深刻领会《英语课标（2022）》中教学目标的相关精神，并将其全方位地融于课堂教学的方方面面，尤其是课堂教学的设计和实践。没有教学目标的指引，课堂教学设计可能会偏离本源，教学效果可能会难以令学生、家长和社会满意。

教学目标分为广义的教学目标和狭义的教学目标。从广义上讲，小学英语教学目标是指国家相关文件规定的国家总体培养目标，学科教学目标，分阶段、分技能的教学目标等。从狭义上讲，小学英语教学目标是指单元教学的具体目标，也可以是某节课的课时教学目标。可见，教学目标是一个多层次的立体系统，为课堂教学设计规定方向，指明路径。

本节将从小学英语教学总目标、学段目标等两个方面解读《英语课标（2022）》对于小学英语教学的相关要求。

一、小学英语教学总目标

《英语课标（2022）》从四个方面阐述了我国小学英语教学的总体目标：

（1）发展语言能力。能够在感知、体验、积累和运用等语言实践活动中，认识英语与汉语的异同，逐步形成语言意识，积累语言经验，进行有意义的沟通与交流。

（2）培育文化意识。能够了解不同国家的优秀文明成果，比较中外文化的异同，发展跨文化沟通与交流的能力，形成健康向上的审美情趣和正确的价值观；加深对中华文化的理解和认同，树立国际视野，坚定文化自信。

（3）提升思维品质。能够在语言学习中发展思维，在思维发展中推进语言学习；初步从多角度观察和认识世界、看待事物，有理有据、有条理地表达观点；逐步发展逻辑思维、辩证思维和创新思维，使思维体现一定的敏捷性、灵活性、创造性、批判性和深刻性。

（4）提高学习能力。能够树立正确的英语学习目标，保持学习兴趣，主动参与语言实践活动；在学习中注意倾听、乐于交流、大胆尝试；学会自主探究，合作互助；学会反思和评价学习进展，调整学习方式；学会自我管理，提高学习效率，做到乐学善学。

义务教育阶段英语教学的总目标既体现了外语教学的工具性：发展语言能力和提高学习能力，也体现了外语教学的人文性：培育文化意识和提升思维品质。

与2011年版的英语《课程标准》相比，《英语课标（2022）》分别从语言能力、文化意识、思维品质和学习能力四个方面详细描述了小学中低年级、小学高年级、初中三个阶段英语课程的学段目标。从小学教育的特点来看，我们认为小学阶段的英语总目标不宜过高，不宜搞"一刀切"，应该根据小学生的学习特点，因地、因人制定狭义的教学目标，重点应该放在科学、系统的语言技能的训练，打好语言知识基础、培养英语学习的兴趣至关重要。

儿童心理学研究和教育实践证明，儿童时期是我们学习语言最快的时期，也是最关键的时期，即"关键期"假说。在儿童时期接受科学、系统的外语训练，可以收到事半功倍的效果，一旦错过关键期，就会形成语言习得的定式，很难弥补其中的缺失。

从这个意义上说，小学英语教师特别需要为学生打下坚实的英语基础，尤其是让他们掌握基本的语音知识和听力技能，这对于提高学生后续的英语学习动机，培养他们用英语交际的综合能力至关重要。

小学英语教师应该充分利用学生语言学习的天分，注重引导，设计有趣、生动的课堂，鼓励学生积极参与课堂活动，少纠错、少批评，抛开应试教学，注重形成性评价，使小学生愿意主动读英语、听英语，愿意主动用英语交流，呵护小学生英语学习的积极性，帮助他们树立英语学习的自信心。

二、小学英语教学学段目标

在2011年版的英语《课程标准》中，义务教育阶段英语教学分5个等级。在《英语课标（2022）》中，义务教育阶段的英语教学改为4个等级：预备级、一级、二级和三级，其中，预备级主要是指1—2年级，一级主要是指3—4年级，二级主要是指5—6年级，三级主要是指7—9年级。

《英语课标（2022）》指出："学段目标是对本学段结束时学生学习本课程应达到的学业成就的预设或期待，是总目标在各学段的具体化。义务教育英语课程分为三个学段，各学段目标设有相应的级别，即一级建议为3—4年级学段应达到的目标，二级建议为5—6年级学段应达到的目标，三级建议为7—9年级学段应达到的目标。"

学段目标是对小学生使用英语做事的具体描述，体现"learning by doing"的学习原则，强调小学生对英语语言知识的感知和使用，强调他们使用英语的体验。学段目标对语言知识性的内容没有明确规定，比如具体的语音、词汇和语法知识点，我们认为这符合小学生习得语言的一般规律。

学段目标是小学英语教师进行课堂教学设计和实践的根本依据，是课堂教学和课外学习应该达到的目标。小学英语教师应该深入理解各个学段目标，并在课堂教学设计与实践中充分体现这些分段目标。

《英语课标（2022）》围绕小学英语教学总目标，从语言能力、文化意识、思维品质和学习能力四个方面详细阐述了各个级别应该达到的分级目标，每个方面又分为三个维度。在每个方面的不同维度，三个学段的目标呈现依次递进的关系。

本节将主要集中在一级和二级的学段目标的解读上。

1. 语言能力学段目标

《英语课标（2022）》指出，语言能力指运用语言和非语言知识以及各种策略，参与特定情境下相关主题的语言活动时表现出来的语言理解和表达能力。语言能力的学段目标以学生在相应的学段"能做什么"为主要内容，从感知与积累，习得与建构和表达与交流三个维度展开描述（见表1-2）。

表1-2 语言能力学段目标

表现	3—4年级/一级	5—6年级/二级
感知与积累	能感知单词、短语及简单句的重音和升降调等；能有意识地通过模仿学习发音；能大声跟读音视频材料；能感知语言信息，积累表达个人喜好和个人基本信息的简单句式；能理解基本的日常问候、感谢和请求用语，听懂日常指令等；能借助图片读懂语言简单的小故事，理解基本信息；能正确书写字母、单词和句子。	能领悟基本语调表达的意义；能理解常见词语的意思，理解基本句式和常用时态表达的意义；能通过听，理解询问个人信息的基本表达方式；能听懂日常学习和生活中简单的指令、对话、独白和小故事等；能理解日常生活中用所学语言直接传递的交际意图；能读懂语言简单、主题相关的简短语篇，获取具体信息，理解主要内容。
习得与建构	在听或看发音清晰、语速较慢、用词简单的音视频材料时，能识别有关个人、家庭，以及熟悉事物的图片或实物、单词、短语；能根据简单指令作出反应；体会英语发音与汉语发音的不同；能借助语音、语调、手势、表情等判断说话者的情绪和态度；能在语境中理解简单句的表意功能。	在听或看发音清晰、语速适中、句式简单的音视频材料时，能获取有关人物、时间、地点、事件等基本信息；能识别常见语篇类型及其结构；能理解交流个人喜好、情感的表达方式；能根据图片，口头描述其中的人或事物；能关注生活中或媒体上的语言使用。

(续表)

表现	3—4年级/一级	5—6年级/二级
表达与交流	能围绕相关主题，运用所学语言，进行简单的交流，介绍自己和身边熟悉的人或事物，表达感情和喜好等，语言达意；在书面表达中，能根据图片或语境，仿写简单的句子。	能围绕相关主题，运用所学语言，与他人进行简单的交流，表演小故事或短剧，语音、语调基本正确；在书面表达中，能围绕图片内容或模仿范文，写出几句意思连贯的话。

从表1-2可以看出，小学英语教学应该注重通过听、读、说等感知训练，积累词汇、表达、句式、语用功能和语篇知识，学会描述事件、表达感情。小学英语教师的课堂设计应该使学生在亲身体验中学习英语技能，在"做"中提高英语语言能力。小学英语课堂设计应该以"做事情"和"模仿练习"这两个方面为重点。

2. 文化意识学段目标

《英语课标（2022）》指出，文化意识指对中外文化的理解和对优秀文化的鉴赏，是学生在新时代表现出的跨文化认知、态度和行为选择。文化意识的培育有助于学生增强家国情怀和人类命运共同体意识，涵养品格，提升文明素养和社会责任感。文化意识的学段目标从"具体能做什么"出发，从比较与判断、调适与沟通、感悟与内化三个维度展开描述（见表1-3）。

表1-3 文化意识学段目标

表现	3—4年级/一级	5—6年级/二级
比较与判断	有主动了解中外文化的愿望；能在教师指导下，通过图片、配图故事、歌曲、韵文等获取简单的中外文化信息；观察、辨识中外典型文化标志物、饮食及重大节日；能用简单的单词、短语和句子描述与中外文化有关的图片和熟悉的具体事物；初步具有观察、识别、比较中外文化的意识。	对学习、探索中外文化有兴趣；能在教师引导下，通过故事、介绍、对话、动画等获取中外文化的简单信息；感知与体验文化多样性，能在理解的基础上进行初步的比较；能用简短的句子描述所学的与中外文化有关的具体事物；初步具有观察、识别、比较中外文化异同的能力。
调适与沟通	有与人交流沟通的愿望；能大方地与人接触，主动问候；能在教师指导下，学习和感知人际交往中英语独特的表达方式；能理解基本的问候、感谢用语，并作出简单回应。	对开展跨文化沟通与交流有兴趣；能与他人友好相处；能在教师引导下，了解不同文化背景下人们待人接物的礼仪；能注意到跨文化沟通与交流中彼此的文化差异；能在人际交往中，尝试理解对方的感受，知道应当规避的谈话内容，适当调整表达方式，体现出礼貌、得体与友善。
感悟与内化	有观察、感知真善美的愿望；明白自己的身份，热爱自己的国家和文化；能在教师指导下，感知英语歌曲、韵文的音韵节奏；能识别图片、短文中体现中外文化和正确价值观的具体现象与事物；具有国家认同感，对中华优秀传统文化感到骄傲。	对了解中外文化有兴趣；能在教师引导下，尝试欣赏英语歌曲、韵文的音韵节奏；能理解与中外优秀文化有关的图片、短文，发现和感悟其中蕴含的人生哲理；有将语言学习与做人、做事相结合的意识和行动；体现爱国主义情怀和文化自信。

文化意识既包括本民族的文化，也包括外来的文化。对于一个注定要面临全球竞争压力的新一代公民来说，跨文化意识和跨文化沟通能力是核心素养的重要部分。通过英语学习，小学生可以接触到形形色色的西方文化，可以比较和判断中外文化的异同，加深学生对英语国家文化的理解和认识，通过调适沟通和感悟内化，加深学生对中华民族传统文化的认识和热爱，增强中华民族文化的自豪感，有益于培养学生的国际视野，形成正确的人生观和世界观。

小学英语教师在课堂教学设计中，要融入中华民族文化的相关介绍，比较中西方文化异同。教师不能在英语课堂中只讲西方文化，一味强调西方文化的特征，而是要让学生慢慢适应陌生文化，增强学生跨文化交际意识，同时要让学生体悟中外优秀文化，树立文化自信，培养学生用英语讲中国故事的能力，要让学生学会用符合英语文化圈的传播方式传播中华民族优秀文化。

3. 思维品质学段目标

《英语课标（2022）》指出，思维品质指人的思维个性特征，反映学生在理解、分析、比较、推断、批判、评价、创造等方面的层次和水平。思维品质的提升有助于学生学会发现问题、分析问题和解决问题，对事物作出正确的价值判断。

相比于 2011 年版的《课程标准》，思维品质是《英语课标（2022）》新提出的核心素养，特别强调通过观察、分析、归纳、推断语篇包含的意义信息，结合学生个人的经历，养成批判性思维能力，从而具备独立思考和创新的思维品质。思维品质的学段目标从观察与辨析、归纳与推断、批判与创新三个维度展开描述（见表 1-4）。

表 1-4　思维品质学段目标

表现	3—4 年级 / 一级	5—6 年级 / 二级
观察与辨析	能通过对图片、具体现象和事物的观察获取信息，了解不同事物的特点，辅助对语篇意义的理解；能注意到不同的人看待问题是有差异的；能从不同角度观察周围的人与事。	能对获取的语篇信息进行简单的分类和对比，加深对语篇意义的理解；能比较语篇中的人物、行为、事物或观点间的相似性和差异性，并作出正确的价值判断；能从不同角度辩证地看待事物，学会换位思考。
归纳与推断	能根据图片或关键词，归纳语篇的重要信息；能就语篇信息或观点初步形成自己的想法和意见；能根据标题、图片、语篇信息或个人经验等进行预测。	能识别、提炼、概括语篇的关键信息、主要内容、主题意义和观点；能就语篇的主题意义和观点作出正确的理解和判断；能根据语篇推断作者的态度和观点。
批判与创新	能根据个人经历对语篇内容、人物或事件等表达自己的喜恶；初步具有问题意识，知晓一问可有多解。	能就作者的观点或意图发表看法，说明理由，交流感受；能对语篇内容进行简单的续编或改编等；具有问题意识，能初步进行独立思考。

通过表1-4可以看出，思维品质的学段目标是依次递进的关系，通过观察与辨析，慢慢学会归纳与推断，最终形成批判与创新。一般来说，思维品质的养成是一个长期的过程，不可能一蹴而就。

语言是思维的外衣。小学英语教师必须充分认识到，语言学习有助于思维训练，同时思维品质的提升也有助于语言学习效果的提高。在小学英语课堂教学设计中，教师应该以任务导向和产出导向为原则，以小学生有限的英语知识为出发点，注重小学生思维品质的差异性，设计难度不同、复杂程度不等的课堂活动，慢慢引导和培养学生的思维品质。

4. 学习能力学段目标

《英语课标（2022）》指出，学习能力指积极运用和主动调适英语学习策略、拓展英语学习渠道、努力提升英语学习效率的意识和能力。学习能力的发展有助于学生掌握科学的学习方法，养成良好的终身学习习惯。

《英语课标（2022）》核心素养中的"学习能力"是对2011年版的《课程标准》中"情感态度""学习策略"两个目标的提炼与整合，包含乐学与善学、选择与调整、合作与探究三个维度（见表1-5）。学习能力的学段目标要求学生注重英语学习兴趣的培养，要求学生学会制订学习计划、调整学习策略，要求学生养成合作式学习的习惯，善于主动学习。

表1-5 学习能力学段目标

表现	3—4年级/一级	5—6年级/二级
乐学与善学	对英语学习感兴趣、有积极性；喜欢和别人用英语交流；乐于学习和模仿；注意倾听，敢于表达，不怕出错；乐于参与课堂活动，遇到困难能大胆求助。	对英语学习有较浓厚的兴趣和自信心；能积极参与课堂活动，注意倾听，大胆尝试用英语进行交流；乐于参与英语实践活动，遇到问题积极请教，不畏困难。
选择与调整	能在教师帮助和指导下，制订简单的英语学习计划；能意识到自己英语学习中的进步与不足，并作出适当调整；能尝试借助多种渠道学习英语。	能在教师指导下，制订并完成简单的英语学习计划，及时预习和复习所学内容；能了解自己英语学习中的进步与不足；能在教师指导下，初步找到适合自己的英语学习方法；尝试根据学习进展调整学习计划和策略；能借助多种渠道或资源学习英语。
合作与探究	能在学习活动中尝试与他人合作，共同完成学习任务；能在学习过程中积极思考，发现并尝试解决语言学习中的问题。	能在学习活动中与他人合作，共同完成学习任务；能在学习过程中认真思考，主动探究，尝试通过多种方式发现并解决语言学习中的问题。

乐于体验、善于体验、积极合作、主动探究是大多数成功的学习者的显著特点。较强的学习动机、学习兴趣和自信心是小学英语学习取得成功的先决条件，可以为中学阶段英语学习奠定良好的基础，也为终身学习和工作做好铺垫。

在小学英语课堂教学设计中，教师要有意识地帮助学生形成适合自己的学习策略，并不断调整自己的学习策略，帮助学生有效地使用学习策略。学习策略本身强调学生在不断实践和自省中，适应学习的过程，提高学习效果，甚至是完成学习方式的创新。在小学英语课堂教学中，教师要特别注重呵护和培养学生的交际策略，要用容错的态度，少纠错、多练习，让学生敢于交流，不怕出错，放下面子，不惧请教他人。

第三节　小学英语教学设计原则

小学英语教学目标的实现在很大程度上依赖于高效的课堂教学，小学英语教师应该主动学习各种教学理论和方法，结合小学英语课程目标，重视课堂教学设计，以充分调动小学生学习英语的积极性和主动性，促进他们的学习动机持续增强，培育好他们学习英语的兴趣。

教学设计作为一个系统计划的过程，是应用系统方法研究、探索教学系统中各个要素之间的关系和相互作用，使各要素有机结合完成教学系统的功能（乌美娜，1994）。教学设计是教学理论、教学目标和教学任务等各教学要素落实到具体的课堂教学实践活动的最重要的关键节点。好的课堂教学必然来自系统的教学设计，小学英语教师需要系统掌握各种教学理论，明确教学目标，结合具体教学任务，通过各种媒体要素，组织课堂教学活动，并不断反思、完善自己的教学设计。

从发展历程来看，外语教学方法大体经历了以下演变：语法翻译法（The Grammar Translation Method）、直接法（The Direct Method）、听说法（The Audio-lingual Method）、情境教学法（The Situational Method）、交际法（The Communicative Method）、全身反应法（The Total Physical Response）、整体语言教学法（The Whole Language Approach）、翻转课堂（The Flipped Classroom）等。不同的教学法都有不同的优点和缺点，教学设计不应拘泥于某种教学方法，而应该依据学习者的特点、具体的教学任务，系统考虑各个教学要素，综合设计课堂活动。

早期的教学设计受行为主义理论的影响，主张反复的刺激反应训练，反复强化和巩固教学内容。认知主义认为，教学设计要帮助学习者将新知识与原有的旧知识建立有机联系。后来的建构主义更强调在情境中学习和建构知识体系。与此相适应，教学设计也慢慢从简单走向复杂，从以教师的"教"为主体转变为以学生的"学"为主体。

小学英语教学设计还要充分考虑小学生学习的特点。认知发展心理学认为，儿童在4—7岁已开始从象征思维向运算思维进展，但仍属直觉思维。7岁以后进入具体运算阶段，具体运算的最重要特点是"具体性"，这种思维运算离不开具体事物的支持。儿童认知结构的特征决定了该阶段教育模式的创建应倾向于具体性、直观性、灵活性。因此，小学阶段的外语教学应创设具体、直观、灵活的语言情境。

一方面，小学阶段学习语言相较于其他人生阶段有独特的优势，此阶段可能存在语言学习的关键期，即"关键期"假说。语言学家伦尼伯格（Lenneberg）认为语言学习的关键期为2—13岁。语言学家罗德·爱莉斯（Rod Ellis）通过研究，发现5岁左右的儿童可以不费力地在学习母语的同时习得另一种语言。约翰逊（J. S. Johnson）和纽伯特（E. Newport）也通过比较之后指出，非英语国家儿童从3—7岁开始学英语与11岁以后开始学英语会有明显的差距。另外，在社会心理学家看来，儿童对外语学习的态度比成人更为积极，他们顾虑少，模仿力强，愿意接受新事物，敢于开口并大胆参与各种活动，表现欲较强，这些都是儿童特有的有利于语言学习的特点。由此可见，儿童期可能是人生中掌握语言最迅速的时期，如果抓住儿童的关键期，学习外语可能会收到事半功倍的效果。

另一方面，儿童在语言学习上存在认知和情感方面的不利因素，他们认知能力比不上成年人，注意力很难集中，分析能力不强，可能学得快、忘得也快。如果在学习上遇到困难，可能很容易放弃。

综上所述，我们认为小学英语教学设计最重要的原则应该是：趣味性、互动性和实用性。

一、趣味性原则

趣味性原则是指在教育或教学过程中，通过运用幽默生动的语言、灵活的教学技巧、直观形象的表演以及富有感染力的讲授等方式，最大限度地增强课堂活力、激发学生的学习兴趣、增强学习效果。这一原则强调以学生为中心，将枯燥、难懂的知识变得生动而富有感染力。

兴趣是个人对探究某种事物或从事某种活动积极的心理倾向性，它直接反映了个人的需要。这种"需要"对于小学生的学习和成长至关重要。小学生总是喜欢有趣的课堂，只有让他们对英语产生学习的欲望，勾起他们对英语学习的"需要"，才能使他们产生英语学习的愉悦感，获得英语学习的成功体验和满足感，使他们的英语学习可持续发展。

但是，现实的教学压力和评价体系使得小学英语教师在教学设计中往往忽略兴趣的培养。卜玉华（2020）指出，我国乡村小学英语教学存在三大突出问题：目标定位应试化，窄化了英语教学的育人价值；教学方式主要是单向填鸭式教学；教学手段单一。

无论是《课程标准》，还是《英语课标（2022）》，以及诸多的小学英语教学设计的文章和书籍，都将趣味性作为小学英语教学最重要的目标和设计原则。对小学生来说，最重要的就是培养他们对英语学习的兴趣，而不应该仅仅是英语单词和英语语法的死记硬背，更不应该以考试分数作为唯一评价手段。教师一定要放弃急功近利的思想，避免强迫式、满堂灌的教学设计，要有容忍小学生犯错的积极态度，充分利用游戏、儿歌、唱跳、多媒体、网课等多种形式，创设良好的学习环境，培养小学生学习英语的兴趣，使他们愿意运用所学的单词，积极与同学和老师，甚至是家长沟通，表扬和鼓励小学生每一次积极主动地使用英语的尝试。教学设计还需要照顾到所有的学生，让每一位学生都有参与和发言的机会，让他们都体验交际活动的愉悦和成功感，体验英语学习的成功感和满足感，从而获得英语学习的自信。

趣味性原则并非纯粹的娱乐性追求。在贯彻趣味性原则的时候，教师在教学活动设计中还要注意内容和目标的一致性、输入和输出的统一性。各种游戏和活动的设计需要充分考虑语言的产出和技能的完善，不能是为了游戏而游戏、为了活动而活动，要有具体的产出形式，比如口头交际、书面汇报等。

二、互动性原则

互动性原则也是由儿童的天性决定的。语言学习就是一个互动的过程，培养学生初步交际能力是小学英语教学的重要目标。小学生大都还没有完善的阅读理解能力，大量和反复的听和做、说和做才是他们一直以来的学习手段。教学设计要让他们在"听"中体验"说"的规律，在"说"中学习英语交际技能和技巧。

教学设计中的互动包括师生互动和生生互动。师生互动不能仅仅局限于教师讲、学生听，教师要秉持开放的心态，按照可理解性输入的原则和对学生反应积极反馈的原则来设计课堂活动，容忍学生的差异化反应，鼓励每一位学生积极主动回答问题，积极思考。

生生互动的教学设计要遵循密切联系学生日常生活的原则，要循序渐进，符合小学生的认知能力。教师要创设有趣的生生互动场景，练习方法要多样化，使用多样化教具，让小学生在反复的互动中相互影响、相互模仿、相互学习、相互促进。

需要指出的是，在具体的小学英语教学实践中，无论是师生互动，还是生生互动，都应该以有效交际为目的，而不能以语言的准确性为最终目标。教师对小学生在互动中出现的语言知识性错误要持开放的态度，不宜逢错必纠、逢错必改。其实，现实世界中交际功能才是语言使用最重要的属性。教师大可不必为了语言的准确性，牺牲对小学生英语学习兴趣的呵护和培育。

三、实用性原则

教学设计的实用性主要是教学设计的可操作性。一方面，教学设计不能过于拘泥于某种教学理论或教学流派，仅仅流于形式。形式走完了，课就上完了，比如阅读课普遍采用 pre-reading、while-reading、post-reading 模式。另一方面，教学设计必须结合学生的知识实际、生活实际、社会实际，寻找教学内容的亮点，以唤起学生的学习热情。

教学设计实用性体现在其能够唤起教师的共鸣，使他们受到某种启发，并将之吸收转化为自己的教学设计，最终收到好的教学效果。实践是检验和修正教学设计的最好办法，只有在实践中不断总结、注重理论和实际相结合，不断学习他人的成功经验，教师才能做好教学设计工作。

教学设计实用性还体现在其能够吸引学生积极参与课堂互动，引导学生在"做中学""乐中学"，让他们觉得学有所得、学有所成。仅仅是热热闹闹的课堂和"满堂灌"的课堂本质上没有差别，都没有从学生的需要出发设计教学，都很难使学生对英语学习产生兴趣。

进入 21 世纪，教学媒介日新月异，教学手段不断演进，翻转课堂、线上线下混合式教学慢慢走上前台。小学英语教师需要及时更新自己的知识结构，与时俱进，通过交流学习、在职培训和个人探索等不同方式，结合学生实际、生活实际和时代实际不断完善自己的教学设计。我们将从下一章开始，以小学英语教学的各种技能为纲要，邀请在小学英语教学岗位上有 10 年以上教学经验的小学教师，分享各自的优秀教学案例设计，以期为各位小学英语教师的教学设计提供他山之石。

第二章　小学英语语音教学设计与实践

　　语音、词汇、语法是语言的三要素。语音是语言的最基本的要素，是语言存在的物质基础。随着英语这门语言在全世界的普遍流行，人们对语言交际功能重要性的认识在不断提升，标准自然的语音为口语交际打下良好的基础。如果一个人的语音标准自然，就能畅快地与他人进行交流。一个人发音不准、语调不对，与别人交谈会存在障碍，甚至是听别人谈话都会有困难。学好语音不仅会促进交际活动，更是学好英语这门语言的基石。在很大程度上，语音准确与否直接影响学习者学习英语的水平。在语言三要素中，词汇和语法都是通过语音展现出来的。学好语音，不仅能畅通地与他人进行交流，而且能够促进语法和词汇的掌握，促进综合运用语言能力的提高。在英语学习中，语音好的学生，往往听、说、读、写的能力都很强；语音差的学生，听、说、读都存在障碍。拥有良好的语音，不仅可以与人进行良好的沟通，还能增强学习英语的信心，提高英语学习的兴趣和积极性。

　　学好语音既是学好英语的首要任务，也是必经之路。著名英语教育专家胡春洞教授说过："语音是语言存在的物质基础，英语语音教学是整体教学发展的起点，也是教学的第一关，并始终影响着以后的其他教学。"所以语音是小学英语教学入门阶段的重点。在一门语言的学习中，语音起到基础性作用，它与口语及听力密不可分。语音教学是外语教学的起点和基石，良好的语音基础有助于听、说、读、写等语言技能的形成。目前在小学英语课堂教学中没有专门的语音学习课，在教材中也很少有成体系的语音教学部分和单元，语音教学在相当一部分地区的小学英语教学中没有受到足够的重视。另外，还有一些教师对语音教学认识不够，他们简单地认为语音教学就是音标教学，实际上，语音教学内容非常丰富。语音教学是小学英语教学首要的任务之一，它直接关系到学生是否能够顺利有效地进行英语学习，因此是必不可少的。

第一节　小学英语语音教学内容分析

一、《义务教育英语课程标准（2022年版）》语音知识内容要求

　　在《义务教育英语课程标准（2022年版）》中，对小学生语音知识作出了一级和二

级的具体要求。

一级内容要求：

①识别并读出 26 个大、小写字母；

②感知字母在单词中的发音；

③感知简单的拼读规则，尝试借助拼读规则拼读单词；

④感知并模仿说英语，体会单词的重音和句子的升调与降调。

二级内容要求：

①借助拼读规则拼读单词；

②使用正确的语音、语调朗读学过的对话和短文；

③借助句子中单词的重读表达自己的态度与情感；

④感知并模仿说英语，体会意群、语调与节奏；

⑤在口头表达中做到语音基本正确，语调自然、流畅。

二、小学阶段英语语音教学内容

小学阶段英语语音教学的内容是十分丰富的，它具体包括以下几个方面的内容。

1. 基本读音

基本读音中具体包含：26 个字母的读音，元音字母在单词中的基本读音，常见的元音字母组合在重读音节中的读音，常见的辅音字母组合在单词中的基本读音，辅音连缀的读音等。

2. 重音

重音包含：单词重音和句子重读。

3. 意群的读音

意群的读音包含：连读、失去爆破、弱读、同化。

4. 语调与节奏

语调包含升调和降调。

三、小学阶段英语语音年段教学目标

具体到每个教学年段来看，在 3—4 年级（一级）教学语音时要达到以下具体教学目标。

①知道 26 个字母的名称音和字母音。

②了解简单的拼读规律；能根据简单的拼读规律，拼读出简单的单词。

③能在口头表达中做到发音清楚，语音语调基本正确。

④了解字母在单词中的发音。

⑤了解单词有重音。

在5—6年级（二级）教学语音时要达到以下具体教学目标。

①知道错误的发音会影响交际。

②掌握简单的拼读规律，能拼读一些符合发音规则的单词。

③语音清楚，语调自然。

④能在日常生活会话中，语音语调基本正确。

⑤能根据简单句子中的重音和语调的变化，理解和表达不同的意图和态度。

⑥能基本正确地朗读所学词语、句子、课文，语音语调基本正确，并养成按意群阅读的习惯。

第二节　学习者分析

一、小学生学习语音特征

小学生是指6—12岁进入小学阶段的孩子，即学龄儿童。这一时期，学生的神经系统和智力发育基本完成，分析综合能力明显增强。在小学阶段，学生容易接受和学习新鲜事物，有较强的求知欲望，模仿、理解和接受能力极强。

小学低年级学生处于对语音最敏感的时期，在这个年龄阶段的学生大脑可塑性强，语言能力和学习能力刚起步，学生之间还未呈现出差异性，他们在学习语言时能够激发神经系统功能，在大脑中留下痕迹，语言习惯容易形成，更容易习得语言。从情感方面来说，低年级学生对英语学习有新鲜感，有热情和渴望。他们对于英语这门语言的学习保持一种开放、积极的态度，在课堂上敢于踊跃表现自己，无论是在游戏活动中还是在小组竞赛中都跃跃欲试，不怕出错，主动开口，积极参与。低年级学生不怕在语音上犯错误，即使出错了，由于语音可塑性强，错误也容易得到纠正。小学低年级的学生学习语言，也有劣势，他们容易混淆母语和英语，特别是在一年级学习汉语拼音的同时学习英文字母，学生容易出错。同时由于抽象逻辑思维没有形成，自我约束能力差，自觉性差，学习动机不足，需要教师更多的耐心和更细致的指导。

小学高年级学生学习英语语音也有其独有的特征。从生理方面来看，随着大脑发育的成熟，思维水平由具体形象思维向逻辑思维过渡，归类、对比、推理、理解等能力增强，逻辑和抽象思维能力增强，可以胜任更复杂的学习。语言水平发展也由口头语言逐渐向书面语言过渡。同时在这个时期学生学习动机增强，内在动机开始成为其学习动力，学习的自主性增强。但是，在英语课堂活动中，高年级学生会担心说错而不敢轻易开口，活动参与的积极性不如低年级学生。同时小学高年级学生的英语能力开始出现两极分化，英语语音差异性大，有部分学生的学习能力相对较弱，从而自信心不足，学习兴趣减退。同时害羞、胆怯、焦虑等心理负担造成他们不愿意开口说英语，错误的语音更难得到纠正。

二、小学生学习动机分析

小学生的学习动机直接影响他们的学习效果，决定学习进程、方向和质量，是学生学习行为的直接原因和内部动力，是他们能否达到学习目标的关键因素。一个学习动机强的学生，学习自觉性、主动性更强，更能够静下心来学习，更能够认真审视自己的学习态度、学习方法和知识内容掌握情况。他们有明确的学习目标，所以学习成绩、学习的意志品质等各方面会更优秀。

影响小学生英语学习动机的主要因素有以下几个方面。

1. 自我认知和情感因素

自我认知主要是指对自我的认识，以及对英语这门语言学习目的的认识。如果一个学生认为学好英语意义重大，能够对自己产生积极的作用，那么他的学习动机就强。学习情感因素的内容很广泛，比如兴趣、态度、需要、自信心等。小学阶段英语课程最基本的目的是激发学生学习英语的兴趣。学生对学习的内容充满兴趣，那么他的学习动机强，英语学习就会事半功倍并持之以恒。学生在英语学习上取得好成绩，他们有学习的信心，有积极的正向反馈，也会增强他们的学习意愿。

2. 教师、同学和班风等因素

一个教师如果有较高的教学水平、渊博的知识、幽默的语言和严谨的治学态度，会激发学生的学习热情，增强他们的学习动机。小学阶段，同龄人之间产生的影响也很大。班级拥有良好学习风气，会对其中的每个成员产生潜移默化的影响。

3. 家庭和社会因素

家庭和社会因素属于小学生英语学习的外部因素，对学生英语学习动机的影响也很大。如果家长给予孩子合理的学习压力，是能促进孩子的学习动机的。家长是孩子成长的榜样，家长的教导、价值观等都会对孩子学习英语的动机产生影响。

《小学生英语学习动机发展及教师教育行为对其的影响》一文中通过问卷调查发

现：(1) 总体上，小学阶段学生内在动机水平高于外在动机，但是两种动机都随年级增长而下降；(2) 小学三、五年级女生的内在动机水平显著高于男生，而到了六年级，女生的外在动机水平显著高于男生；(3) 英语教师的消极评价、鼓励与帮助、交流与重视行为与学生内在动机显著相关，且具有重要预测作用。①

有研究表明，小学生学习内在动机随年级增长而下降。英语教师的评价可以直接影响学生的内在动机。要使学生保持长久的英语学习动机，就需要让学生及时看到自己的学习成果，从学习中获得成就感，并使之成为进一步学习的动力，因此英语教师要重视形成性评价方式的运用。另外，英语教师应正确、有效、经常地鼓励学生，肯定学生的英语学习成果，使学生对英语学习保持浓厚的兴趣。英语教师应多给予学生积极的评价，多鼓励和帮助他们，这对提高和维持学生的内在动机有显著作用。

第三节　小学英语语音教学案例设计

案例 2-1

· 认识 26 个字母的七大家族 ·

一、教学内容

外研版《英语》(Join in) 三年级上册 Unit 6，认识 26 个字母的七大家族。

二、学情分析

本课是三年级上册最后一单元的学习内容，通过一学期的英语学习，学生对 26 个英文字母的读音和书写都有了初步的认识，但是有些易于混淆的字母，如 Gg、Jj 等需要进一步加强认识和巩固，部分字母发音不准确，需要不断学习、纠正。

三、教学目标

① 学生能够准确说出 26 个英文字母并进行归类。

② 学生能初步感知 26 个字母读音的区别与联系并进行归类，为今后的音标学习打好基础。

③ 提升学生的概括总结能力。

---

① 李燕芳，郑渝萍，董奇. 小学生英语学习动机发展及教师教育行为对其的影响 [J]. 中国特殊教育，2010 (2)：74—78.

四、课时安排

1 课时。

五、教学重难点

通过比较字母发音音素的相同和不同之处,对 26 个英文字母进行语音归类。

六、教学方法与手段

歌曲导入法、游戏教学法。

七、课前准备

PPT 课件、字母卡片。

八、教学过程

Step 1. Warming up

1. Let's sing the ABC song(如图 2-1 所示)

图 2-1 26 个字母

2. 游戏热身

玩游戏,教师闪现字母,请小组同学快速说出字母,看谁反应快。

Step 2. Presentation

(1)介绍 26 个字母的七大家族,但是它们走散了,需要同学们的帮助。

Aa 家族

T:What's this letter?

Ss:Aa,Aa,Aa.

T:I can't find my family members. Can you help me?

Ss:Yes.

T:They have the sound /ei/ like me.

教师出示 26 个字母,先示范几个,边读边引导学生思考是否有相同的读音。

大家一起找出 Aa 家族成员。

T: Yes, Aa, Hh, Jj, Kk. These four letters are a family.

学生齐读。

Ee 家族

T: You did a good job! What's this letter?

Ss: Ee.

T: Let's help him to find his family.

分小组进行合作，找出 Ee 家族成员。

T: Bb, Cc, Dd, Ee, Gg, Pp, Tt, Vv.

Why are they in a family?

提问引起学生思考。

S: They have the same sound /i:/.

Bb, Cc, Dd, Ee, Gg, Pp, Tt, Vv, 学生再一次边读边体会。

（2）Ff 家族成员名单空缺，自己尝试找出成员并写出来。

Ff							

T: Let's try to find the members.

Check the answers.

Ff, Ll, Mm, Nn, Ss, Xx, Zz.

（3）将剩下的七个字母进行分类，小组讨论，找出分类理由。

Ii, Yy;

Qq, Uu, Ww;

Oo;

Rr.

Step 3. Practice

1. 大家一起唱

T: Let's listen and sing.

Aa, Hh, Jj, Kk, Aa, Hh, Jj, Kk;

Bb, Cc, Dd, Ee, Gg, Pp, Tt, Vv;

Ff, Ll, Mm, Nn, Ss, Xx, Zz; Rr;

Oo; Ii, Yy; Qq, Uu, Ww。

2. 游戏"找家人"（见表 2-1）

表 2-1 26 个字母的七大家族

Aa	Hh Jj Kk
Ee	Bb Cc Dd Gg Pp Tt Vv
	Ff Ll Mm Nn Ss Xx Zz
Ii	Yy
Oo	
Uu	Qq Ww
	Rr

教师把全班分成 4 个小组。准备字母卡片和 7 张画有房间的纸。要求学生帮 26 个字母找到它们的"家"并贴在画有房间的纸上。最先正确完成的组为优胜组。

Step 4. Homework

①读熟 26 个字母的七大家族。

②做一张分类小报。

九、教学反思

26 个字母的认读，学生不仅应能按顺序正确读出，而且应做到能不按顺序认读。将 26 个字母分成七大家族，让学生初步感知 26 个字母读音的区别与联系，为今后的音标学习打好基础，取得事半功倍的效果。用游戏闪卡将认读字母、记忆字母的活动变得不再枯燥，将七大家族编成歌曲，让学生乐在其中。最后的"找家人"游戏，学生参与度特别高，动手动脑又有意思，不知不觉中学生就掌握了 26 个字母的分类。

案例 2-1 设计说明

案例 2-2

• Vowels •

一、教学内容

掌握 a-e 字母组合的发音规律。

本教学内容为低学段语音教学补充内容。教材没有涉及本教学内容，但是学生要掌握拼读规律，首先要掌握元音字母在单词中的基本读音，因此设计了本课学习内容。

二、学情分析

低学段的学生对英语学习充满兴趣，乐于模仿，积极参与。但是学生的英语发音不准，特别是在双元音的发音上，不够饱满，需要教师不断示范指导。学生通过观察教师的口型和发音部位，进行模仿练习，逐渐掌握双元音的发音方法。

三、教学目标

1. 语言知识

①学生能够掌握 a-e 字母组合发音 /ei/，能拼读单词 Dave, wave, cave, cake, bake, lake, sake, name, game, same, shame。

②学生能够根据读音补全单词。

2. 语言技能

①引导学生积极参加小组活动，促进他们养成动脑、动口和动手的好习惯，初步形成主动学习的意识。

②培养学生的拼读意识。

3. 情感态度

①进一步提高学生对英语的学习热情及学习兴趣。

②鼓励学生积极主动参与课堂活动，大胆开口，主动模仿。

四、课时安排

1 课时。

五、教学重难点

能够掌握 a-e 字母组合发音 /ei/，能拼读单词 Dave, wave, cave, cake, bake, lake, sake, name, game, same, shame。

六、教学方法与手段

讲授法、自然拼读法。

七、课前准备

PPT 课件。

八、教学过程

Step 1. Warming up

Let's say the chant.

〔设计意图〕用 chant 导入可以减缓学生课前的紧张情绪，营造和谐的英语学习氛围，激发学生学习的热情，同时为新课教学做铺垫。

教师播放课件。

T: What's this letter?

Ss: It's letter Aa.

T: Can you read the words with letter a?

bag, dad, sad, bag.

逐一出现上面的单词，并用击掌的方式，根据字母音进行简单拼读。如 b-a-g bag。

T: What does Aa sound like in these words?

Ss: Aa sounds like /æ/.

设计意图 培养孩子的拼读意识，复习巩固字母 Aa 在单词中的发音。

Step 2. Presentation

教师出示课件。

T: Hi, this is my friend Dave.

Can you see him wave?

He is out of the cave.

教师边说，边用动作帮助孩子们理解。

提问：Who is he?

　　　Where is he?

　　　What does he do?

学生尝试着回答问题。

教师出示 Dave, wave, cave.

T: I say and you listen carefully. What is the same sound in these words?

　引导学生回答 Aa sounds like /ei/ in Dave, wave, cave.

Step 3. Practice

1. Let's read

出示课件（如图 2-2 所示）。

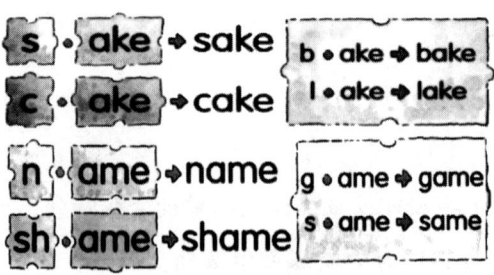

图 2-2 含 a-e 字母组合的单词

T: Can you say these words?

Work in pairs.

两人一小组进行练习。

请同学进行展示。

在展示的同时，教师进行纠音。

2. Let's listen and tick

出示课件（如图 2-3 所示）。

图 2-3 含 a-e 字母组合的单词练习

3. Let's listen and read

Listen and write. 听音填写字母（如图 2-4 所示）。

图 2-4 填写合适的字母

Step 4. Homework

①熟读所学单词。

②找出学过的 a-e 单词，并进行操练。

九、教学反思

本课采用"自然拼读法"进行教学。"自然拼读法"是根据字母本身代表的发音，以及"字母组合"的发音，根据语言发音的自然规则归纳而成的一种发音学习方法。通过训练，学生看到大部分单词立即反应出如何发音，听到单词能够进行拼写。此种方法适用于中低年级学生。

回望本节课，首先通过韵律诗进行导入，欢快的节奏、朗朗上口的音律，激发了学生学习兴趣，激活学生已有知识。紧接着通过感知、体验、实践等方式，引导学生发现总结出元音字母 Aa 和 Ee 在单词里的基本发音规则，准确读出例词。然后通过听音辨词、听音跟读以及听音写词等活动，进一步巩固 a-e 字母组合的发音规律。教学过程环环相扣，难度逐步递增，学生的能力也一点点提高。本课符合小学生的生理和心理特点，激发了他们学习英语的兴趣，取得了良好的教学效果。

案例 2-2
设计说明

案例 2-3

• A song–The animals' summer party •

一、教学内容

外研版《英语》（Join in）四年级下册 Unit 6 A song–The animals' summer party。

二、学情分析

小学四年级的学生和低年级学生相比具有较强的自行探究的能力，学生在观察、思考、语言表达能力等方面都有了较大的提高，他们喜欢在探索中获取知识，有着强烈的表达和学习愿望。

三、教学目标

1. 语言知识

①学习新单词：moon, pool, bright, tonight, rock and roll。

②进一步了解句型"… is/are doing …"的基本形式和表意功能。

③在教师的引导下，学生能发现并总结歌曲中的押韵规律，感受节奏美。

2. 语言技能

学生能听懂、学唱、表演歌曲。

3. 情感态度

学生能感受歌曲的韵律美及体会英语学习的乐趣。

4. 学习策略

①学生能积极与同伴合作，共同表演歌曲。

②学生能尝试归纳歌曲中的押韵规律。

四、课时安排

1课时。

五、教学重难点

① bright, tonight, rock and roll 及现在进行时的用法。

②能有节奏、有韵律地演唱歌曲，感受英语语言的韵律美。

六、教学方法与手段

情境教学法、练习法。

七、课前准备

PPT课件、词卡。

八、教学过程

Step 1. Warming up

（1）Chant 热身：Sing the song：Guess my favorite animal.

（2）Play a guessing game. PPT 展示动物的局部，让学生猜测是什么动物，这些动物为下面歌曲中的动物。

Step 2. Presentation

1. 引出话题

T: Today these animals invite you to a party. Do you want to join in? Look, they are dancing rock and roll.

PPT 展示一段摇滚视频，学习词汇"rock'n'roll"。了解 rock'n'roll 是 rock and roll 的缩写形式并请学生进行表演。

T: Look at the picture. Now let's go into the forest. Is it day or night? How do you know that?

教学单词 moon，课件演示单词 balloon 变成 moon 的过程，指导学生读单词 moon.

T: What about the moon?

引导学生说出 The moon is bright.

学习单词 bright，用课件展示 b + right，学生练习说。并引出单词 tonight。

用课件展示 right，night，tonight。

学习单词 tonight。

T：What is "tonight"? How do you know that? 指导学生理解单词 tonight 的意思。

出示图片，读句子 The moon is bright. And there's a party tonight.

T：The sky is blue. The moon is bright. And the pool is full of water. Can you tell me which season it is?

S：Summer.

引出课题 The animals' summer party。

2. Listen and answer

T：Which animals are there at the party?

贴出动物的图卡，并领读所有动物的名称。

3. Listen and connect

T：What are the lion and the duck doing?

What are the pig and the snake eating?

What is the cat doing?

Listen and connect.

教师贴出句卡。

> are dancing rock and roll
> are eating lots of cakes
> is swimming in the pool

听音后核对答案。

完整练习句子。

T：How do you think of the cat?

S：I think the cat is really cool.

Step 3. Practice

（1）Listen to the song, finding good friends.

T：I find some good friends in this song.

利用可爱的卡通人物形象显示出找到第一对"好朋友"：将 bright 和 tonight 引入游戏，启发学生找出同样的几对"好朋友"。

T: Can you find out the other good friends in this song? Please find and circle. 让学生主动去体会、归纳歌曲中押韵的规律。

（2）Listen and sing the song.

（3）Sing and act the song in groups.

（4）Show time.

Step 4. Homework

① Listen and sing the song.

② Read and write. 模仿原文，改编歌曲，并根据歌曲内容完成绘画。

九、教学反思

在本节课中，教师利用直观教具、多媒体课件创设情境，调动学生的各种感官，学唱歌曲。例如学生通过"看"，学习目标词汇 moon, tonight, bright，将其变化和语音规律进行总结与迁移；通过"听"，理解歌曲，感知目标语句；通过"动"，体验词汇 rock and roll；通过"思"，总结、归纳歌曲押韵规律。本节课充分激发了学生思考的能力，在探究中学习。

案例2-3 设计说明

案例 2-4

• Make a call •

一、教学内容

"攀登英语阅读系列·神奇字母组合"之绘本 Make a call。

二、学情分析

学生具有一定的英语学习基础，有一定的语音意识，能够积极尝试单词拼读，能够通过绘本图片，阅读理解故事大意。在教学活动中，学生乐于参与，能够进行小组合作。

三、教学目标

1. 语言知识

学说绘本故事"Make a call"，学习并掌握字母组合"-all"在单词中的发音。

2. 语言技能

① 学生能拼读含有"-all"的单词。

② 通过故事阅读，学生能增强语音意识。

3. 情感态度

①学生在拼读单词的过程中获得成就感，能体会到英语学习的乐趣。

②学生在小组活动中能与其他同学积极配合和合作。

四、课时安排

1课时。

五、教学重难点

重点：掌握"-all"在单词中的发音，能够进行单词拼读。

难点：能够理解故事、读出故事。

六、教学方法与手段

故事教学法、情境教学法。

七、课前准备

PPT课件、相关图片。

八、教学过程

Step 1. Warming up

Make greetings.

Sept 2. Presentation

1. 看封面，引出故事主题

T: Hello, boys and girls. Look, What's in my hand? （让学生猜。）

S: A phone.

T: Yes! Today I will tell you a story about it.

（教师出示封面。）通过让学生猜，引出故事题目"Make a call"。

2. 整体感知故事

T: Do you want to read the story? Let's enjoy the story together. （播放一遍故事。）

T: Look! What's this?   S: It's a call.

T: Whose call is it?   S: It's Mr. Small's.

T: What is Mr. Small like?   S: He is small.

T: Whose call is it?   S: It's Mr. Tall's.

T: What is Mr. Tall like?   S: He is tall.

T: What does Mr. Small talk to Mr. Tall?

S: Hello, Mr. Tall. Let's paint walls!

T: Can Mr. Tall hear?　　　　　　　S: No, he can't.

T: How do you know that?　　　　　S: What? Play ball?

T: Mr. Tall can't hear Mr. Small. So Mr. Small speak loudly: Not ball! Wall! Can Mr. Tall hear now?

S: No.

T: How do you know that?　　　　　S: OK, let's play ball.

T: Oh, Mr. Tall still can't hear Mr. Small.

Mr. Small thinks: How can we talk?

（让学生看图。）Look, he sees a duck with a call. So he gets an idea.

S: He gives Mr. Tall a call.

T: Can Mr. Tall hear Mr. Small now?　　S: Yes!

T: What can they do now?　　　　　S: They can paint walls and play the ball.

3. 呈现单词，找出相同的字母组合及其发音

Call, small, tall, wall, ball.

T: What are the same letters in these words?

S: all.

T: What does all sound?

S: /ɔːl/.

教师示范发音，学生跟读。

4. 学生读故事，圈出含有 /ɔːl/ 发音的单词

教师巡视，可酌情个别指导。

Step 3. Practice

（1）T: Now let's chant together.

Tall, tall, tall, Mr. Tall is tall.

Small, small, small, Mr. Small is small.

They want to paint walls and play ball.

So they make a call.

（2）Say the chant in group.

（3）T: Think more words with "-all".

fall, mall, hall.

Step 4. Homework

① Read the story "Make a call".

② Think more words with "-all".

九、教学反思

本课绘本选用的是"攀登英语阅读系列·神奇字母组合"中的 *Make a call*。教师将绘本故事有机融入英语语音教学，可以为学生的语言学习提供生动有趣的语境。鲜活的故事、鲜明的画面、朗朗上口的语言，有助于激发起学生学习的兴趣，提升学生根据拼读规律准确读出单词的能力以及自主阅读能力。

这个绘本故事情节完整，主题明确，主线清晰。教师通过播放动画视频，让学生直观感受绘本故事的情节，再通过提问、引导和启发，让学生感受故事的语言特点及其所包含的语音知识点。通过读一读、找一找、圈一圈等多样化的活动，学生在具体直观的单词学习中找到了抽象的语音音素"-all"，并思考总结出其在单词中的发音。"授人以鱼，不如授人以渔"，教师有意识地加强对学生学习策略的培养，在语音探究的过程中有效调动学生已有的学习知识经验，发展了学生归纳总结的能力。

案例 2-4 设计说明

案例 2-5

• Double vowels •

一、教学内容

元音字母组合 ow, ou 和 /au/ 的发音。

本教学内容为小学高年级语音教学补充内容。

二、学情分析

5—6 年级的学生有一定的学习策略，能够自主探究、提炼总结和迁移创新，但是学习的积极主动性需要教师进行调动。

三、教学目标

1. 语言知识

①学生掌握 /au/ 的准确发音。

②学生掌握 ow, ou 的发音。

③学生能够学会单词 down, town, clown, crown, mouse, house, found, ground,

round，并读懂故事。

2. 语言技能

①让学生在语音教学中寻找规律，认识到不同的字母组合可以有同样的发音。

②培养学生创编故事的能力。

3. 情感态度

①培养学生探究式的学习方式和创新精神。

②体会到学习语音的快乐，让学生学会总结、善于学习。

四、课时安排

1课时。

五、教学重难点

①掌握 /au/ 的准确发音方法。

②掌握 ow, ou 组合的发音。

③能够学会单词 down, town, clown, crown, mouse, house, found, ground, round, 并读懂小故事。

六、教学方法与手段

歌曲导入法、创编故事法、情境教学法。

七、课前准备

PPT 课件、单词卡片。

八、教学过程

Step 1. Warming up

出示课件（如图 2-5 所示）。

T: Let's sing the song: a-e-i-o-u.

图 2-5 A song: a-e-i-o-u

Step 2. Presentation

（1）通过 mouse，引出含有字母组合 ou 的单词。

（PPT 展示）T: Look, what's this?

S: It's a mouse.

教师示范 mouse 的读音，指着嘴巴引导学生观察发 /au/ 时的嘴型变化。

T: Where is it?

S: It's in the house.

T: Look, the mouse goes around. What did it find?

S: A ball.

T: It found a round ball on the ground.

（2）找出字母组合 ou 及其发音 /au/。

PPT 分步展示图片。

图一：A mouse is in the house.

图二：It goes around.

图三：It found a round ball on the ground.

T: Let's say it together.

T: Can you find the same sound?

引导学生找出字母组合 ou 以及发音 /au/。

（3）引导学生观察图片，说出图片上的内容。

T: Look at the ball, it downs to the town.

Oh, no! It hits a clown with a crown.

（4）找出字母组合 ow 及其发音 /au/。

T: Can you find the same sound?

出示 ow /au/ 卡片。

T: Ow is also pronounced /au/.

Step 3. Practice

（1）看图读故事，总结 ow, ou 字母组合的发音是相同的。

（2）找出故事中有 /au/ 发音的单词，引导学生思考，还有哪些单词中含有字母组合 ow, ou，并且发音是 /au/。

（3）Try to make a chant:

Open your mouth.	Milk the cow.
Catch the mouse.	Now, now.
Clean your house.	Put on your crown.
Water the flower.	Wow, wow!

Step 4. Homework

①找出字母组合 ow, ou, 并且发音是 /au/ 的单词。

②创编故事。

九、教学反思

这是一堂教授 ow, ou 字母组合以及发音 /au/ 的语音教学课，这节课上教师先将含有 ou 字母组合的单词，进行了小故事的创编，把这些单词串联起来，组成一个有意思的小故事。教师将语音教学与阅读结合起来，通过创设情境、讲述故事、吟唱韵律诗，以及学生创编小故事，使语音学习不再枯燥，让课堂更加充满活力。

案例 2-5 设计说明

第三章　小学英语词汇教学设计与实践

　　词汇在一定程度上决定了英语教学的成败，学生掌握了更多的英语词汇，可以有效地运用英语词汇，使学生的语言知识与语言技能都得到明显增强。课堂上的词汇教学效果会直接影响到外语教学目标，教师在开展英语教学时，需要尽可能让学生意识到词汇学习的重要性，积极引导学生采取科学的方法来对英语词汇进行学习与记忆，英语教师的职责之一是对学生的词汇学习能力进行培养。外语学习与交流都需要依靠一定的词汇积累，学生所掌握的英语词汇数量及英语词汇的运用程度会与其语言交际能力紧密相关。在英语的语法、语音与词汇这三大板块的学习中，词汇的学习难度稍大，有较多小学生花费了比较多的时间来学习英语单词，但最终小学生对英语词汇掌握效果却较差。词汇影响着英语的表达与交际，学生缺乏英语词汇积累，则不能良好地进行英语交流与表达，因此词汇教学在学生语言交际能力培养中具有十分重要的意义。此外，英语词汇是听、说、读、写的基础，教师若想让学生的英语听、说、读、写能力得到进一步提高，则需要让学生掌握更多的英语词汇，当学生掌握一定量的英语词汇时，学生才能够读懂与听懂英语词句。

第一节　小学英语词汇教学内容分析

一、小学阶段词汇知识内容教学要求

　　在《义务教育英语课程标准（2022年版）》中，语言知识目标对小学生词汇知识内容做出了以下具体的要求。

　　一级目标：
　　①知道单词由字母构成；
　　②借助图片、实物理解词汇的意思；
　　③根据视觉或听觉提示，如图片、动作、声音等，说出单词和短语；
　　④根据单词的音、形、义学习词汇，体会词汇在语境中表达的意思。

　　二级目标：
　　①在语境中理解词汇的含义，在运用中逐步积累词汇；

②在特定语境中，运用词汇描述事物、行为、过程和特征，表达与主题相关的主要信息和观点；

③能初步运用500个左右单词[见《义务教育英语课程标准（2022年版）》附录3]，就规定的主题进行交流与表达，另外可以根据实际情况接触并学习三级词汇和相关主题范围内100—300个单词，以及一定数量的习惯用语或固定搭配。

二级目标要求是指学生在小学六年级毕业时应达到的目标。根据二级目标要求，经过小学阶段的英语学习，学生能够理解词汇的含义，在运用中逐步掌握二级词汇表[见《义务教育英语课程标准（2022年版）》附录3]收录的基本词汇505个；能够根据音、形、义学习词汇；能够体会词汇在语境中的意义；能够运用词汇描述特定的事物、行为、过程和特征，表达与主题相关的信息和观点。

小学阶段的学生接触的词汇以话题范围为主，总量控制在600—700个单词，小学英语的话题范围包括数字、颜色、时间、天气、食品、服装、玩具、动植物、身体、个人情况、家庭、学校、朋友、文体活动、节日等。

二、小学阶段不同年级英语词汇教学重点

三年级，刚开始接触英语，重点学会听、说、读，用自然拼读法教会学生认读字母，会简单的字母书写，对词汇的书写不做要求。

四年级，会听、说、读、写，上学期能正确、规范书写四会单词和句子，下学期注意课文中的填词、句子仿写。

五年级，会听、说、读、写，会简单的作文写作，会少许语法知识点。

六年级，熟练词汇的听、说、读、写，整体全面复习词汇，词汇训练量增大，会在篇章中巩固词汇。

三、小学阶段英语词汇教学方法

小学阶段英语词汇课的教学目标是要求学生能在图片的帮助下听懂，认读、拼读简单的单词或者根据听到的单词识别指认图片或实物。加强对小学英语词汇课的教学，就要从不同层次进行全面创新设计和研究。小学英语词汇教学设计与实践，应从教师和学生两方面进行分析研究。

首先，小学英语词汇教学的设计要注重小学生对英语学习的掌握情况，结合学生们的学习兴趣进行进一步的教学实践分析。要做到从学习中掌握词汇设计方案，从设计方案中进行强化实践和培养学习兴趣。

其次，教师应具备英语专业的知识素养及词汇体系，在英语词汇教学中应制定相关的教学目标，而教学目标的设立要建立在对本班学生进行深入分析的基础上，从掌握基本的词汇知识到基本语境的角色创设，都要充分结合小学英语教科书的要求和学情。在教学目标的确立中，教师要保证能进一步强化学生对知识的掌握能力和理解能力，强化学生对英语词汇学习的思维逻辑。

第二节　学习者分析

从学习者的角度来分析，学生学习英语词汇最重要的任务是学会学习。开发自主学习能力，发展学习策略，培养创新能力，都是非常重要的。小学阶段英语词汇有听、说、读、写的要求，要求学生会写的词应该先会读，要求会读的词应该先会说，要求会说的词应该先能听懂。

为顺应新课改和培养小学英语核心素养的要求，小学英语教学要注重培养学生的识记和运用词汇能力，使小学英语词汇教学有效进行，提高学生对英语词汇的兴趣，锻炼学生的语言表达能力，加强学生的语言运用能力，为学生以后的英语学习奠定良好的基础。教师要注重培养小学生的学习词汇能力，使学生真正爱上英语词汇，自主地去学习英语，去阅读英语方面的书籍，从而提升自己的语感，游刃有余地表达自己的想法和情感，使得英语词汇学习不再索然无味，而是趣味十足。

第三节　小学英语词汇教学案例设计

▸ 案例 3-1

• Let's learn fruits •

一、教学内容

人教版《英语》（PEP）三年级上册 Unit 4　Plants around us　A. Let's learn & Listen and chant。

二、学情分析

教学对象为三年级学生，他们已掌握颜色、数字、动物等基础词汇，并能进行简单问答。此阶段学生以具象思维为主，喜爱手工、角色扮演等动手活动。水果主题与学生生活紧密相连，特别是广东湛江本地特色水果，如菠萝蜜、荔枝等，既能激发学生兴趣，又能增强他们对家乡文化的认同感。教学中可结合本地水果展开对话，以湛江水果为情境，通过游戏化任务分层突破语言难点。

三、教学目标

1. 语言知识

①学生能够听、说、认读单词 banana, orange, grape, apple，初步感知名词复数形式。

②学生在真实情境中可以运用句型"I like..." "Do you like...? Yes, I do. / No, I don't." 进行问答。

③学习用形容词（sweet, juicy, healthy）描述水果特征。

2. 语言技能

①通过图片、歌曲、游戏等方式，帮助学生建立词汇音、形、义之间的联系。

②学生能够分角色表演对话，完成水果喜好调查任务。

③学生以小组合作形式设计宣传材料，用英语介绍湛江水果文化。

3. 情感态度

①培养学生对家乡水果文化的自豪感，树立环保意识，如关注红树林保护。

②引导学生形成健康的饮食观念，理解水果营养价值。

4. 学习策略

①在教学过程中，鼓励学生加强合作，通过小组合作完成各项任务，培养团队协作能力。

②借助多媒体资源，如歌曲、视频等，辅助学习，提升学生自主学习能力。

四、课时安排

1课时。

五、教学重难点

重点：学生掌握水果词汇及句型"I like..." "Do you like...?"。引导学生理解水果的营养价值，以及与健康生活的关系。

难点：帮助学生初步感知名词复数形式，如"apples" "grapes"等。引导学生结合湛江生态主题，设计出富有创意的作品，体现跨学科思维。

六、教学方法与手段

情境教学法、游戏教学法、项目式学习。

七、课前准备

水果实物或模型、单词卡片、湛江水果图片，以及相关情景动画或音频 MP3。

八、教学过程

Step 1. Warming up

1. Sing a song: Hello, Fruits!

通过播放音乐视频，带领学生齐唱歌曲，学生边拍手边唱。此环节既能复习之前学过的水果相关内容，又能营造轻松愉悦的课堂氛围。

2. Free talk

教师手持水果模型，向学生提问"Do you like apples?"，学生用"Yes, I do! / No, I don't."回答。这一互动不仅激活学生旧知识，还能拉近师生间的情感距离。

Step 2. Presentation

1. 词汇学习

情境导入：播放湛江果园视频，引出"A Fruitful Odyssey Through Zhanjiang"主题。

实物教学：展示水果实物，用"I have a banana. It's yellow and sweet."这样的表述引入新词汇及描述水果的形容词。

语音难点：针对"grape"/greɪp/ 一词进行发音纠正，并对比其复数形式"grapes"/greɪps/ 的发音。

2. 句型学习

对话示范：教师与一名学生进行对话演示，教师问"Do you like oranges?"，学生答"Yes, I do. They're juicy!"。

语言点：着重强调"Do you like...?"这一句型的升降调，以及回答时的完整性。

3. Repeat: Let's learn

引导学生通过听和说的学习策略，结合实物表达理解，学习新单词和句型对话。利用 PPT 教学，让学生在"玩中学"，多样化的活动使学生在操练单词时充满热情，不会感到枯燥。将单词学习与实物相结合，有助于学生更好地理解，让学生在英语表达上更加自信。

Step 3. Practice

1. 游戏：Fruit Bingo

学生利用单词卡片制作 3×3 的格子，教师读单词，如"apple"，学生标记对应图片，若连成一线则喊"Bingo!"。

2. 角色扮演

学生两人一组，借助水果实物或图片（如图3-1所示），运用句型"Do you like...?"模拟市场买卖对话，可加入砍价环节，如"Two apples, please!"。

图 3-1 水果图片示例

设计意图 创设角色扮演情境，激发学生的学习热情。学生以小组为单位进行买卖对话，充分发挥学生的主体作用，营造自主、宽松的学习氛围。

3. Let's chant

通过chant的形式，让学生进一步巩固所学知识。

Step 4. Further development & Project

1. 项目任务

将学生分成4人一组，合作设计"湛江水果宣传海报"。海报需包含水果英文名称与图片、一句广告语（如"Zhanjiang oranges make you strong!"），以及环保元素（如"Protect mangroves, protect our fruits!"）。同时为学生提供彩纸、贴纸、电子模板等创意支持。

2. 展示与评价

每组派代表用英语介绍海报，其他组用"I like your..."点评。

Step 5. Summary

1. 知识回顾

师生齐读黑板关键词（Fruits: banana, orange... / Sentences: Do you like...?）。

2. 情感升华

强调"Eat fruits, stay healthy! Protect nature, love Zhanjiang!"，深化学生对健康饮食和环保的认识。

Step 6. Homework

①学生跟读录音，注意听音模仿，准确认读新词。

②学生运用"Do you like…?"句式,向同学介绍所学的水果单词,并相互交流。

③学生绘制"My Favorite Fruit"图画并标注英文名称,向家人用英语介绍一种湛江水果,并录制小视频。通过完成作业,学生将课堂所学知识运用到日常生活中,通过说、写等学习策略巩固所学单词、句子和对话,及时复习并在实际语言交际中运用知识。

九、教学反思

小学三年级阶段的学生具有好奇、好活动、好表现、善模仿等特点,本课重点讲的四种水果正是学生们所熟悉的、喜欢的,教学内容贴近学生生活,符合小学生兴趣。学生的兴趣一旦被激发出来,就能积极参与到课堂活动中来。结束这节课后我的感触颇多,现将个人所得所思记录如下:(1)对话引领,游戏激趣。通过师生对话,有效巩固了所学常见对话,创设情境将所学内容自然地引入到新课程中来。(2)课件助学。新单词的呈现采用的是课件,将四种水果展现在学生面前,让学生的视觉有一个全新的感受,营造一个自然的氛围,使学生对所学内容充满期待。(3)巧借实物,识记单词。学生具有爱表现、爱模仿的特点,let's chant 的导入,就是由教师先来模仿动作再由学生进行模仿。在练习的过程中,增加了学习难度,让学生用实物又说又做,既练习了英语口语,也让学生有机会动起来,而不是让学生被动地听、说。(4)情境创设生动。学生通过项目实践深入理解水果文化与环保主题。多媒体资源(如湛江果园视频)有效激发了学生的学习兴趣。不足之处:(1)教学中虽然注重了单词的发音,可还有个别学生发音不够准确。在教学中,没有适时纠正字母的发音。(2)在平时的教学中要注意培养学生的学习习惯,如:朗读要有停顿、有节奏,而不是懒懒散散造成拖音;回答问题声音要洪亮;有些学生不敢讲、不想讲,教师应多鼓励。(3)部分小组海报设计时间不足,需优化活动节奏。(4)名词复数形式练习较少,下节课需加强巩固。另外,还可以增加"水果分类游戏"(单数/复数),强化语法感知;邀请家长参与课后视频评价,增强家校互动。

案例3-1 设计说明

📖 **案例 3-2**

• Let's learn: Mode of transportation •

一、教学内容

人教版《英语》(PEP)六年级上册 Unit 2 Ways to go to school A. Let's learn & Write and say。

二、学情分析

小学六年级学生的语言已经发展到了一定的水平,大多数同学对身边的出行方式都很熟悉,对不熟悉的可以借助多媒体课件了解,引导学生联系生活实际来记忆单词。

三、教学目标

　　1. 语言知识

①在语境中复习巩固有关上学方式的词组和句型:by bike/taxi/bus/car, on foot (walk)。

②在语境中深入学习并掌握交通方式:by train/ship/plane/subway。在音义的基础上掌握单词的形。

　　2. 语言技能

①能灵活运用所学的短语及句型。

②能说句子 How do we get there? How do you get to the USA from China? 并替换关键词,询问别人的出行方式,能用句子 I go by… 进行回答。

　　3. 情感态度

①了解各种出行方式的利与弊、需要注意的事项以及如何选择恰当的出行方式。

②培养学生遵守交通规则的意识。

　　4. 学习策略

①培养学生注意观察的能力。

②激发学生学习英语的兴趣,使学生树立学习英语的自信心。

③以任务型教学模式为主,以活动、合作为主线,采用启发式教学等,培养学生的合作交流能力。

四、课时安排

1课时。

五、教学重难点

重点：

①学生能够掌握运用本课短语。

②学生能认读句型：How do we get there? By...

难点：

①句型：How do you get to school / there / ...

②正确运用 by + 交通工具的表达。

六、教学方法与手段

引导法、点拨法、情境教学法、小组合作法。

七、课前准备

PPT 课件、单词卡片、音频 MP3。

八、教学过程

Step 1. Warming up

（1）Greeting.

（2）Let's chant: How do you get there？学生通过歌曲温习有关活动短语。PPT 呈现，感知：How do you get there？

T: How do you come to school?

S1: I go to school by...

师生简单对话，复习动词短语。PPT 展示短语，教师在黑板上板书动词短语。

【设计意图】复习巩固所学过的动词以及动词短语，为新课的引入做铺垫。

Step 2. Presentation

（1）Let's learn. 出示 Let's learn 人物，问：Who are they？

（2）播放 Let's learn 动画，学生回答问题：

T: Where are they going?

T: How do they go there?

学生通过所看到的动画信息短语进行回答问题。学生回答问题引出 bus，在屏幕上出现相应的短语，PPT 展示 bus 图片。

【设计意图】让学生直观感受，并作问答，初步熟练用 by... 回答询问交通方式的句型。

（3）教授交通工具单词。

T: What kind of vehicles do you know? Let's learn some traffic tools.

以 Let's guess 游戏学习单词以及短语。

例如：I am not a bird. I can fly.

　　　I'm big and hard.

　　　I don't eat.

　　　What am I? （plane）

以此类推，学习 by taxi / by ship / by train...

（4）讲解 by + 交通工具"表示出行方式"。

（5）播放 Let's learn 动画。

（6）教师领读对话。

学生学习关于出行的短语，学生跟读，学生模仿，齐读练习，生生对话。屏幕上呈现短语：by + taxi / ship / plane... 教师在黑板呈现重要短语、重要句型。PPT 适时呈现，学生再次感知短语，并能将它们在句型中运用自如。

（7）播放课文录音，分句跟读，要求学生边听边模仿。

学生听录音，模仿跟读。PPT 呈现对话文本。注意语音、语调和语气的模仿。

Step 3. Practice

1. Pair work

学生跟自己的同桌对话，进行角色扮演。PPT 呈现课文 flash。让学生通过表演展现对话，多元化完成任务要求。

2. Write and say

讲解 get 和 from 的意思，分析 How do you get to the USA from China? 并出示例子（PPT 呈现），仿照例句书写句子。课堂评价练习进一步巩固本课的句子和短语。

Step 4. Homework

①听录音并背诵对话。

②完成综合作业。

③结合本课学习内容创建一个新对话并将其表演出来。

Boardwork

Unit 2 Ways to go to school

A. Let's learn & Write and say

on foot　　　　by taxi　　　　by bus　　　　by subway

by train　　　　　by plane　　　　by ship
How do we get there?

九、教学反思

案例 3-2
设计说明

本课虽然是新授课，但是单词 foot, bus, taxi, bike, plane 在以前的教材中已经学过，为本课的学习打下了很好的基础。在设计本课教学过程时，采用引导学习和自主学习相结合的方式，运用情境教学法、小组合作法等教学方法，调动全体学生积极参与学习，培养学生学习的兴趣。

📖 案例 3-3

• Let's learn careers •

一、教学内容

人教版《英语》（PEP）六年级上册 Unit 5　What does he do? B. Let's learn & Write and discuss。

二、学情分析

学生在原有基础上继续学习有关职业名称的单词，学生对这些职业都很感兴趣，可以在角色扮演中轻松愉悦地理解和掌握知识。

三、教学目标

1. 语言知识

学生能够听、说、读、写四个单词：fisherman, scientist, pilot, coach。

2. 语言技能

通过学习，学生能够学会使用句型 What does he/she do? Where does he/she work? 询问和回答他人职业及工作地点，并能使用句型 What are you going to be? I'm going to be… 来询问别人和表达自己的理想。

3. 情感态度

在课堂中培养学生积极使用英语表达的习惯，以及在各项活动中培养学生积极与他人合作的精神。

4. 学习策略

根据本课教材的特点，从学生的实际出发，采用游戏教学法和任务型教学法，让学生通过阅读、思考、猜谜、调查、交流和合作等方式完成英语学习任务。

四、课时安排

1课时。

五、教学重难点

重点：

①学生能听、说、读、写四个关于职业的单词：fisherman, scientist, pilot, coach。

②学生能结合本课的句型"What does he/she do?""Where does he/she work?"询问职业和工作地点。

难点：

①学生能掌握scientist, pilot的发音。

②学生能正确运用句型：What does he/she do? Where does he/she work?

六、教学方法与手段

情境教学法、游戏教学法、合作学习法。

七、课前准备

PPT课件、情境动画、音频MP3、单词卡片、纸质或电子转盘、小奖品。

八、教学过程

Step 1. Warming up

Let's sing: What do you do?（PPT视频展示。）

设计意图 通过有关职业的歌曲，吸引学生，进而进入本节课的内容。

Sept 2. Presentation

（1）Career Day.

（2）Look and say, learn the new words and sentences.

（3）Ask and answer. 通过设计职业体验日，呈现本节课的词汇，引导学生关注文本。通过视频，回归文本，呈现语篇。PPT视频展示。

Step 3. Practice

1. Play a game: Spin and Stop

（1）准备道具

教师提前制作一个简易的转盘道具，可以是纸质的圆盘，平均分成若干个扇形区域，每个区域写一个与职业相关的问题，比如"What does a fisherman do?""Where does a scientist work?"等，也可以在课件中制作电子转盘。另外准备一个能转动的指针，如硬纸条或电子指针。还需准备一些小奖品，如贴纸、小书签等，用于奖励回答正确的学生。

（2）分组

将学生分成若干小组，每组4—6人。这样的分组方式有利于学生在游戏中相互讨论、协作，共同完成任务，培养学生的团队合作精神。

（3）游戏流程

教师先向学生说明游戏规则，即每组派一名代表上台转动转盘，指针停止后，指向哪个问题，小组内成员就需要在规定时间（例如1分钟）内讨论并给出答案。讨论结束后，小组推选一名发言人进行回答。如果回答正确，小组获得1分，并得到一个小奖品；如果回答错误，其他小组可以有抢答机会，抢答正确的小组获得相应分数和奖品。接着下一组代表转转盘继续游戏。

（4）游戏结束

每个小组都有多次机会后游戏结束，教师统计得分，表扬最高分小组并鼓励其他组。

2. Write and discuss

设计意图 通过练习，巩固所学的单词和句子。

Step 4. Further development

Enjoy the song: Jobs.（PPT视频展示。）

通过视频，巩固所学，并引出情感教育。

Step 5. Summary

通过思维导图，回顾本节课所学。

Step 6. Homework

① Listen to the tape on page 51.

② Write and discuss about works.

Boardwork

Unit 5　What does he do?

B. Let's learn & Write and discuss

fisherman　scientist

pilot　coach

Career Day

What does he do?

Where does he work?

九、教学反思

本节课虽然是新授课,但是通过图文匹配的方式呈现单词,让学生在角色扮演中轻松愉悦地理解和掌握知识。在设计本课教学过程时,采用引导学习和探究学习相结合的方式,运用情境教学法、游戏教学法、合作学习法等教学方法,调动全体学生积极参与学习,培养学生学习的兴趣。

案例3-3
设计说明

案例 3-4

• Let's learn talent and skill •

一、教学内容

人教版《英语》(PEP)五年级上册 Unit 4 What can you do? A. Let's learn & Do a survey。

二、学情分析

本课的教学对象为五年级学生,他们有一定的表达能力,但是对复杂的英语单词存在识记困难的现象,教师应培养他们学习英语的积极态度,帮助学生找到正确的学习英语的方法,激发学生学习英语的兴趣。

三、教学目标

1. 语言知识

①学生能听、说、读、写单词:dance, sing English songs, do kung fu, play the pipa, draw cartoons。

②学生理解掌握句型"What can you do?"以及回答"I can..."等句子,并且能运用到日常的生活中。

2. 语言技能

①学生能够运用所学单词及短语回答别人提出的问题。

②学生能够正确运用所学句型在日常生活及真实情境中进行交流。

3. 情感态度

①能帮助家人做自身力所能及的事情。

②积极参加文娱活动,丰富课余生活。

4. 学习策略

根据小学五年级学生好奇、好胜、内敛、爱面子、表现欲旺盛等心理特点,采取 TPR（全身反应法）教学、游戏教学法，让学生在教师的指导下愉快学习，促进语言实际运用能力的提高。

四、课时安排

1 课时。

五、教学重难点

重点：

① 学生能听、说、读、写单词：dance, sing English songs, do kung fu, play the pipa, draw cartoons。

② 学生能理解掌握句型：What can you do?

难点：

动词词组的书写，以及运用句型"I can..."表达自己所具备的各方面的技能。

六、教学方法与手段

全身反应法、游戏教学法。

七、课前准备

PPT 课件、单词卡片、音频 MP3。

八、教学过程

Step 1. Warming up

利用歌谣让学生感知句型"I can..."，让学生跟着录音节奏齐唱歌谣。通过歌谣营造愉快的学习氛围，并能有效复习上节课的单词及句型，激活学生相关知识储备。

Step 2. Presentation

1. 教学句型：What can you do?

教师板书课题和板书句型，引导学生用"What can you do?"询问别人会表演的才艺，用旧知识滚动新知识。

2. 教学短语：sing English songs, do kung fu, play the pipa, draw cartoons

由"What can you do? I can..."引出各种才艺单词，学生根据图片和所学的知识回答问题，教师还可以通过肢体语言展示新短语。

3. 操练单词和句型

（1）让学生跟读录音 A. Let's learn 部分。

（2）用"唱反调"的方法师生操练单词。

（3）Play a game：Hide and seek（捉迷藏）。讲清楚游戏规则：学生分成两组，一个藏，一个找。同学们齐读出单词并打节奏，用声音大小作为提示，找出者胜，学生互答。特别操练单词 play the pipa，强调乐器前面用 the，球类不用 the。

设计意图 通过游戏等互动式的方法进行操练，让学生在有趣的课堂活动中掌握单词的听、说、读、写，以突破重点、难点。

Step 3. Practice

1.展示 Do a survey，并完成调查表

教师示范，让学生在规定的时间内完成调查表，学生展示调查结果，并会用"…can…"描述同学会表演的才艺。

2. Play a game：Driving a train（开火车）

巩固本课的句子和短语。

Step 4. Summary

教师引导学生总结本节课学的四会单词和句型，学生自己总结本节课学习了什么。

Step 5. Homework

① Copy the new words.

②巩固所学单词，学以致用，学会表达自己会表演的才艺。

Boardwork

Unit 4 What can you do?

I can…

dance

sing English songs

do kung fu

play the pipa

draw cartoons

九、教学反思

本课 Let's learn 部分要求学生简单介绍自己能做的事，教师所设计的"Hide and seek""唱反调""Driving a train"等活动，使学生进一步巩固"I can…"的句型，体现语言的实际意义与交际功能，将学生的学习兴趣引向更高点。

案例3-4
设计说明

> **案例 3-5**

• Let's learn at the farm •

一、教学内容

人教版《英语》(PEP)四年级下册 Unit 4 At the farm B. Let's learn。

二、学情分析

本班学生英语水平参差不齐，主动学习积极性不高，偏科现象普遍，对英语重视不足，尤其是留守儿童。平时课堂上积极主动发言的学生较少。不过，学生已掌握常见动物词汇，对农场动物充满好奇，喜爱角色扮演与创意活动。同时，将本土文化元素与英语表达融合，如用英语描述传统农具或服饰，以及正确使用名词复数形式（如 sheep 单复数同形）是教学中的要点。

三、教学目标

1. 语言知识

①学生能够听、说、认读本节课所学的关于农场动物的单词 cow, horse, sheep, hen，以及描述特征的形容词，并能用英文介绍这些动物。

②学生能够在情境中理解、会说 "Are these...? Yes, they are."，并能用名词复数形式问答。

2. 语言技能

①通过学习，学生能在图片、实物或语境的帮助下介绍一些动物。

②学生能够在语境中运用 "Are these...? Yes, they are."。

③学生能通过绘本阅读提取动物信息，并在表演中融入乡村本土飘色元素（如传统服饰、农具）。能用英语描述动物特征，结合 AI 科技元素创新设计农场场景。

3. 情感态度

①培养学生对自然和动物的热爱，增强对本土文化的认同感。

②激发想象力，探索传统乡村生活与现代科技的结合。

4. 学习策略

①通过设计具体形象的情境，以旧带新，不断滚动知识点，以此来分散教学难点，运用多媒体课件、图片等教学辅助手段，让学生直观地感知与理解。

②引导学生通过比较、观察、猜测的方法逐渐感悟新语言项目（新的语言中任一层次的一个或一组单位，如音位、词汇或句子结构）的功能，让学生在多层次的练习中体会到学习英语时"运用"的必要性，鼓励学生积极思维，大胆尝试。通过

图片环游、小组合作和思维导图，提升学生的信息提取与语言整合能力。

四、课时安排

1 课时。

五、教学重难点

重点：听、说、认读有关动物的词汇 cow, horse, sheep, hen；通过绘本理解农场动物特征及文化元素。

难点：名词复数表达的准确性（如 sheep 的用法），在表演中融入乡村本土飘色元素，用英语进行表达。

六、教学方法与手段

情境教学法、活动教学法、游戏教学法。

七、课前准备

PPT 课件、单词卡片、音频 MP3、相关绘本 PPT、农场动物图片、含乡村本土飘色元素图片或视频。

八、教学过程

Step 1. Warming up

1. 播放"Old MacDonald Had a Farm"动画视频

学生边唱边模仿动物动作，如模仿马跑、牛吃草等。

[设计意图] 通过欢快的歌曲和有趣的动作，营造轻松的课堂氛围，吸引学生注意力，同时激活学生已有的关于动物的知识储备。

2. 展示农场全景图

提问："What's this? (It's a farm!) What can you see?"引导学生用中文或已知词汇（如 dog, cat）回答，教师用英文重复并补充："Yes! And there are cows, horses..." 自然引出新词。利用图片创设农场情境，从学生熟悉的内容入手，逐步引入新单词，降低学习难度。

Step 2. Presentation

1. 绘本封面解读

展示绘本 *Big Red Barn* 封面，提问："What do you see?（飘色服饰、农具）Who are they?"

引导学生观察文化元素，教师用英语简单介绍："This is a traditional hat. It's colorful!"通过解读绘本封面，让学生初步接触本土文化元素，同时培养学生的观察能力和英语听力理解能力。

2. 图片环游与词汇输入

逐页展示绘本图片，提问引导观察：

T: Look at this animal! Is it big or small? What color is it?

Ss: It's a big cow. It's black and white!

用同样的方法教学"horse, sheep, hen"，以及句子操练"Are these...? Yes, they are."。

板书动物与形容词：cow–big, horse–tall, sheep–fluffy, hen–small。

【设计意图】借助绘本图片，以问题为导向，引导学生观察和描述农场动物的特征，学习新单词和句型，让学生在语境中理解和掌握语言知识。

3. 播放 B. Let's learn 录音

引导学生熟悉并跟读，纠正学生的发音，培养学生的语音语调。

Step 3. Practice

1. Listen, look and talk

通过听力材料、图片等，让学生听一听、看一看并进行交流，巩固所学的动物词汇和句型。

2. Listen and choose

设置听力选择题，考查学生对所学内容的理解和辨别能力。

3. 游戏 PK：Adjective Match

学生分组，将形容词卡片（big, small, tall）与动物图片配对，并用句型描述："The cow is big!"

【设计意图】以游戏的形式激发学生的学习兴趣，让学生在实践中运用所学知识，提高语言运用能力。

Step 4. Further development

1. 小组任务：Cultural Farm Show

每组选择绘本场景，结合飘色元素（如头饰、农具）表演对话。

S1: Are these horses?

S2: Yes, they are! They are tall!

S3: Look at my hat! It's traditional!

评价：全班投票"最佳文化表演奖"，关注语言的准确性与创意。

【设计意图】通过小组表演，培养学生的合作能力、创造力和语言表达能力，同时增强学生对本土文化的认同感。

2.AI农场设计挑战

展示AI农场动画（如机器人喂羊），学生讨论："How can robots help farms?"设计并分享："This is a smart farm. The robot feeds the fluffy sheep!"

【设计意图】激发学生的科技兴趣，培养学生的想象力和创新思维，让学生运用英语描述科技与农场的结合。

Step 5. Summary

师生共绘思维导图，总结动物词汇、形容词及文化科技元素。通过思维导图的方式，帮助学生梳理本节课的知识结构，加深对所学内容的理解和记忆。

Step 6. Homework

①抄写动物单词及形容词，配图造句（如"The sheep are fluffy."）。巩固所学的单词和句型，培养学生的书写能力和英语表达能力。

②设计"未来飘色农场"海报，用英语描述动物与科技结合的场景（如"AI cow-big and smart!"）。发挥学生的创造力和想象力，进一步提升学生运用英语描述事物的能力。

③与家人表演绘本片段，录制视频并加入本土文化解说（英文）。增进亲子互动，让学生在实践中运用英语，同时传播本土文化。

Boardwork

Unit 4 At the farm

cows   horses

sheep   hens

_____

Are these ...?

Yes, they are!

Culture & Tech: □ 飘色 □ AI

九、教学反思

本土文化元素——广东省湛江廉江吉水镇飘色的融入，有效地增强了学生对本土文化的认同感。在表演环节中，学生们充分发挥创意，将飘色元素与课堂内容紧密结合，呈现出了充满趣味与创意的表演场景。而AI农场设计这一环节，极大地激发了学生对科技的浓厚兴趣，部分学生能够灵活自如地运用"robot（机器人）""smart（智能的）"等相关词汇，展现出对科技概念的初步理解与掌握。然而，在教学过程中也察觉到一些有待改进之处。例如，文化表演方面，尽管学生们热情高涨，但为了帮助他们更好地完成表演，还需提供更多具体的语言支持，比如设计一些针对性的句型模板，让学生在表演时有更清晰的语言框架。同时，在关于科技的讨论中，发现部分学生存在词汇量受限的情况，这在一定程度上影响了他们表达自己的想法。因此，可以考虑提前预教"feed（喂养）""machine（机器）"等实用词汇，拓宽学生的词汇储备。总体来看，学生们对廉江吉水镇飘色的头饰以及 AI 动画表现出了很大的兴趣，这种兴趣直接体现在课堂参与度上，显著提升了课堂的活跃度与学生的投入度。

案例 3-5 设计说明

第四章　小学英语语法教学设计与实践

语言的学习使用，犹如游戏，有自身的规则。要玩好游戏，首先应该了解规则。在英语学习中英语语法就是其规则，作为第二语言，英语语法教学的重要性不言而喻。在小学阶段，英语语法教学主要是帮助小学生在口头表达和书写方面准确表达句意，在篇章阅读时准确理解、获取信息，在写小短文时能清楚、准确表达信息和意义。我国英语语法教学持续了几十年，有大量丰富的实践经验，有成功也有失败。过去的许多年，教师们特别重视语法的规则讲解、总结，忽视了语法教学的趣味性、情境性教学，导致学生害怕学习英语语法，觉得语法学习是一件特别枯燥乏味的事，学习的效果也不尽如人意。于是出现了在小学阶段，学生们不想学习英语语法，教师们也回避英语语法教学的现象，认为教授英语语法是落后的教学模式。后续学生出现的问题是：在学生的英语学习中，对语言结构中句子的准确表达相对较弱，特别是落实到写句子的时候，词语表达的准确性欠佳，词在句子结构中的位置混淆不清，非常容易使用中文句式表达。学生在大篇幅阅读中会出现复杂句型理解困难的现象，获取信息的能力减弱。这就是小学语法教学的过犹不及，也非常不利于学生自学能力的发展。基于这样的小学英语教学和学生学习现状，我们编写了本章内容，继承优秀的语法教学经验，拓展语法教学的趣味性和情境性，供教师们参考。

第一节　小学英语语法教学内容分析

《义务教育英语课程标准（2022年版）》规定小学英语语法知识内容教学要求如下。

一级内容要求：
①在语境中感知、体会常用简单句的表意功能；
②在语境中理解一般现在时和现在进行时的形式、意义、用法；
③围绕相关主题，在语境中运用所学语法知识描述人和物，进行简单交流。
二级内容要求：
①在语篇中理解常用简单句的基本结构和表意功能；

②在语境中理解一般过去时和一般将来时的形式、意义、用法；

③在语境中运用所学的语法知识描述、比较人和物，描述具体事件的发生、发展和结局，描述时间、地点和方位等。

小学英语语法知识必须在丰富的语境中、在大量的语篇理解中和在多元的交流活动中体会和习得。小学阶段的语法教学要贴近小学生的实际生活、年龄特点和思维特点，应遵循形式、意义和使用统一的原则，让学生感知和体验形式与意义的联系，在语境中运用所学语法进行交流和表达。同时，教师还要重视对学生语法学习方法的指导。

小学英语语法的教学内容融入每册每单元的教学目标中，教学目标包括语言知识的掌握和技能的形成，而教学内容包括语言知识和技能的培养。语法学习落实于听、说、读、写的实践，从而提高听、说、读、写的质量，所以小学语法学习和教学不是割裂的，是内化在语言知识和语言技能学习中的，教师要形成整体的教学观来实施小学英语语法教学。语法教学在平常的课堂中以"隐性"教学为主，总结、归纳课以"显性"教学为主。所谓"隐性"的语法教学，就是不直接讲规则，而是通过一些语句、语言的实际运用，通过一些活动，让学生在模仿、反复接触的过程中去感受表达，通过观察和比较去感知规则。所谓"显性"的语法教学，就是直截了当地将规则呈现给学生，如在词法上，就是告诉学生这个词有哪些变化；在句法上，就是告诉学生一个规则的结构。这两种语法教学形式要相结合，根据学生的实际情况调整。

语法学习是语言知识的一个重要组成部分，要做好长期训练的心理准备，所以我们要丰富小学语法教学趣味性、情境性的教学场景，以营造启动学生思维的教学环境，如呈现问题和解决问题，帮助学生通过各种渠道获取语法知识，加速语法知识的内化，使学生在听、说、读、写等语言交际实际中灵活运用语法知识。

第二节 学习者分析

小学阶段的学生活泼好动，对英语学习充满了憧憬，乐于与人分享，但是坐不住，对难的学习内容注意力不是特别持久，组织教学需要教师有更多的艺术性，所以小学英语语法教学设计需要更富有趣味性、情境性、延展性，教学方法要更多样，教学要多创造以学生为中心的课堂模式，在课堂创造更多的机会让学生表达。同时各年级的学生心理特征也有所不同，下面具体分析。

一、各年级学生学习英语语法的学情分析

1. 三年级学生

学生学习英语的实践经验还不是很多,但是特别喜欢表达自己的想法,乐于与他人分享,他们从一二年级情感外露、浅显、不自觉,变得内控、深刻、自觉。但在学习和人际交往中,情绪控制能力还是有限,所以三年级英语语法学习,多是以口头表达呈现,会学习大量名词单复数,感知可数名词和不可数名词,以及名词所有格。在这个阶段,学生头脑里没有原本的语言知识结构可以用以同化新知识,在课堂上要少归纳总结地讲解,教学方法多采用游戏教学法、情境教学法,让学生润物细无声地学习语法知识,帮助他们准确表达词语和简单的句子,多鼓励他们结合生活实际来学习语法。教师还可以帮助学生理解简单的英语绘本,促进英语语言的学习,提高英语学习能力。

2. 四年级学生

有了一年多的英语学习经历,学生对英语学习有了初步了解,心理变化特征是从被动学习向主动学习转变,但是辨别是非的能力还有限,社会交往经验缺乏,经常遇到很多难以解决的问题。在这个阶段,教师主要帮助学生了解语法中名词单复数、名词所有格、人称代词的区别,了解表示时间、地点和位置的介词。在英语课堂中,学生需要通过大量的口头练习来准确表达句子,教师需要设置更多情境来帮助学生解决问题,从而达到让学生运用英语语法知识的目的。教师还应多鼓励学生结合生活实际来学习语法,让学生有更多体验的机会。学生正确书写句子,需要教师的指导和有效的训练巩固,不能只布置简单的大量重复抄写,要将学习内容设置得更有意义,且富有趣味性。

3. 五年级学生

此阶段学生有了两年多的英语学习经历,掌握了几百个单词和简单的句型,能在日常生活中运用简单的对话交流,能够借助媒体文件、图片等阅读简单的绘本,学生的竞争意识增强,对优秀的学生开始产生敬佩之情。独立能力增强,喜欢自发组成小团体,不轻信吹捧,自控能力逐步增强。学生学习了四种时态——一般现在时、现在进行时、一般过去时和一般将来时,并且了解英语简单句的基本形式和表意功能。教师的语法教学设计要具有更多趣味性、逻辑性、情境性,教学组织要更多地培养学生自学和团体协作学习;特别是时态的学习,需要同学们联系生活实际;组织学生小组进行合作学习,给予学生更多的话语权,创造更多的表达机会。

4. 六年级学生

此阶段学生有了三年多的英语学习经历，英语的听、说、读、写都有了巨大的进步，小学英语的二级标准中语法要求学生能够：

①知道名词有单复数。

②知道名词所有格。

③知道人称代词和形容词性物主代词的区别。

④了解表示时间、地点和位置的介词。

⑤运用中体会四种时态：一般现在时、现在进行时、一般过去时和一般将来时。

⑥了解英语简单句的基本形式和表意功能。

以上这些目标都要达到综合运用的程度。学生的心理发展也到了非常重要的时刻，进入青春早期，学生的自主意识逐渐强烈，喜欢用批判的眼光看待其他事物，有时还会对教师、家长的干涉进行反抗，逐步形成了个人的性格和人生观。语法教学设计活动要重视学生的观点表达，重视在解决问题中的语法运用，并且应与实际生活相联系。课堂活动要培养学生的自主学习能力，语法学习的总结由学生观察得出而非教师灌输。同时，六年级的语法学习是对前三年语法学习的综合运用，应在每单元的语法教学目标中重视每个语法知识的梳理，在每节语法教学设计中重视情境性，把零散的语法知识连成一串，做到结构清晰，逻辑性强。

二、基于学情的教学策略

1. 创设真实语境

学习名词单复数、现在进行时运用真实素材来创设真实语境，学生感兴趣，课堂操作方便简单，更利于教师和学生投入课堂活动，收到事半功倍的效果。

2. 创设有意义的语境

联系学生的实际生活情况，创设同学们每年都参加的活动，加强语法的操练、运用。

3. 设计丰富的课堂活动，加深记忆

①儿歌、歌谣。

②有趣的问和答。

③模仿和诵读。

④形式有趣的归纳。

4. 设计合适的练习，及时巩固

语法学习需要及时巩固练习，才能取得成效。与课堂内容紧密联系，且适合学生水平的练习是非常有必要的。

第三节　小学英语语法教学案例设计

案例 4-1

• a & an 的用法 •

一、教学内容：a & an 的用法（三年级）

a & an 的用法比较，这个内容在三年级学习名词的时候会遇到，学生在口语表达的时候会经常出错，教师将其融入名词学习，在某个单元进行总结学习。

二、学情分析

三年级学生学习英语的实践经验还不是很多，但是特别喜欢表达自己的想法，乐于与人分享，学生掌握的英语单词量不大，在这个阶段学习的英语名词会比较多，在课堂口语表达中会经常出错，教师在某个合适的单元跟学生一起做个小结，有利于单词和句子表达的准确性，也有利于学生语言知识的积累。

三、教学目标

①学生能在情境中理解、判断 a & an 的位置。
②学生能在情境中区别 a & an 的用法。
③学生能在情境中完成 a & an 的练习。

四、课时安排

1 课时。

五、教学重难点

①学生能区别 a & an 的用法，理解分辨元音音素发音和辅音音素发音。
②学生能在情境中完成相关的练习。

六、教学方法与手段

游戏教学法、情境教学法、练习法、交际法。

七、课前准备

多媒体、PPT 课件、单词卡片。

八、教学过程

Step 1. Warming up

Greetings.

T: Sing a song: Alphabets song.

S: Sing the Alphabets song.

Step 2. Presentation

讲解声音导师 a & an 的海选游戏规则。

T:（选出一名学生手举卡片导师 a，另一名学生手举卡片导师 an）导师们只能选出个人选手，请看下面哪些符合要求。

T: Look at these school things, four pencils, a pen, ten books, a schoolbag, a ruler, an eraser.

And some food: an apple, three bananas, an ice cream, some chicken.

Ss: a pen, a schoolbag, a ruler, an eraser, an apple, an ice cream.

设计意图 在游戏中激发学生的学习兴趣，在情境中明白 a & an 只能针对可数名词单数，以及 a & an 在句子中的位置。让学生对这节课的内容有整体了解，激活已有的英语语言知识。

Step 3. Practice & Production

1. Ask and answer

T:（show some pictures about school things, food, animals）What's this in English?

Ss: a, an...

T:（point something in classroom）What's this in English?

Ss: a board, a desk, a chair, a window, a floor, a light...

设计意图 通过观察、触摸、猜测活动让学生通过图片和实物解释 a & an 的意义。明白规则 1: a & an 表示"一"，代表一个、一只、一条、一件……用在单数可数名词前。

2. Chant and match

T: Let's chant.

T: A is for apple, apple, apple.

　　E is for egg, egg, egg.

　　B is for banana, banana, banana.

C is for cat, cat, cat.

Ss：（Say chant.）

T：I'm dog, woo, woo, woo.

　　Ice cream, ice cream, yummy, yummy.

　　I'm orange, orange, run, run.

　　Book, book, read after me.

Ss：（Say chant.）

T：Let's match.

a & an

　　　apple　ice cream　orange　egg　banana　book　dog　cat

Ss：Match them and check them.

设计意图 通过观察图片、说唱 chant 活动、连线匹配活动，知道 an 用在以 a, e, i, o, u 开头的单词前，a 用在辅音字母开头单词。

3. Work in pairs

T：bed bed.

Ss：a bed.

S1：…

S2：…

设计意图 通过两人练习激活已知语言知识运用的规则2：an 用在以 a, e, i, o, u 开头的单词前，a 用在辅音字母开头单词前。

4. Say chant and listen a song

T：U, u, u, UFO, U, u, u, umbrella.

Ss：（Say chant.）

T：U, u, u, UFO, U, u, u, umbrella.

Ss：（Say chant.）

T：a + 小嘴巴 u 开头单词，an + 大嘴巴 u 开头单词（口型示范）

　　a uniform　a university　an uncle

Ss：（Say chant.）

T：Listen to a song.（用多媒体放音乐）

　　hour, hour, hour, an hour.

horse, horse, a horse.

Ss:（Listen.）

T：a + 发音 h，a horse.　　　　an + 不发音 h，an hour.

Ss：Listen and sing the song.

T：Let's match.（展示 PPT）an apple, an egg, an ice cream, an orange, an umbrella, an hour.

Ss:（Read and match.）

【设计意图】能在歌曲、歌谣中区别规则 3：a + 小嘴巴 u 开头单词，an + 大嘴巴 u 开头单词；规则 4：a + 发音 h a horse，an + 不发音 h an hour。

Step 4. Summary

学生用自己的语言总结。

Ss：…

教师总结。

T：不定冠词 a & an 放在名词前，主要用来泛指同类事物中的某一个（位、块、片、张、枝……）。冠词 a 用于辅音音素发音开头的可数名词单数前，an 用于元音音素发音开头的可数名词单数前。例如：a plane（一架飞机），an hour（一个小时）。

【设计意图】总结本节课内容，让学生强化本节课的语法基本规则，及时反馈学生掌握的情况。

Boardwork

规则 1：a & an 表示 "一"，代表一个、一只、一条、一件……用在单数可数名词前。

规则 2：an 用在以 a, e, i, o, u 开头的单词前，a 用在辅音字母开头单词前。

规则 3：a + 小嘴巴 u 开头单词，an + 大嘴巴 u 开头单词。

规则 4：a + 发音 h a horse，an + 不发音 h an hour。

九、教学反思

在本节语法课教学过程中，教师采用图片、歌曲、歌谣等多媒体资源，运用多种教学方法来突破语法重难点。让学生首先通过游戏感知本节课的内容，激活已有语言知识，为突破学习语法扫除障碍。然后在游戏中运用歌曲、歌谣，配对游戏，让学生能轻松自如地感知、理解、运用语法知识，完成相应的任务练习。

案例 4-1 设计说明

案例 4-2

· the 的用法 ·

一、教学内容：the 的用法（四年级）

the 是一个高频词，不管是在课本还是课外阅读中，学生经常遇到，在某个单元的词汇教学学完时，安排穿插一节关于 the 的语法学习，有利于学生语言的积累。

二、学情分析

四年级学生有了一年多的英语学习经历，对英语学习有了初步了解，但是 the 在汉语中并无对应词语。学生需要通过大量的口头练习例子来理解其意义和在句子中的位置，需要教师设置更多情境来解决问题，情境的趣味性特别重要。

三、教学目标

①学生能在情境中理解、判断 the 的位置。

②学生能在情境中区别 the 的用法。

③学生能在情境中完成 the 的练习。

四、课时安排

1 课时。

五、教学重难点

①学生能理解运用 the 的三种用法。

②学生能在情境中完成相关的练习。

六、教学方法与手段

直观法、游戏教学法、情境教学法、小组合作法。

七、课前准备

多媒体、PPT 课件、卡片。

八、教学过程

Step 1. Warming up

Greetings.

Step 2. Presentation

设置拆礼物，猜测小怪物本领的游戏。

T：选出一名学生拿出书包里的礼物，同学们猜测它有什么特殊本领。

Look at the monster. Its name is "the". Please read one by one.

S:（Read.）

T:（出示PPT：do shopping.）I want to eat the hamburger. I want to eat the ice cream. I want to eat the apple.（肢体语言指明特指某一个）the——定冠词。What about you?

Ss: I want to eat the…

设计意图 为了让学生在游戏中激发兴趣，在情境中感知、理解the——定冠词，以及the的位置。让学生对这节课的内容有整体了解，激活已有的英语语言知识。

Step 3. Practice & Production

1. Guess game

T: What can it do? the的用法1：锁定特指目标（特指某人或某物）。Let's practice. The black cat is cute. The big dog is hungry.（Show some pictures.）

Ss: …

设计意图 通过大量事例观察，让学生理解运用the的用法1：锁定特指目标（特指某人或某物）。

2. Watch a video

T: Look at the Earth. She is sad. There is no "the".

S: The Earth.

T: Good. the的用法2：指世上独一无二的事物。What else do you know?（用图片提示。）

Ss: the moon, the sun, the sky.（全班练习读。）

T: Let's match.

S:（练习一）连线：

    a   earth

    an   moon

    the   sky

Ss:（练习二）句子判断：

（1）The moon is gray. A moon is gray.

（2）The sky is blue. A sky is blue.

（3）The Earth is round. A Earth is round.

（4）The moon is bright. A moon is bright.

设计意图 通过看视频，进入情境中观察联想世界上独一无二的事物，通过连线练习，让学生理解，运用the的用法2：指世上独一无二的事物，the用在独一无二的事物前，并在练习中总结。

3. Play the violin

T:（选择许多学生模仿拉小提琴的动作。）

Ss: Play the violin.（学生模仿。）

T: the 的用法 3：用在西洋乐器前。Play the violin, play the guitar, play the piano.

Ss:（模仿拉小提琴、弹吉他、弹钢琴的动作。）

T:（播放一段小提琴的演奏音乐。）

Ss:（欣赏音乐，全班练习、小组练习朗读。）Play the violin, play the guitar, play the piano.

设计意图 通过西洋乐器动作模仿激发学生兴趣，全班、小组练习掌握 the 的用法 3：用在西洋乐器前。

Step 4. Summary

T:（展示PPT总结。）定冠词 the 放在名词前，主要用来特指某个（些）人或物，为"这个、那个、这些、那些"。其主要用法有：

①用于特定的人或物前面。e.g.: the people in Wuhan.

②用于谈话双方都知道的人或物前面。e.g.: the boy, the pen. 但是不能用在人名前。e.g.: Mr. White, Tom.

③用于世界上独一无二的事物前面。e.g.: the earth.

④用于序数词前面。e.g.: the first.

⑤用于形容词最高级前面。e.g.: the best.

⑥用于表示乐器的名词前面。e.g.: the guitar.

⑦用于姓氏的复数形式前面，表示一家人。e.g.: the Whites. 怀特一家人。

Ss：小组内通过轮流坐庄法小组合作发言，并讨论总结。

设计意图 总结本节课内容，让全班学生掌握 the 的基本用法，强化本节课的语法基本规则，让学有余力的同学拓展一部分内容。坐庄法就是让四人以上学生组成一个小组，一名学生组织发言，一名学生负责记录，每名学生对一件事情轮流发言补充。

Boardwork

the 的用法

用法1：锁定特指目标（特指某人或某物）。

用法2：指世上独一无二的事物，用在独一无二事物前。

用法3：用在西洋乐器前。

九、教学反思

在本节语法教学过程中，采用猜测游戏、看视频、欣赏小提琴演奏会三种情境来突破 the 的三种用法的重点、难点。让学生首先通过猜测游戏融入课程内容，激活已有语言知识，为突破学习语法扫除障碍；然后看视频，欣赏小提琴演奏活动，让学生能轻松自如地感知、理解、运用 the 的不同用法，完成相应的任务练习；最后与学生一起总结讨论 the 的用法。

案例4-2
设计说明

案例 4-3

· 可数名词单复数的用法 ·

一、教学内容

可数名词单复数的用法（四年级）。

二、学情分析

学生对英语的听、说、读、写学习有了初步了解，但是英语名词的单复数与汉语完全不一样，汉语在于量词的变化，汉语名词本身不变，而英语中名词本身也要发生变化，学生需要大量练习来理解其意义和变化规律。这就需要教师设置更多情境，让学生联系生活实际解决问题，运用语法规律。

三、教学目标

①学生能在情境中理解名词单复数意义。

②学生能在情境中理解运用名词变复数的不同形式。

③学生能在情境中完成单复数的练习。

四、课时安排

1课时。

五、教学重难点

学生能在情境中理解运用名词变复数的不同形式。

（1）以 s, sh, ch, x 等结尾的词加 es，如 bus—buses, dish—dishes, brush—brushes, glass—glasses, watch—watches, peach—peaches, box—boxes 等。

（2）以辅音字母＋y 结尾的名词变复数时，变 y 为 i 加 es，如 baby—babies,

cherry—cherries 等；以元音字母＋y 结尾的名词变复数时，直接加 s 变复数，如 monkey—monkeys, holiday—holidays, boy—boys, toy—toys 等。

（3）以 o 结尾的名词变复数时：

① 无生命的可数名词加 s，例如：photo—photos, piano—pianos, radio—radios, zoo—zoos 等。

② 有生命的可数名词加 es，例如：potato—potatoes, tomato—tomatoes, hero—heroes, mosquito—mosquitoes（蚊子），mango—mangoes 等。特例说明 bamboo—bamboos。

（4）以 f 或 fe 结尾的名词变复数时，去掉 f, fe 加 ves 的名词（现阶段主要学习的部分），如：leaf—leaves, knife—knives, wolf—wolves, half—halves, wife—wives, life—lives, thief—thieves 等。

六、教学方法与手段

直观法、游戏教学法、情境教学法、小组合作法。

七、课前准备

多媒体、PPT 课件、卡片。

八、教学过程

Step 1. Warming up

Greetings.

T: Listen and sing a song: In our class.

Ss:（听并唱歌。）

Step2. Presentation

Ask and answer.

T: Look at our classroom. What's in our classroom?

Ss: There are forty chairs.

Ss: There are…

T: Forty chairs. Forty desks. Five windows. Two boards…

（展示 PPT：many things in classroom.）

设计意图 让学生在实际的生活环境中感知单复数的运用，理解单复数使用的具体环境。同时学生通过观察，初步理解可数名词单数变成复数词尾添加"s"。通过已知句型学习新内容，学生没有心理负担，激活旧知识。

Step 3. Practice and Production

1. Help game

T: Toby is hungry. Can you help him? Give him some food.（一个孩子扮演 Toby，教师准备了很多食物卡片。）

S: A banana, a hamburger, an apple…

Toby: I want more.

T: Two bananas.

S: …

T:（展示 PPT: two bananas, some cookies, two hamburgers…）Let's match.

Game 1（连线食物）

A banana   Pictures

Two hamburgers

Some cookies

…

Game 2（踢足球射门）

球门 1（单数）   球门 2（复数）

boy   boys

girl   girls

hat   hats

toy   toys

…

T: 规则 1：一般可数名词变成复数，后面直接添加 s。

设计意图 通过 Help game 进入情境，让学生通过自己的行动加深对可数名词变复数的理解，通过参与连线食物和踢足球射门这两个游戏，让学生理解一般可数名词变复数的规则 1：一般可数名词变成复数，后面直接添加 s。

2. Running game

T: Let's play Game 3: Runing game.（障碍跑的游戏，谁能把马路上的障碍物放进合适的箱子，就可以提高速度取得胜利。）

T:（展示 PPT: box, dish, watch, glass, brush, peach, boy, girl, hat, toy。）

Team 1: s

Team 2: es

T: Read the words.（用 flash cards 展示。）

Ss：（朗读。）

T：规则 2：以 s, sh, ch, x 等结尾的词加 es，如 bus—buses, dish—dishes, brush—brushes, glass—glasses, watch—watches, peach—peaches, box—boxes 等。

设计意图 学生通过障碍跑的游戏，理解运用给 s, sh, ch, x 等结尾的词加 es，在游戏中去实践，让学生的学习更场景化，为以后的语言运用打下牢固的基础。

3. Magic game

T：cherry, fly, family, lady, leaf, knife, wolf 怎么把它们变成很多呢？看看我们的"魔术师"吧。

Ss：（先跟读单词，然后观察教师给的图。）

T：cherries, flies, families, ladies, leaves, knives, wolves.

Ss：（两人一组将名词变复数。）e.g.：cherry—cherries, leaf—leaves.

T：以辅音字母＋y 结尾的名词变复数时，变 y 为 i 加 es，如 baby—babies, cherry—cherries 等；以元音字母（a, e, i, o, u）＋y 结尾的名词变复数时，直接加 s 变复数，如 monkey—monkeys, holiday—holidays, boy—boys, toy—toys 等。

（学生给出一些例子。）

T：以 f 或 fe 结尾的名词变复数时：去掉 f, fe 加 ves 的名词（这是现阶段我们主要学习的部分）。例如：leaf—leaves, knife—knives, wolf—wolves, half—halves, wife—wives, life—lives, thief—thieves。

（学生给出一些例子。）

设计意图 通过"变魔术"，让学生观察以辅音字母＋y 结尾的名词变复数时，变 y 为 i 加 es，如 baby—babies, cherry—cherries 等；以元音字母（a, e, i, o, u）＋y 结尾的名词变复数时，直接加 s 变复数；以 f 或 fe 结尾的名词变复数时，去掉 f, fe 加 ves 的名词。每位同学给出自己的例子来巩固规则的运用。

4. Jumping game

T：两组学生，一组学生扮演有生命的可数名词，一组学生扮演无生命的可数名词。

Ss：学生读到哪个单词、读几遍，拿着有生命的单词的同学就跳几次。拿着无生命的单词的同学扮演进入睡眠状态。

T: photo—photos, piano—pianos, radio—radios, zoo—zoos; potato—potatoes, tomato—tomatoes, hero—heroes, mosquito—mosquitoes（蚊子）, mango—mangoes.

（学生做动作。）

（学生分小组扮演。）

T: bamboo—bamboos.

（学生读单词。）

🔴设计意图 让学生通过身体的模仿活动理解以 o 结尾的名词变复数时的规则：①无生命的可数名词加 s 的，例如：photo—photos, piano—pianos, radio—radios, zoo—zoos 等。②有生命的可数名词加 es 的，例如：potato—potatoes, tomato—tomatoes, hero—heroes, mosquito—mosquitoes（蚊子）, mango—mangoes 等。特例说明（bamboo—bamboos）。通过集体的练习和小组活动加深语言规律的掌握和记忆。

5. Summary

（1）一般可数名词变复数是在名词后面加上 s，例如：banana—bananas, cookie—cookies, hamburger—hamburgers, chair—chairs, hat—hats, girl—girls 等。

（2）以 s, sh, ch, x 等结尾的词加 es，例如：bus—buses, dish—dishes, brush—brushes, glass—glasses, watch—watches, peach—peaches, box—boxes 等。

（3）以辅音字母＋y 结尾的名词变复数时，变 y 为 i 加 es，例如：baby—babies, cherry—cherries 等；以元音字母＋y 结尾的名词变复数时，直接加 s 变复数，例如：monkey—monkeys, holiday—holidays, boy—boys, toy—toys 等。

（4）以 o 结尾的名词变复数时：①无生命的可数名词加 s，例如：photo—photos, piano—pianos, radio—radios, zoo—zoos 等；②有生命的可数名词加 es，例如：potato—potatoes, tomato—tomatoes, hero—heroes, mosquito—mosquitoes（蚊子）, mango—mangoes 等。特例说明（bamboo—bamboos）。

（5）以 f 或 fe 结尾的名词变复数时，去掉 f, fe 加 ves 的名词（这是现阶段我们主要学习的部分），例如：leaf—leaves, knife—knives, wolf—wolves, half—halves, wife—wives, life—lives, thief—thieves。

Ss：运用小组合作的世界杯法来巩固五种可数名词变复数形式（每一组讲解一种形式，并与另外四组交换成员），并讨论、总结和交流。

🔴设计意图 小组合作世界杯法是指一个学习材料中各个部分相对独立，随机分给各个小组，本节课是运用世界杯法，把名词变复数的四种形式分给不同小组，分别进行小组练习巩固、讲解并能在小组内报告，然后与其他小组成员不断交换，以达到所有成员都熟练输出的目的，从而使同学间可以相互学习、督促和提升。

Boardwork

1. 一般可数名词变复数是在名词后面加上 s。

2. 以 s，sh，ch，x 等结尾的词加 es。

3. 以辅音字母＋y 结尾的词，变 y 为 i 加 es。

4. 以 o 结尾的名词变复数：

①无生命的可数名词加 s；

②有生命的可数名词加 es。特例说明（bamboo—bamboos）。

5. 以 f 或 fe 结尾的名词变复数，去掉 f，fe 加 ves。

九、教学反思

在本节语法教学过程中，教师采用四个不同的游戏来巩固可数名词变复数的重点、难点。让学生在游戏中感知、理解语法规律，通过同学们的已有知识学习总结语法规律，通过两人合作、多人合作来练习巩固不同形式的变化。本节课内容比较多，前面两个游戏节奏要快，因为学生容易接受，后面的游戏可以根据学生的掌握程度来反复循环，在游戏中感知理解，在玩中学习和练习，在情境中运用。

案例 4-3 设计说明

案例 4-4

· There be 句型的用法 ·

一、教学内容：There be 句型的用法（五年级）

There be 句型，学生接触较多，在某个单元内容匹配度较高的情况下进行小结，利于学生对句子和篇章的准确理解。

二、学情分析

五年级学生有了两年多的英语学习经历，掌握了几百个单词和简单的句型，能在日常生活中运用简单的对话交流，语法教学设计要具有更多趣味性、逻辑性、情境性，教学组织要更多地培养学生自学和团体协作学习，给予学生更多的话语权，创造更多的表达机会。

三、教学目标

①学生能在情境中理解 There be 句型意义。

②学生能理解运用 There be 句型的就近原则。

③学生能在情境中完成 There be 句型的练习。

四、课时安排

1 课时。

五、教学重难点

学生能理解运用 There be 句型的就近原则。

六、教学方法与手段

游戏教学法、情境教学法、交际法、小组合作法。

七、课前准备

多媒体、PPT 课件、卡片。

八、教学过程

Step 1. Warming up

Greetings.

Step 2. Presentation

Treasure hunt.

T：（展示 PPT）Look at the map. What does it mean? There are treasures in the deep forest. You can find them.

Ss：Look and find.

T：（提示使用句型）There are\is…（Task 1）

Ss：There are\is…

T：There be 句型表示某地有某物。

【设计意图】让学生在去寻宝的活动中理解感知 There be 句型的意义和使用场景，同时激活学生的旧知，为后面突破语法重点、难点做铺垫。

Step 3. Practice & Production

1. Treasure hunt（Task 2：帮助蚂蚁回家）

T：There are some ants in the forest. They lost. Can you help?

Ss：Yes, we can.

T：蚂蚁迷路了，我们拿出地图一起找路吧。

There be 句型由 There + be 动词 + 名词和其他部分组成。

T：一个同学扮演 There，一个同学扮演蚂蚁（be 动词），一个同学扮演名词。

说出十个 There be 句子，进行排序。蚂蚁就可以回家了。

Ss：学生进行排序。

设计意图 让学生在寻宝任务（帮助蚂蚁回家的活动）中理解运用 There be 句型的基本结构。

2. Treasure hunt（Task 3：成功过河）

T：（展示寻宝场景 3 PPT）There are three rabbits. Who can help them across the river.

True or false.

There is a bag on the chair.（T）

There is some water in the glass.（T）

There is a geese on the lake.（F）

Ss: true or false.

T：is 后面接单数可数名词或者不可数名词，are 后面接可数名词复数。Please give me some examples.

Ss：（give some examples.）

设计意图 通过寻宝过河的活动进入情境，让学生自己观察，理解练习 is 后面接单数可数名词或者不可数名词，are 后面接可数名词复数。

3. Treasure hunt（Task 4：收到礼物）

T：（寻宝场景 3）We help the ants and the rabbits.

They thank us for presents.

We should choose "is" or "are".

（1）There ____ a ruler and three pencils in the pencil case.

　　There ____ three pencils and a ruler in the pencil case.

（2）There ____ a teacher and two students in the office.

　　There ____ two students and a teacher in our classroom.

T：就近原则：There be 句型中的 be 动词形式由最近的名词来决定。

（学生选词填空）

T：任务完成收到礼物 hats。

4. Treasure hunt（Task 5：走出森林）

T：We should go home. How to get out of the forest?

我们必须完成任务5，把 There be 句子变成一般疑问句。

There is a chair in the room. 变成"房间里有一把椅子吗？"

There are some apple trees in the garden. 变成"园子里有苹果吗？"

T: There be 句子陈述句变成一般疑问句，把 be 动词提前，句尾变成问号。

Ss: Is there a chair in the room?

Are there any apple trees in the garden?

T: Excellent！我们完成了所有寻宝任务。

设计意图 学生通过寻宝回家走出森林的任务，理解运用 There be 句子陈述句变成一般疑问句，把 be 动词提前，句尾变成问号。

Step 4. Summary

T：概念和结构：There be 结构在英语里表示"存在""有"。表示某地有某人或某物。

1. 肯定结构：There + be + 名词 + 其他部分

（1）There is + 单数可数名词/不可数名词。（be 动词的三种形式 am, is, are）

There is a bag on the chair. 椅子上有一个书包。（bag 是单数名词）

There is some water in the glass. 杯里有些水。（water 是不可数名词）

There is no water in the cup. 杯子里没有水。

（2）There are + 复数名词。

There are some geese on the lake. 湖面上有几只鹅。

2. 就近原则：There be 句型中的 be 动词形式由最近的名词来决定

（1）There is a ruler and three pencils in the pencil case.

（笔袋里有一把尺子和三支铅笔。）

There are three pencils and a ruler in the pencil case.

（笔袋里有三支铅笔和一把尺子。）

（2）There is a teacher and two students in the office. 办公室有一位老师和两名学生。（a teacher 为单数形式）

There are two students and a teacher in our classroom. 我们教室里有两名学生和一位老师。（two students 是复数形式）

3. 疑问结构：Be + there + 名词 + 其他组成部分

Is there a chair in the room? 房间里有一把椅子吗？

Are three any apple trees in the garden? 园子里有苹果树吗？

学生运用小组合作的内外圈法来巩固 There be 句型要点，每一名学生列举一个例子交流总结。

设计意图 利用内外圈法：学生围成两圈，里面圈的学生不移动，外面圈的学生依次移动来提问或者回答。总结本节课内容，让全班学生通过小组合作的内外圈法来巩固本节课 There be 句型的要点。发挥小组合作的力量，使课堂的效率提高，进一步强化本节课的语法基本规则。

Boardwork

1. There be 的基本结构

2. be 动词的选择（1）单复数（2）就近原则

3. There be 的一般疑问句

九、教学反思

在本节课语法教学过程中，采用一个场景——森林寻宝，五个任务串联整节课的每个知识点和重点、难点。学生在游戏中感知理解语法规律，通过两人合作、多人合作来练习巩固 There be 的基本用法。本节课的场景只有一个，课堂核心内容聚焦，学生在任务中提出问题，完成任务运用了 There be 的知识点，做到学、练、用结合。

案例 4-4 设计说明

案例 4-5

• 一般现在时的用法 •

一、教学内容：一般现在时的用法（六年级）

英语一般现在时，是我们日常生活中最常用的一种时态，它主要用于描述习惯性、经常性动作或客观事实。

二、学情分析

六年级学生正处于青春期前期，他们开始具备更强的逻辑思维能力和抽象思考能力，其自控能力逐步增强。一般现在时是分单元学习涉及，教师的语法教学设计要具有更多趣味性、逻辑性、情境性，组织教学要更多地培养学生自学和团体协作能力。同时教师需要同学们联系生活实际，组织学生小组合作学习能以学生为中心，给予学生更多的话语权，创造更多的表达机会。

三、教学目标

①学生能在情境中理解一般现在时的概念和结构。

②学生在情境中理解一般现在时中，当主语是第三人称单数时，谓语动词需作相应的变化，变成第三人称单数形式。

四、课时安排

1课时。

五、教学重难点

学生在情境中理解一般现在时中，当主语是第三人称单数时，谓语动词需作相应的变化，变成第三人称单数形式。

六、教学方法与手段

交际法、情境教学法、任务教学法、小组合作法。

七、课前准备

多媒体、PPT课件、卡片。

八、教学过程

Step 1. Warming up

1. Greetings

T: Listen and sing a song: My day.

（学生听并唱 My day。）

2. Review

设计意图 复习上节课使用的句型，活跃气氛。

Step 2. Presentation

T: Toby 解救了糖果公主，公主招待他在王国里游玩，可以在三个不同的城堡玩。让我们一起跟着糖果公主吧。Let's go!

Ss: Let's go!

设计意图 根据上一节课的内容，复习一般现在时的概念、结构，在同一"糖果王国"情境中学习新的内容。

Step 3. Practice & Production

1. Throw the ball with "s" or "es"

T: We go to the Castle One. We throw the ball with "s" or "es". 游戏规则：在主语是第三人称单数 he, she, it 时 + 动词词尾，选择扔掉"s"或者"es"小球。

e.g. It like ____ milk.

T: It likes milk. Choose one student.

(学生扔出"s"小球。)

(学生扔出"s"或者"es"小球。)

He watches TV every day. She often goes to school by bus.

The bird lives in the tree.

T：肯定句：主语（第三人称单数）+动词三单形式+其他

(学生们举例。)

T：We win! Let's go to the Castle Two.

设计意图 让学生通过在"糖果王国"中城堡一的扔球游戏，基本理解一般现在时肯定句"主语（第三人称单数）+动词三单形式+其他"的结构，同时理解动词词尾加"s"或者"es"的语法知识点，在游戏中体会，在游戏中运用。

2. The irony game

T：We are in Castle Two. 游戏规则：说反话。

e.g. Judy likes milk.——Judy doesn't like milk.

S1 and S2：He likes watch TV every day. He doesn't watch TV every day.

Ss：Lisa likes dogs. Lisa doesn't like dogs.

She often goes to school by bus.

She doesn't often go to school by bus.

(学生两人一组练习)

T：否定句：主语（第三人称单数）+ does not + 动词原形 + 其他

(学生们举例。)

T：We win again.

设计意图 让学生在"糖果王国"中的城堡二，玩两人合作的反话游戏，练习一般现在时的否定形式：主语是第三人称单数的肯定句变成否定句，观察句中动词变化，体会"主语（第三人称单数）+ does not + 动词原形 + 其他"的句子结构。

3. Stick flowers

T：We are in the Castle Three. 游戏规则：给不同动词变化贴上你喜欢的小花。

规则例词（PPT展示）。

T：（1）一般在动词原形后直接加"s"：work—works, give—gives, come—comes。

（2）以元音字母＋y 结尾的动词，直接加"s"：say—says, buy—buys。

（3）以辅音字母＋y 结尾的动词，先变 y 为 i，再加"es"：fly—flies, carry—carries。

（4）以 ch, sh, s, o, x 结尾的动词后加"es"：watch—watches, go—goes, do—does, wash—washes。

（学生朗读并贴小花。）

设计意图 让学生在已知单词中总结一般现在时中主语是第三人称单数时，动词的变化规则，同时让每位学生有参与感，记忆会更深刻。

T：不规则变化：have—has. He has a lovely dog. She has a little sister.

S1：I have…

S2：She has…

Ss：Work in groups.

T：We are happy today. Thank you, princess.

设计意图 通过在小组活动中轮流说句子，自然地交换信息，转述信息。学生会更乐于分享，在生活中运用，巩固练习运用了本节课的语法重点和难点。

Step 4. Summary

1. 肯定句：主语（第三人称单数）＋动词三单形式＋其他

2. 否定句：主语（第三人称单数）＋does not＋动词原形＋其他

3. 三单动词变化规律：

（1）一般在动词原形后直接加"s"；

（2）以元音字母＋y 结尾的动词，直接加"s"；

（3）以辅音字母＋y 结尾的动词，先变 y 为 i，再加"es"；

（4）以 ch, sh, s, o, x 结尾的动词后加"es"。

Boardwork

1. 肯定句：主语（第三人称单数）＋动词三单形式＋其他

2. 否定句：主语（第三人称单数）＋does not＋动词原形＋其他

3. 三单动词变化规律：

（1）一般在动词原形后直接加"s"；

（2）以元音字母＋y 结尾的动词，直接加"s"；

（3）以辅音字母＋y 结尾的动词，先变 y 为 i，再加"es"；

（4）以 ch, sh, s, o, x 结尾的动词后加"es"。

九、教学反思

本节课使用一般现在时的场景"糖果王国",学生通过三个游戏——扔球、说反话、贴小花,重点掌握一般现在时中主语是第三人称单数时,动词的变化规律形式。学生在游戏中体验、总结、运用语法规则,做中学,玩中学,语法的学习很有趣味性。

案例 4-5
设计说明

第五章　小学英语听力教学设计与实践

当今世界是全球开放性的社会，英语在国家间的运用涉及政治、经济、文化、交流等社会活动各个领域，并发挥着越来越重要的作用。依据《义务教育英语课程标准（2022年版）》的要求，小学英语教材的教学必须根据小学生的学习特点，创建以相应活动为主的任务型教学模式。在听、说、读、写四个环节中，能够熟练使用英语。"听懂"是最基础的要求。小学英语教学的首要任务就是提高学生的听力，从娃娃抓起，改变中国学生"哑巴英语"的状况，在小学英语教育中，我们依然按照听、说、读、写四项能力要求，积极训练孩子的听说能力，将"听"排在第一位。英语，作为一门语言，是一种交流的工具，环境对语言的习得具有非常重要的影响。为学生创造一个良好的听说氛围和语言环境，保证学生有足够"听"的语言量，对于提高学生的听力能力至关重要。小学英语教育，尤其应该大量开展听力训练，提高学生的听力理解能力。由此可见，在听力训练中，丰富听力环境，激发听力欲望，才能增强听力效果。同时应注重形式的多样性，材料的趣味性，紧紧"抓住"学生的耳朵。

《义务教育英语课程标准（2022年版）》提出了对听力的具体要求：听力测试在学期考试、中考、高考中所占的比例应不少于20%。要使听力教学真正成为英语教学的重要组成部分，然而小学阶段英语听力有什么特点？我们又该如何结合小学生学习特点实施有效的听力教学策略呢？

第一节　小学英语听力教学内容分析

小学英语教学的目的是对学生进行基本的听、说、读、写训练，使学生打好语音、语调基础，掌握一定的词汇和最基本的语法知识，培养学生基本的日常会话能力以及拼读、拼写能力。同时，注重培养学生学习英语的兴趣，使他们喜欢学习英语和使用英语，为他们升入中学继续学习英语奠定初步的基础。

依照《义务教育英语课程标准（2022年版）》，三、四年级应完成听力一级目标：能感知单词、短语及简单句的重音和升降调等；能理解基本的日常问候、感谢和请求用语，能听懂日常指令等；在听或看发音清晰、语速较慢、用词简单的音视频材料时，能识别有关个人、家庭，以及熟悉事物的图片或实物、单词、短语；能根据简单指令作出反应；体会英语发音与汉语发音的不同；能借助语音、语调、手势、表情等判断说话者的情绪和态度；能在语境中理解简单句的表意功能。

依照《义务教育英语课程标准（2022年版）》，五、六年级应完成听力二级目标：能领悟基本语调表达的意义；能通过听，理解询问个人信息的基本表达方式；能听懂日常学习和生活中简单的指令、对话、独白和小故事等；能理解日常生活中用所学语言直接传递的交际意图；在听或看发音清晰、语速适中、句式简单的音视频材料时，能获取有关人物、时间、地点、事件等基本信息。

总体来说，小学英语听力教学的目标主要是听懂单词、短语和简单句，理解日常生活用语以及听懂简单日常对话交流三个方面。小学英语教材在内容上相对比较简单，教师可以根据贴近小学生生活的话题开展听力训练，如："Color""Fruit""Animal""My Family""Welcome to Our School"等，让学生对英语听力的学习产生兴趣。教师要注意在与"听""说""读""写"四个相关环节，特别注意营造英语听力的学习环境，加强听力的分级训练。

第二节　学习者分析

在小学英语教学中，教师应有意识地帮助学生形成适合自己的有效的学习策略，从而让学生学得轻松。根据小学生的思维特点和接受语言学习能力的特点，我们针对不同阶段学生的特点制定相应的对策。

一、低年级（一、二年级）

一年级的学生贪玩，注意力非常不集中，容易分心。将以"玩"为主的生活方式，变成以"学"为主，这对培养孩子的好习惯和学习兴趣尤其重要。小学阶段是培养学生良好的学习习惯和塑造品行的关键期，避免学生以后对接受教育产生厌烦心理，更为未来的学习生涯打下坚实的基础。

低年级的学生相比高年级的学生更听教师的话，他们会无条件地信任和服从教师，对教师怀着特殊的尊敬和依恋之情，教师具有绝对权威。因此对待学生们，父母、教师应以称赞为主。此阶段培养学生学习英语的兴趣，激发学生的开口能力，加强对26个英文字母的认读、简单的问候语及相应的听辨能力学习。

二、中年级（三、四年级）

三、四年级学生的学习习惯、学习态度从可塑性强转向逐渐定型，处于重要过渡阶段。处在这一时期的学生希望获得外界的表扬与赞誉，更需要家长关切的眼神、真诚的鼓励和热情的帮助，教师和家长要更多地关注学生各方面的情况。家庭教育水平的高低决定了学生学习起点的高低，家庭教育的缺失必将对学生的心理健康产生不良影响，特别是三年级。

三、四年级是小学低年级向高年级的过渡期，此阶段学生必须开始从被动学习向主动学习转变，加上学生自身心理和能力的发展，这些都会引发比较明显的学习分化现象。只要能够正确引导，学生就会顺利度过这一时期。

三、四年级学生的自我评价意识开始形成，开始能分辨出能力的高低及学习态度的好坏。考试分数往往决定其自我评价水平，愿意听表扬，要求教师采取公平态度。如果教师批评不当，学生会产生抵触情绪。学生个性更为独立，自身心理有了变化；学习内容更加复杂、更需动脑筋的多了，直观简单的少了；被动学习转向了主动学习。

针对中年级的学生，家长和教师还应培养他们的情绪控制力，这对他们将来的个体成长与发展都大有好处。三年级是学生情感发生变化的转折时期，四年级是学生培养良好情感能力的关键时期。因为情绪上的不安和波动很容易影响他们的学业成绩。

三、四年级的学生在行为习惯上出现大的逆转，注意力不集中，做作业拖拉磨蹭，无端发呆，爱看动画片，自控力差，粗心马虎等缺点在不同学生身上可能有不同程度的表现。教师应了解学生在不同年龄阶段生理与心理发展的特点，只有按照学生的生理和心理特点进行教育，才能取得好的教育效果。

三、高年级（五、六年级）

小学高年级学生的学习能力已经显现出差异性，学习风格也初步形成。学生们开始有自己的思想，青春期的萌发，开始不听话。高年级是小学生自我意识发展的第二个上升期，这一时期，学生能否正确认识与悦纳自我，直接影响他们健康个性与健康心理的养成。

六年级是小学到初中的一个转折点。六年级的学习既要做好小学六年知识的巩固，又要逐步开始接触初中的一些知识。面临小升初，学生心理和学习上都会有很大压力，学会合理安排和规划是极为重要的。

在英语听力方面，学生们词汇量小，语法基础薄弱，常易忽略句子的时态而影响听力作答；英语基本句型了解少，阅读看不懂，听力的快速反应及判断时态的选择易错。所以在这一时期,培养学生良好的学习习惯、耐心对待学习的态度尤其重要。

四、小学生英语听力教学策略

1. 坚持用英语组织教学

坚持用英语组织教学,要从最简单的日常用语开始,逐步加深,配以动作、表情或适当的解释说明,尽量避免用汉语讲述,这是练习听力的良好机会,烘托英语课堂教学气氛,增强学生的求知欲,提高练习的频率。

2. 听力训练宜早期实施

培养学生的听力能力,教师应有目的、有计划地采取行之有效的手段进行规范性、系统性的训练。听力训练适宜在英语学习入门阶段,如学习字母和音标时就有意识地着手进行。年龄越小的学生,在"听说"的语言实践活动方面,越能极大限度地被调动学习的积极性和主动性。

3. 训练学生的耐心和静心

在英语教学初期,教师就要训练学生养成静心、耐心听的习惯,要求学生边听教师发音,边看教师嘴型,注意观察其大、小、扁、圆及变化情况,在看明听清的基础上再在教师的指示下进行正确的发音;教师应要求学生在做听力练习的时候一定要心无杂念,排除一切干扰静心听关键词并记住关键信息。

4. 每日坚持听读训练

每天让学生坚持十分钟的听录音跟读练习,每日设计五分钟随堂辨音练习,设计的形式有:一名学生朗读,其余学生听辨有无错音,自制录音材料,让学生辨析相近音。教学生掌握连读、弱读、同化、失爆、重音转移等音变现象,培养学生的语感,通过对学生听觉的反复刺激,使学生的听觉对规范语音形成一种定势,从而提高了学生的辨音能力,为以后更深入的听力训练打下坚实的基础。

5. 课前设计临场对话

教师在每个阶段的教学都要精心选择合适的材料,遵循"由易到难,逐步深入"的原则,从语音、词汇到短句,从短句到长句,从长句到短文,从短文到临场对话,并可以在对话中设计一些简易的问题让学生作答,以此加强学生的注意力。

6. 设计专题听力课

结合教材特点,选择口语多、语言规范、交际性强的材料,培养学生在真实语境中的应变能力。采用短课时的听力课为宜,有些学生还没有设置专门听力课,教师可利用英语课前5—10分钟进行省时、高效的训练。

7. 听力前预读方法指导

听力之前做好准备。听材料前让学生快速浏览题目及选择内容的选项，捕捉一切可从中获得的信息，同时预测大概涉及什么内容，会提出什么样的问题，依据题目中提供的时间、地点、人物、价格、方式、原因、频度等分别预测出问题。可能会是以 what、which、when、where、who 等疑问词开头的问句。对于比较复杂的选项，建议学生通过分析比较领会选项之间的差别，这样在听的时候就有针对性地借助上下文进行推理，采用联想比较排除等策略，迅速给出正确的答案。

8. 边听边记，强化记忆

面对稍纵即逝的句子和对话，如何做到尽可能多、快、准地掌握新的信息并加以记忆呢？学生在听录音时养成记录的习惯，对于材料中出现的日期、终点、年龄、价格可采用阿拉伯数字代号；对于人名和地名等，采用缩略语来代替，甚至可以画简图和简表来记录。

9. 听力速度把控有度

如果怕学生听不懂而故意放慢速度来迁就学生，甚至一个词一个词往外跳，这种教法对提升听力非常不利，因为语速太慢就破坏了语言的语音语调，时间长了反而听不懂自然的语音、语调，所以要让学生按正常语速进行训练。

10. 因材施教，分层训练

一个听力材料可适用各个层次水平的学生，对一个中等水平的学生只需要听出人物、时间、地点和事件，对于水平高的学生则必须了解详细的内容，在练习时不要让听力较好的学生把答案讲出来，要在小组讨论的基础上使学生形成一致或有差异的答案，再放录音，以便证实或修正已形成的答案。

第三节　小小学英语听力教学案例设计

案例 5-1

• 听辨元音字母 Aa 在开音节和闭音节中的发音 •

一、教学内容

①学生能熟练分辨元音字母 Aa 的开音节和闭音节单词。

②学生能掌握元音字母 Aa 在开音节和闭音节单词中的发音。

二、学情分析

第二课时"元音字母 Aa 的开音节和闭音节"授课对象是小学三、四年级，要求学生在听力中熟练听辨字母 Aa 的开音节和闭音节，训练学生见词能读、听词能写的学习技能。

三、教学目标

①学生能熟练辨别并读出元音字母 Aa 在开音节和闭音节中的发音。

②学生能拼写听到的含元音字母 Aa 为开音节和闭音节单词。

四、课时安排

1 课时。

五、教学重难点

①熟练区分开音节及闭音节单词，并掌握元音字母 Aa 在其中的发音。

②在听力中熟练听辨字母 Aa 的开音节和闭音节，训练学生见词能读、听词能写的学习技能。

六、教学方法与手段

游戏教学法、练习法。

七、课前准备

单词卡片、多媒体、PPT 课件。

八、教学过程

Step 1. Warming up

（1）Greetings.

（2）Sing a song.（师生齐唱元音字母歌。）

Step 2. Presentation

1. 游戏：大声抢读

Reading out the words on the cards.（利用单词卡片呈现单词，让学生进行大声抢读。）

cat Kate bag skate hat grape black cake

T: Hi, boys and girls. Let's play some games. Are you ready?

Ss: Yes.

T: Go!

T: Well done.

2. 游戏：火眼金睛

课件展示抢读单词，让学生根据单词构成特点给单词分类。

T: Everybody, 现在给我们刚才已抢读的单词分类，看一看，比一比，看看哪位同学的眼睛最厉害。

Ss: Yes.

S1: Kate skate grape cake

S2: cat bag hat black

T: Good job. 谁又来回答这些单词里的元音字母 a 的发音是什么呢？

S3: Kate skate grape cake, 元音字母 a 在单词里发字母本身音 /ei/。

S4: cat bag hat black, 元音字母 a 在单词里发 /æ/。

T: Excellent! 单词只有一个元音字母 a，末尾还带一个不发音的 e，这类单词叫开音节单词，元音字母 a 在单词里发字母本身音 /ei/。单词只有一个元音字母 a，末尾还带一个辅音字母，这类单词叫闭音节单词，元音字母 a 在单词里发 /æ/。

3. 读一读

用课件展示单词。

T: Boys and girls, 让我们一起再读一读黑板上的单词。

T: Well done.

Step 3. Practice

T: Boys and girls, 我们已经能学习含有元音字母 a 的开音节及闭音节的单词，接下来听一段录音，看看谁的小耳朵最灵敏，答对的最多。

Ss: OK.

T: Let's begin. Please listen carefully.

听录音，选出与所给单词有相同音素的选项。

( ) 1. fat   A. fade   B. rate   C. pan

( ) 2. lake   A. nose   B. hat   C. tape

( ) 3. ate   A. like   B. at   C. sake

( ) 4. gas   A. gate   B. nice   C. cap

( ) 5. tag   A. bag   B. take   C. pop

T: 我们听完了第一题，同学们完成得不错，接下来听第二大题，难度增加了，要注意力更加集中哦。

Ss: OK.

听录音,给下列的单词排序。每小题读两遍。

1. shade 2. jazz 3. skate 4. glad 5. fate
   (   )   (   )   (   )   (   )   (   )

T: 我们听完了两道题,做得很棒,接下来听第三大题,听之前先熟悉题目,再带着目的去听。

听录音,如果听到元音字母a的闭音节单词,请打"√",如没听到请打"×"。

1. bed 2. clap 3. name 4. glad 5. grass
   (   )   (   )   (   )   (   )   (   )

Step 4. Further development

T: 我们完成了三道题,做得不错,接下来我们再来回顾元音字母Aa在开音节及闭音节中的发音。我们再来尝试更多新单词的拼读,想不想试一试?

Ss: Yes.

T:课件展示新单词。

```
-ad：  bad    sad    had    mad    pad
-am：  jam    ham    lamp   camp   stamp
-ax：  max    fax    tax    wax
-ate： date   late   gate   mate   rate   plate
-ale： male   pale   sale   whale  tale
-ace： face   space  grace  place  race
```

T:这些单词都有什么特点?

Ss:都属于开音节和闭音节单词,拼读方法都一样。

T:那我们来个小组接龙读单词竞赛,看看哪一组用时最短。

Ss: OK.

T:哇,同学们真厉害,短短的时间内就能拼读出那么多新单词。接下来再来磨一磨我们的小耳朵,听一听句子。

听力练习:

听录音,选出你听到的句子。每小题读两遍。

(   ) 1. A. Sally likes jams.   B. Sally likes grapes.

(   ) 2. A. Kate has a map.   B. Kate has a plate.

(   ) 3. A. Dad is sad.   B. Dan is mad.

(   ) 4. A. This is Tate.   B. This is Tom.

（　　）5. A. a fat cat.　　　　　　B. a big cake.

Step 5. Summary

这节课我们一起学习了开音节和闭音节单词的特点并学会了元音字母 Aa 在其中的发音，并做了相关听力练习，同学们完成得很不错，学会拼读了很多新单词，希望我们在接下来其他元音字母的学习中也一样表现得很好。

Boardwork

元音字母 Aa 的开音节和闭音节

开音节单词：Kate skate grape cake

闭音节单词：cat bag hat black

九、教学反思

案例 5-1
设计说明

小学三年级学生刚开始接触英语，对于习惯用汉语交流的小学生来说，英语听力有点难，学生缺乏对新语言的感知和运用。在今后的英语教学中，要积极创设各种英语学习情境，多开展各种英语学习活动，如英语小表演、英语单词竞赛、英语朗诵等，提升学生学习英语的兴趣并有目的地去实践语言，让每位学生做到能够听说，从而创设学习英语的氛围，用英语进行交流。

案例 5-2

• **What time is it?** •

一、教学内容

①复习巩固数字 1—100 的英文表达。

②熟悉听力包含数字的情境及有关数字的听力。

③掌握听力句型 What time is it？及其有关数字的回答。

④培养学生从听力材料中捕捉信息的能力。

二、学情分析

第三课时"What time is it"主要是针对小学四、五年级学生设计的课例。让学生通过对数字的听读复习，拓展到以"How many...?"提问回答的 1—100 的数字听力，或者电话号码、车牌号，再回到迅速反应并给出"What time is it?"的回答。这一课例的实用性和可操作性很强。

三、教学目标

①学生能在不同语境中熟练听辨 1—100 的数字。

②学生能熟练掌握句型"What time is it?"在一天中不同时间的不同表达。

③学生能在日常生活中听懂相关数字的信息。

四、课时安排

1 课时。

五、教学重难点

①对不同情境中数字的捕捉与记录。

②掌握听力解题技巧。

六、教学方法与手段

游戏教学法、情境教学法、归纳法、练习法。

七、课前准备

多媒体、PPT 课件。

八、教学过程

Step 1. Warming up

(1) Greetings.

(2) Sing a song: *Ten Little Indians*.

(边唱英语歌,边做动作。)

T:这首歌里有哪些数字?

Step 2. Review the numbers

1. Review the numbers 1—20

one 1	eleven 11
two 2	twelve 12
three 3	thirteen 13
four 4	fourteen 14
five 5	fifteen 15
six 6	sixteen 16
seven 7	seventeen 17
eight 8	eighteen 18
nine 9	nineteen 19

ten 10   twenty 20

① Game: when the teacher point the numbers cards, students say it quickly. And then students practice in pairs.

② Look at the PPT: What are they?

How many?

2. Review the numbers 20—100

①表示"十位整数":

twenty 20   thirty 30   forty 40   fifty 50

sixty 60   seventy 70   eighty 80   ninety 90

one hundred 100

②表示"几十几"("整十数"加"个位数"):

e.g. twenty-one 21   twenty-two 22   twenty-three 23

       thirty-one 31   thirty-six 36   thirty-nine 39

       forty-eight 48   ninety-nine 99

③听力中难以分辨的基数词主要有以下几对:

thirteen 与 thirty

fourteen 与 forty

fifteen 与 fifty

sixteen 与 sixty

seventeen 与 seventy

eighteen 与 eighty

nineteen 与 ninety

Step 3. Listening activities

1. Free talk

生活中有哪些需要运用数字的情境?

2. 创设运用数字的生活情境

①询问物品的数量

How many…?   Eleven/forty…

Guessing Games: How many…in the picture?

②询问年龄

How old…?   Two/ Ten…

Game：猜年龄

③询问电话号码

What's your/his/her telephone number?   It's 9235890.

Game：拨打热线电话

④询问车牌号码

What's your/his/her car number?   K66320.

⑤询问时间

What time is it?

It's eight o'clock. / It's nine thirty-two.

Step 4. While-listening

Ⅰ. 听音辨词：选出你所听到的单词，将序号填在（   ）内。每小题读两遍。

(   ) 1. A. two   B. that   C. TV

(   ) 2. A. sleep   B. thirty   C. see

(   ) 3. A. farm   B. fifteen   C. friend

(   ) 4. A. eleven   B. email   C. egg

(   ) 5. A. three   B. story   C. star

Ⅱ. 听音辨句：选出你所听到的句子，将序号填在（   ）内。每小题读两遍。

(   ) 1. A. It's 9:30.   B. It's 6:30.

(   ) 2. A. She's twenty.   B. He's eighteen.

(   ) 3. A. Sixteen pigs.   B. Fifteen sheep.

(   ) 4. A. It's forty-three.   B. It's fifty-three.

(   ) 5. A. It's 2214975.   B. It's 2214795.

听力技巧：速记阿拉伯数字、首字母或首单词。

Ⅲ. 情境反应：根据你所听到的句子选择恰当的答语，将序号填在（   ）内。每句读两遍。

(   ) 1. A. It's forty.   B. It's full.

(   ) 2. A. It's big.   B. It's 10:00.

(   ) 3. A. K452598   B. A bus.

(   ) 4. A. I can't stop.   B. It's seven o'clock.

(   ) 5. A. I have nine.   B. I like cats.

听力技巧：关键词原则。

How many… /How old… /What's… /What time…

Step 5. After-listening

1. 时间的表达方法

"整点": It's two.   现在是两点整。

          It's two o'clock. 现在是两点整。

"几点几分": 小时 + 分钟

e.g. 6:10   six ten

    8:30   eight thirty

    2:47   two forty-seven

2. Game

老狼老狼几点了？

Step 6. Summary

（1）一起回顾本节课学过的知识内容。

（2）Time flies. Time and tide wait for no man.

情感教育：时间不等人，要养成守时、守纪的好习惯。

Boardwork

What time is it?

How many…?	Eleven / Forty…
How old…?	Two / Ten…
What's… number?	It's…
What time is it?	It's…o'clock. / It's…

九、教学反思

本节课主要围绕数字1—100的英文听读，以及用"What time is it?"询问时间的学习任务展开，在复习与巩固数字1—20的基础上，抓住个位数与"十几"的共同点继续复习整十数，在相应的数字规律下，熟练地掌握"几十几"的表达方法。本课通过各种课堂活动，创设日常数字运用的生活场景，进行小组问答练习，在听力理解的活动中学以致用。熟练地掌握数字1—100，以及正确地运用数字来表达时间，对小学四、五年级的学生有一定的难度，所以在本课时设计中合理地运用多媒体与信息技术，通过总结归纳，变繁为简，变抽象为直观，循序渐进，让孩子们在日常生活中灵活运用英文数字，学习听力解题技巧，逐步提高英语听力水平。

案例 5-2 设计说明

案例 5-3

·特殊疑问词强化听力训练·

一、教学内容

复习 where、when、what、who 等疑问词的用法和回答方式。

二、学情分析

案例 5-3 "特殊疑问词强化听力训练"是针对小学四、五年级学生而设计的。通过复习 where、when、what、who 等疑问词，让学生对在听力（对话问答或听问句选答句等题型）过程出现的常见的相关疑问词能迅速做出判断，并找到相应的口语应答，或是笔试应答。听力训练是一种强化教学，在整节课中小学生的注意力和精神都处于高度紧张状态。这种状态如果持续太久，则会疲劳。在听力训练中穿插"说"的环节可以达到放松的目的，听是说的基础，说是听的延伸，两者结合训练小学生听力效果会更好。

三、教学目标

①学生能利用特殊疑问词去捕捉听力里的关键信息。

②学生能根据答句提供的信息，捕捉听力中所涉及的关键疑问词。

四、课时安排

1 课时。

五、教学重难点

引导学生听录音时注意捕捉文中所涉及的人物（who）、事件（what）、时间（when）、地点（where）、原因（why）、方式（how）、程度（how long）、数字（how many / how much）、选择（which）等，以便检查答案。

六、教学方法与手段

游戏教学法、讲解法、练习法。

七、课前准备

多媒体、PPT 课件。

八、教学过程

Step 1. Warming up

（1）Greetings.

（2）Sing a song.

Step 2. Presentation

利用 PPT 呈现一些图片（如图 5-1 至图 5-4 所示），并提出相关问题让学生猜，由此复习和导入特殊疑问词：where, when, what, who。

图 5-1 练习插图 1　　图 5-2 练习插图 2　　图 5-3 练习插图 3　　图 5-4 练习插图 4

T：Where is the rabbit?　　　S1：The rabbit is on the table.

T：When do they go to school?　S2：They go to school in the morning.

T：What is it?　　　　　　　S3：It's a cat.

T：Who is that?　　　　　　S4：She is a teacher.

T：You did a really good job, dear! Now more challenges for you. Please fill in my sentences. Come on, boys and girls!

让学生总结：

特殊疑问词 where 是提问＿＿地点＿＿

特殊疑问词 when 是提问＿＿时间＿＿

特殊疑问词 what 是提问＿＿物＿＿

特殊疑问词 who 是提问＿＿人＿＿

〔设计意图〕从学生猜图片信息到完成后教师总结，以学生为主体，让学生去做、去思考，使学生慢慢动起来，学习的热情得到激发。

Step 3. Pre-listening

T：Well done, guys! I want to introduce my family. Listen and answer my questions.

T：I come from China. Where do I come from?

Ss：China.

T：Fantastic, lovely guys. Tu Tu is my son. Who is Tu Tu?

Ss：Your son.

……

〔设计意图〕以教师家人为话题，吸引学生的兴趣，用相关的特殊疑问词提问全班学生，引起他们的思考，为下面的听力练习和讲解做热身。

Step 4. While-listening

T: Dear guys, all of you are great! Here are some interesting challenges for you. Are you ready!

Ss: Yeah…

1. 听问句，选答语

（1）Who's the boy?

A. He's Ben.　　　　　B. He's reading.　　　　C. He rides a bike.

（2）What's in the bag?

A. Australia　　　　　B. books　　　　　　　C. students

（3）When is the School Day?

A. December 20th　　　B. basketball　　　　　C. Mary

（4）Where is the girl?

A. She's my sister.　　　B. She's playing tennis.　C. She's in the classroom.

【解题技巧】这几题作答的思路，可以先从题干选项入手，看每个选项可以用什么特殊疑问词提问，然后带着悬念去听，有了听的欲望和准备，有助于对正确答案的快速判断。

2. Play a game: Who has the super ears!

T: Lovely boys and girls! You did a good job. Now, let's play a game. Let's see who has super ears.

Ss: …

教师准备一些句子，并让个别学生读纸条上的句子，然后用 when, who, where, what 提一些问题，让学生抢答，谁抢答的次数多并且回答得又正确，就是 super ears 的拥有者。

【设计意图】游戏还是采用听力形式，只不过是换成同学读，其他同学回答，换形式做听力，让学生从刚才听力训练的高度紧张的精神中放松下来，同时又为下面的听力练习做好准备。

3. 听对话，根据提问回答问题

T: … has super ears. Congratulations!

Ss: …（clap hands.）

T: Now more challenges for you. Everybody, please get ready!

（1）A: What did you do last Sunday?

B: I went to the Zoo, but it rained suddenly so I had to go back home.

Question: How's the weather?

A. sunny　　　　　　B. rainy　　　　　　C. windy

解题技巧 这道题很容易被录音里的疑问词 what 所误导，误认为整个录音是针对 what 的回答，其实此题应从 how 入手，题干问天气怎样，再带着疑问去捕捉听力材料中的相关信息，快速找到答案。

（2）A: Hello, can I help you?

B: Yes, please. I need a pair of shorts for school.

Question: Where are they?

A. in the library　　　B. in a clothes store　　C. at school

解题技巧 从问题出发，where 提问的是地点，但录音材料里并没有出现地点，所以这题需要根据录音关键词 shorts 进行推测，其是在 clothes store。

（3）A: What fruit do you like, Jenny?

B: I like bananas.

A: What fruit do you like, Bob?

B: I like oranges.

Question: What fruit does Bob like?

A. bananas　　　　　B. oranges　　　　　C. apples

解题技巧 这是一个互相询问对方喜欢 what fruit 的录音，相比于提问一个 what fruit 的问答复杂了一些。因为只提问一个 what fruit 的答语，选项中只要有录音中出现的水果，答案便是它。这里是两次提问相同的问题，备选答案就会有两个，这道题难点在于不但要听懂他们回答的水果是什么，还要进一步分辨是谁喜欢的水果。为此，听这题录音时要紧扣 what fruit 的提问找到相关信息，还要同时做好记录，如 bananas, J 和 oranges, B. 这样才能在做题时有效分辨选出正确答案。

（4）A: Hello, Edison. Is your birthday in March?

B: No, Sally. My birthday is in April. My brother Jack's birthday is in March.

Question: When is Jack's birthday?

A. In February　　　B. In March　　　　C. In April

解题技巧 这个录音看似简单，但包含有提问 when 的两个答案，一个是 Edison 的生日，一个是 Edison's brother 的生日，因此这道题还是要带着疑问 when 听录音找关键信息，同时做好记录，方便后面作答时能够快速分辨做出选择。

Step 5. Post-listening

1. 活动"寻寻觅觅"

教师在黑板上写四个问句：Where do I live？Who is my friend? What do I like（to do）? When is my birthday? 同时让每位同学在纸上写关于自己的一段话：I live in…/ My friend is…/ I like（to）…/ My birthday is…，写好的同学带着这张纸条去找其他同学，并把纸条上的信息读一遍。读完后利用教师黑板上的问题提问，如果能根据读的信息准确回答问题的同学，就是你要找的人。最后教师公布找到最多同学的学生，给予奖励。

T：Lovely boys and girls. You are doing a wonderful job. Now let's write something down about yourself.（老师把例子写在黑板上：I live in…/ My friend is…/ I like（to）…/ My birthday is…）

Ss：Write down something about themselves.

T：You all did a wonderful job. Now let's find someone who can answer your questions correctly. And finally tell me who they are. I think who can find most friends can answer your questions will be the best. Now, first, you find someone and read your sentences to them, and then ask them the questions on board. Who can answer your questions will be the one you find.

设计意图 这个活动的设计，不仅巩固学生根据特殊疑问词去捕捉听力关键信息的能力，而且让学生意识到进行对话，也可以提高英语的听力，因为在英语谈话中你如果要回答对方，就必须先要倾听及捕捉关键信息，才能问有所答。

2. 课堂听力练习

听对话，选择正确的最佳选项。

（1）A：Is your father a teacher, Peter?

B：No, he isn't. He is a trader and he is always very busy.

Question：What does Peter's father do?

A. A trader　　　　　B. A teacher　　　　　C. A worker

（2）A：Would you like something to drink, sir?

B：Sorry, I'm not thirsty. Give me a bowl of noodles, please.

Question：How is the man now?

A. He is thirsty.　　　　B. He is hungry.　　　　C. He is tired.

（3）A: I think there will be fewer trees because of the pollution.

B: I think so.

Question: Why do the speakers think there will be fewer trees?

A. Because of the weather.

B. Because people cut them down.

C. Because of the pollution.

（4）A: Do you want to have robots in your family in the future, Sally?

B: Sure. I want two robots. One can cook and the other can clean the rooms.

Question: How many robots does Sally want in her family?

A. One.　　　　　　B. Two.　　　　　　C. Three.

（5）A: I called you yesterday evening, but you were out.

B: Sorry, I went to Sun Restaurant with some friends.

Question: Where did the boy go yesterday evening?

A. To Sun Restaurant.　　B. To a supermarket.　　C. To a coffee shop.

（6）A: Can you come to my house to play computer games with me tonight?

B: Sorry, I can't. I have to prepare for math test on Thursday.

Question: When is the math test?

A. On Wednesday.　　B. On Thursday.　　C. On Friday.

（7）A: I need to make supper. It's already 7 p.m.

B: I have a good idea. Let's go to the nearest supermarket-blue sky to buy something to eat.

Question: Which is the nearest supermarket?

A. Smile Supermarket.　　B. Star Supermarket.　　C. Blue-sky Supermarket.

（8）A: Lily, there is an English book on the table. Is it yours?

B: No, It's not mine. It's Lucy's.

Question: Whose book is on the table?

A. Lily's.　　　　　B. Lucy's.　　　　　C. Mary's.

（9）A: Hi, Bill! Will you go to the movies with your brother?

B: No, I will go with my friend Judy.

Question: Whom will Bill go to the movies with?

A. Judy.　　　　　B. Bob.　　　　　C. Cindy.

Step 6. Summary

学会利用特殊疑问词去捕捉听力里的关键信息。

Step 7. Homework

运用学到的听力技巧完成相关的听力练习。

九、教学反思

本课为针对特殊疑问词的强化听力训练课，学生掌握了听力技巧，做听力题就能如虎添翼。但听力训练应该是贯穿于每一节的英语课堂中，作为教师应该多用英语授课，听教师说，学生的英语听力也会提高。课堂活动尽量多设计让学生开口说的活动，教师和同学一起说、听同学说，学生的语感和听力水平也在提高。

案例 5-3
设计说明

案例 5-4

·情境听力回答·

一、教学内容

①通过听力训练，学生掌握五组有代表性的情境对话。这五组情境的主题分别是：谈论最喜欢的水果、谈论最喜欢的球类运动、谈论生日、谈论体重、谈论价格。

②训练学生恰当运用各种听力技巧，即听前、听中和听后的技巧，完成听力题目。

③引导学生有目的地运用储存在大脑中的原有知识对所听到的信息进行选择、整理和加工，通过分析、预测、推理和判断等微技能去捕捉和把握所听材料的大意，排除干扰信息，从而获取所需的正确信息。

二、学情分析

案例 5-4 "情境听力回答"是针对小学五、六年级学生设计的。情境对话是小学阶段教学的重点。该案例通过要求学生在设计的 5 组左右有代表性的情境对话中，根据听力中设置有干扰性的情境材料，选择正确答案。注意：学生必须边听边记，强化记忆。面对稍纵即逝的句子和对话，要做到尽可能多、快、准地掌握新的信息并加以记忆。

三、教学目标

①学生能在日常情境对话中捕捉关键词，掌握关键信息。

②学生能运用听前、听中和听后的技巧完成听力题目。

③学生能运用推理和分析完成短篇听力题目。

四、课时安排

1课时。

五、教学重难点

重点：通过练习，提高答题正确率。

难点：熟练运用各种听力策略，排除干扰信息，从听力材料中获取准确信息。

六、教学方法与手段

游戏教学法、讲解法、练习法。

七、课前准备

多媒体、PPT课件。

八、教学过程

Step 1. Warming up

（1）Greetings.

（2）分组PK，建立评价激励机制。

做法：将全班分为3个小组，小组之间竞争。

设计意图 充分调动学生学习积极性，提高学生的合作意识，为后面的水果树单词风暴、球类接龙、找朋友两两对话、思维导图（mind map）等游戏环节做铺垫。

Step 2. Presentation & Practice

1. Watch a video about fruits

播放 The Fruit Song（关于水果的英语歌），歌曲视频导入，激发学生兴趣，引出第一个目标话题：水果。

导入课堂：

T：Hello, boys and girls. Do you like the song? What is the song about?

Ss：Yes, It's about fruits. Do you like fruits? What fruit do you like best?

2. 游戏

（1）单词风暴（Fruit tree 水果树，如图5-5所示）

做法：让3个小组的同学PK，看看哪一组的同学能画出写出最多水果。

图 5-5 果树图例

（2）球类接龙

教师先和一个学生对话，询问他喜欢什么水果，喜欢什么球类运动，让同学接龙，操练最喜欢的球类运动的单词和句型。

T: Hello, Xiao Ming. Do you like fruits? What fruit do you like best? What's your favorite sport?

S1: My favorite sport is…What's your favorite sport?

S2: My favorite sport is…What's your favorite sport?

S3: My favorite sport is…What's your favorite sport?

……

（3）找朋友（两两对话）

通过师生对话、生生对话的形式，鼓励学生进行两两对话，交朋友，谈论彼此的兴趣爱好、生日、体重、物品的价格等目标情境对话。

What fruit do you like best?

What's your favorite sport?

When is your birthday?

How heavy are you?

Who is heavier, Xiao Ming or Xiao Dong?

How much is your schoolbag?

3. 思维导图

以小组为单位，绘制思维导图，总结出谈论水果、球类运动、生日、体重、价格可能需要用到的单词和句型。

设计意图 充分发挥学生自主学习的能动性，培养学生的听说交际能力，让学生先对话，再归纳总结，完成思维导图。这不仅使归纳出的知识内容形象化，而且具有一定的美感，从而让学生对目标单词和句型印象深刻。

以上"看视频听歌曲、水果树单词风暴、球类接龙、找朋友两两对话、思维导图"等五个教学活动的设计意图是：在听听力之前，逐一把目标情境对话可能会出现的单词、句型，先过一遍，为后面学生的听，扫除障碍，进行充分输入，做好铺垫。

Step 3. Listening

1. 听前指导（阅读题干或选项 — 捕捉关键词 — 预估题意）

告诉学生，如果听前对题目了如指掌，答题时就会从容不迫，有的放矢。同学们应尽量利用"拿到试卷"到"播放听力录音"这段时间迅速预读题目（包括题干和选项），对可能涉及的内容做出粗略的猜测和推断，对所蕴含的潜在信息进行预测。如出现不同的人物、动物、数字、时间等时，同学们要进行比对，预测听的内容，必要时也可以先对时间、数字等内容做一下标记，以便在听录音的时候能够提高答题效率。

实例分析：

听下面 5 段对话，每段对话后有一个小题，从 A、B、C 三个选项中选出正确选项。

（1）What does the woman want to eat?

A. Grapes.　　　　　B. Pears.　　　　　C. Apples.

（2）What's John's favorite sport?

A. Basketball.　　　　B. Volleyball.　　　　C. Baseball.

（3）When is Dale's birthday?

A. In July.　　　　　B. In September.　　　　C. In October.

（4）How heavy is Mike's brother?

A. 40kg.　　　　　B. 42kg.　　　　　C. 44kg.

（5）How much is a pen and three pencils?

A. 26 Yuan.　　　　B. l6 Yuan.　　　　C. 14 Yuan.

听前思路分析：

第 1 题中的选项是水果，所以要把这三个水果的单词熟悉一下，题干提到了 the woman，我们可以推测，这一听力材料可能是一段对话，对话双方一男一女，而这里问的是 the woman 想吃什么水果的信息。所以，我们一会儿在听的时候，一定要注意和 the man 区别开来，避开干扰选项。

第 2 题中的选项是球类，我们要把这三个球类的单词熟悉一下，题干提到了 John，所以，我们一会儿在听的时候，一定要注意和其他人区别开，避开干扰选项。

第 3 题中的选项是生日，同样地要把这三个生日的读法熟悉下，在听的时候，一定要注意识别日期数字，避开干扰选项。

第 4 题中的选项是体重，先熟悉选项中的三个数词，一会儿在听的时候，一定要注意判断，避开干扰选项。

第 5 题中的选项是价格，提醒学生要注意是否需要进行加减乘除，一定要边听边记，面对稍纵即逝的句子和对话，尽可能做到多、快、准地掌握新的信息并加以记忆。

2. 听时训练（听、看、想、记）

在听音过程中，集中精力，听、看、想、记。必须眼耳并用，做到听与浏览相结合、听与思考及记忆相结合。听录音时，要借助笔，简明扼要地记录，用自己认识的，最简便、最迅速的办法（例如：字母、缩写、符号、图示甚至中文）记录下来要点，以促进有效记忆。提到节日，用汉语或者首字母的形式先写下来；记录数字用阿拉伯数字；记录食物以及地名，用首字母。如："January"可以简单记成"Jan."，"fifteen"可以记成"15"，"schoolbag"可以记成"书包"。此外，对所听到的信息要进行选择、整理和加工，通过分析、预测、推理和判断等微技能去捕捉和把握所听材料的大意，排除干扰信息，获取准确的信息。

实例分析：

听下面 5 段对话，每段对话后有一个小题，从 A、B、C 三个选项中选出正确选项。

（1）What does the woman want to eat?

A. Grapes.　　　　　B. Pears.　　　　　C. Apples.

听力原文：

W: Johnny, let's eat some fruit. What's your favorite fruit?

M: I like grapes best. What about you, Mary?

W: I don't like grapes. Pears are my favorite.

Question: What does the woman want to eat?

答案：B

解题技巧 做题前，圈出 the woman。听时，要特别留意 the woman 所说的话，注意避开干扰选项 the man 所喜欢的 grapes。听时，做笔录，在选项 A 处，快速写下一个汉字"男"，从而排除。

（2）What's John's favorite sport?

A. Basketball.   B. Volleyball.   C. Baseball.

听力原文：

W: Can you play volleyball, John?

M: No, I can't. But I can play basketball. It's my favorite sport.

Question: What's John's favorite sport?

答案：A

解题技巧 做题前，圈出题干里的 John，听时，要特别留意 John 所说的话，注意避开干扰选项，尤其要注意，听力对话中，表示转折的连词 but 后面的信息。听到 No, I can't. 时，快速在选项 B 处打个叉。

（3）When is Dale's birthday?

A. In July.   B. In September.   C. In October.

听力原文：

W: Is your birthday in July, Dale?

M: No. Gina's birthday is in July. Mine is in September.

Question: When is Dale's birthday?

答案：B

解题技巧 做题前，圈出 Dale。听时，要特别留意 Dale 所说的话，听到 No 时，快速在干扰选项 A 处打个叉。

（4）How heavy is Mike's brother?

A. 40kg.   B. 42kg.   C. 44kg.

听力原文：

W: How heavy are you, Mike?

M: I'm 42 kg.

W: Are you heavier than your brother?

M: Yes.

Question: How heavy is Mike's brother?

答案：A

解题技巧 做题前，圈出 Mike's brother。听时，要做笔录，写 M 代表 Mike，写下 M 42。听到 Are you heavier than your brother?（你比你弟弟重吗？）后面的 Yes 之后，快速判断，42 比 40 重，从而选 40，避开干扰选项 42 和 44。

（5）How much is a pen and three pencils?

A. 26 yuan.　　　　　　B. 16 yuan.　　　　　　C. 14 yuan.

听力原文：

M: We have pens for ten yuan. And pencils are two yuan.

W: OK. I'll take a pen and three pencils.

M: Here you are.

Question: How much is a pen and three pencils?

答案：B

解题技巧 做题前，先圈出 pen 和 pencils，还有 pencils 前的 three。听时，要做笔录，在 pen 旁边写下 10，在 pencils 旁边写下 2。之后，快速判断，通过乘法和加法，得出答案 16 元。

3.听后分析推理，修正答案

听完试题后，提醒学生要前后联系，利用后面听到的信息，补充前面漏听或有疑问的信息，并对听前、听中的预测、判断加以推理、分析、修正，迅速整理所记下的东西，根据记忆和题目完成未做完的单词、句子和选项，进行一次全面检查，及时修正错误的答案。

九、教学反思

本节课通过设计学生感兴趣、符合学生认知水平、环环相扣、层层递进的任务链，帮助学生理解、掌握、运用目标语言，学会交际交流，学会运用听前、听中和听后的技巧完成听力题目，学会对所听到的信息进行选择、整理和加工，通过分析、预测、推理和判断等微技能，排除干扰信息，获取所需的正确的信息。一句话，让学生在任务型活动中感知、体验、参与、实践，并从中获得知识，发展能力。

案例 5-4 设计说明

案例 5-5

• Listen to the passage •

一、教学内容

①学生能掌握短文中的重点单词和词组。

②学生能听懂一篇小短文，获取文章的关键信息。

③学生能掌握和提高一定的听力技巧。

二、学情分析

案例 5-5 "Listen to the passage" 是针对小学五、六年级学生设计的。听短文内容是小学阶段听力教学的难点。本课例设计一篇六年级的听力短文，要求学生学习并掌握文章中的重点单词和词组，听短文，获取文章的关键信息，并完成单项选择或者补全句子两种形式的题目。注意让学生掌握正确的听力技巧，学会听前预测、听时做笔记、听后检查。

三、教学目标

①学生能根据短文中的关键词听懂短文内容。

②学生能主动去探求问题的答案，掌握听前预测、听时做笔记、听后检查等听力技巧。

四、课时安排

1 课时。

五、教学重难点

①学生能听懂一篇小短文，获取文章的关键信息。

②学生能根据短文内容，完成相关的练习。

六、教学方法与手段

练习法、归纳法。

七、课前准备

多媒体、PPT 课件。

八、教学过程

Step 1. Warming up

（1）Greetings.

（2）教师设置悬念，导入课堂。

Do you have a pen friend?

Have you ever written to him or her?

Do you want to write to him or her?

Let's listen to Sarah, how to write to her pen friend, ok?

【设计意图】设置一些悬念，引起学生的好奇心和求知欲，激发学生对课堂的兴趣，学生一旦有了兴趣就要刨根问底地寻求正确答案，思路就紧跟着教师，一开始就成为探求问题答案的主动者，掌握学习的主动权。

Step 2. Presentation & Practice

1. Listen and point

在讲新内容之前，先让学生听一遍录音，对所学的新知识有一个感性的认识。通过听，学生可以自己感知本节课的疑难点。通过指图、看图，捕捉一切可以获得的信息，同时预测大概是什么内容，会提出什么样的问题，带着疑问去听。

T: Boys and girls, do you want to play a game?

Ss: Yes.

T: OK. 这节课我们一起来玩听音指图游戏（如图5-6所示），把你所听到的单词对应的图片指出来，看谁指得又快又多，好不好？

Ss: Great.

T: Good. Now, Listen and watch carefully.（多媒体播放录音，PPT 展示图片。）

图5-6 人物活动信息匹配图例

2. Presentation（教授本节课重点单词和词组）

T: OK, now, let's check the answers and learn the key words and phrases. 让我们一起来核对答案和学习一些重点单词和词组。

① favorite food：最喜爱的食物 ② hobby：爱好

③ go cycling：骑脚踏车 ④ wash the clothes：洗衣服

答题指导 学生在听前先浏览一遍所有图片，根据图片推断其中所蕴含的潜在信息并预测短文的内容，以便在听时抓住听取的关键信息。在听的过程中，听到与图片相关的单词或词组可以先简单做笔记。

3. Practice

听第二、三遍时，教师就所学内容提出问题，让学生带着问题再听，同时要求学生边听边记，强化记忆，然后就所提问题进行回答。

练习（1）Listen and judge true or false.

T: Boys and girls. Sarah wrote a letter to her pen friend to tell something about herself. Let's listen and judge the statements true or false.

① She is 13 years old.（　　）

② Her favorite food is bananas.（　　）

③ She can dance.（　　）

④ Sarah's parents went shopping last weekend.（　　）

⑤ She watched TV at home last weekend.（　　）

解题技巧 在听短文前，学生要先阅读一遍所有的陈述，并且圈出题目中的关键词，预测把握听音的重点。听录音时，还要借助简明扼要的笔记来帮助快速锁定答案。比如①听到与数字有关的单词要快速写下。②听到与食物有关的单词要快速对比题目所给的单词是否一致。③听关键词 like 后面的季节是否一致。④关键词是 parents 后面的活动单词。⑤关键词是 she, at home。

答案：①（F） ②（T） ③（F） ④（F） ⑤（F）

练习（2）Listen and fill in the blanks.（听短文然后补全句子，课件展示问题。）

T: Boys and girls. Do you want to know more things about Sarah?

Ss: Yes.

T: OK, now, let's listen to the passage again and fill in the blanks. Ready? Go.

① Sarah is _____ years old.

解题技巧 根据题目 years old（岁）知问年龄，与数字有关，学生应把听力重点放在与数字有关的单词和 years old 处，听到后马上用阿拉伯数字写下来。

② Her favorite food is _____.

解题技巧 根据题目关键词组 favorite food（最喜欢的食物），知与食品有关，在听的过程中，注意抓住关键词组 favorite food 以及和食物有关的单词，边听边可以采用中文或简笔画的形式做笔记，待全部听完再回头补全单词。

③ Her hobby is _____.

解题技巧 根据题目关键字 hobby（爱好），知与活动有关。在听的过程中，注意听关键词 hobby 后面的单词，边听边可以采用中文或简笔画的形式做笔记，待全部听完再回头补全单词。

④ Sarah's parents went _____ last weekend.

解题技巧 根据题目关键词 Sarah's parents（莎拉的父母）、last weekend（上周末），得知听力的重点是莎拉的父母上周末做了些什么？在听的过程中，重点听关键词 Sarah's parents 后面的活动，即可得出答案。

⑤ She _____ at home last weekend.

解题技巧 根据题目关键词 at home（在家）、last weekend（上周末），得知听力的重点是莎拉上周末在家做了些什么？听的过程中注意抓住关键词 at home 前面的活动，即可得出答案。

答案：① Sarah is <u>12</u> years old.

② Her favorite food is <u>apples</u>.

③ Her hobby is <u>swimming</u>.

④ Sarah's parents went <u>cycling</u> last weekend.

⑤ She <u>washed the clothes</u> at home last weekend.

4. Summary

这节课，我们通过听力练习学习了莎拉如何给笔友写信，也了解到了莎拉的一些基本情况，掌握了一些听力技巧，希望对同学们日后的学习有所帮助。

Step 3. Homework

朗读听力材料三遍。

Boardwork

Listen to the passage

① favorite food：最喜爱的食物　　② hobby：爱好

③ go cycling：骑脚踏车　　④ wash the clothes 洗衣服

附：听力原文

Dear Ben：

I am very glad to be your pen friend. I am 12 years old. My favorite food is bananas. And my hobby is swimming. I like summer, I can go swimming in summer. But last weekend, I didn't go swimming. Because my parents went cycling. I must wash the clothes at home.

Sarah

九、教学反思

在本节听力教学课中，采用图片、多媒体资源等多种教学手段来突破重难点。让学生首先通过图片提前感知听力材料，预测听力重点，学习重点词汇扫清听力障碍。然后设置了听短文判断正误和听短文补全句子两个听力练习活动，由浅入深地引导学生正确理解短文内容，同时给予一定的听力技巧指导，让学生能轻松自如地完成听力任务。本节课以短文教学为重点，以突破学生听短文答题难为难点。一切教学活动都围绕这一主线展开，由浅入深，激发了学生的学习兴趣。

案例 5-5
设计说明

第六章　小学英语口语教学设计与实践

口语是一种主动表达思想、积极进行交流的行为。人们在生活中与人说话交流，往往带着表达思想和传递信息的目的。为此，说话的人需主动积极地寻求一切言语和非言语的方式来表达自己的意图。说话不是一种简单的外部行为，它是一个借助内化的语言规则创造性地运用语言的过程。①

英语口语作为英语学习的重要组成部分，能展现出学生对语言的综合运用能力。在当前全球化的背景下，口语交际显得尤为重要，因此要重视学生在英语口语方面的学习。《义务教育英语课程标准（2022年版）》指出，英语课程要培养的学生核心素养包括语言能力、文化意识、思维品质和学习能力等方面。其中，语言能力是学生应对学习任务的基本能力，对学生的学习效果影响非常深远。而口语能力作为基础语言技能，能体现出一个学生在英语方面的综合能力。当前阶段，能直接反映小学生英语学习水平的关键要素就是英语口语能力。

小学生的英语学习要注重听、说、读、写各方面，但英语口语练习由于各种因素的限制，发展水平较低，导致小学生的英语口语能力在四项能力中不够突出。目前，往往低年级小学生对英语语言学习兴趣较大，课堂表现尤为活跃，到了高年级，学生学习兴趣反而不如低年级。部分学生由于羞于开口等个人原因，不能够流利地使用英语口语进行交流。同时，教师教导学生接受英语的过程相对生硬，不少教师在教学过程中只重视重点词汇以及重点对话讲解，学生死记硬背，达不到真实运用语言交际效果。尤其是在大班教学环境中，教学时间分配不均，教学过程中的资源分配到个人较少，学生在学习过程中难以展现出英语口语水平，也缺少锻炼机会。在整个教学过程中，教师更注重知识点讲解和书面评测，忽略了对学生口语练习的要求；因此学生也不重视口语，语音语调不连贯，口语不流畅，在表达个人思想情感时错误较多。

总体来看，小学英语口语教学中，存在以下几个主要问题：（1）关注语言知识传授，缺乏思维培养意识。（2）停留于机械教学，忽视思维的训练。（3）局限于文本内容，忽视思维品质的发展。（4）重英汉翻译，轻情境创设。（5）关注教案的设计，忽

---

① 刘海量，于万锁. 交际能力与口语教学 [J]. 外语与外语教学，1998（8）：36—37.

视思维的交流。

针对上述问题，应采用口语对话教学形式，目的是提高学生的口语交际能力和综合语言运用能力，并在此过程中培养英语思维能力。《义务教育英语课程标准（2022年版）》强调要培养学生的英语思维能力和综合语言运用能力。教学设计要以主题为引领，以语篇为依托，通过学习理解、应用实践和迁移创新等活动，引导学生整合性地学习语言知识和文化知识，进而运用所学知识、技能和策略，围绕主题表达个人观点和态度，解决真实问题，达到在教学中培养学生核心素养的目的。

第一节 小学英语口语教学内容分析

一、口语教学授课的现状

在小学阶段，教师大多通过课时分配来完成自己的教学任务，而英语口语由于没有分配专门的课时，学生的英语口语练习是在课堂过程中穿插进行的。这是当前大多数英语教学过程中学生练习口语的主要方式。并且，教师没有专业的英语口语教材可供参考，其口语素材大多来源于教科书、阅读绘本、影像片段或其他网络素材。

二、新课标对小学英语口语教学的要求

小学低年级学生在学习英语口语的日常交际语时，主要是以功能为线索进行区分，例如日常的打招呼、请求、问候等。当学生进入四年级后，英语学习内容开始转变成结合话题通过口语诉说想法，比如介绍教室、朋友、家人、天气、交通、农场、食品等。在此阶段，对学生掌握口语能力的要求并不高，主要在于让学生可通过各种实物和图片的线索进行模仿式的说、唱、演等，五、六年级时话题会逐步扩大到周围环境、家居陈设、节假日活动、交通方式，以及问路、个人情感、兴趣爱好、职业、社交、聚会、比较、科普知识等。人教版（PEP）教材的话题及功能安排见表6-1。

表6-1 人教版（PEP）教材的话题及功能安排

册次	话题	功能
三上	文具、颜色、身体部位、动物、饮食……	问候、介绍、告别、致谢、建议、称赞、祝愿……
三下	国家名称、家庭成员、动物外形描述、水果……	询问国籍、介绍、询问家庭成员和描述动物……
四上	教室物品、教科书、个人用品、朋友描述、居室及家具……	问候、位置、建议、表达喜欢、意愿……

(续表)

册次	话题	功能
四下	各类教室名称、学校活动、天气、蔬菜、购物……	位置、告别、表达数字、请求允许、询问时间……
五上	学校人员、学校生活、周末活动、点餐、家居陈设、乡村风光……	年龄、时刻、顺序、位置、请求与提供帮助……
五下	家庭生活、季节、学校生活、节日……	时刻、喜欢和不喜欢、警告和禁止……
六上	交通方式、交通规则、公共设施、情绪及疾病……	问路、询问物体的位置、表示关切和就医……
六下	比较、周末活动、度假……（话题循环）	同级比较、长度、高度、方向、高兴和遗憾……（功能循环）

《义务教育英语课程标准（2022年版）》对一级和二级表达性技能（口语）的要求如下：

一级：交流简单的个人和家庭信息，如姓名、家庭情况等；表达简单的情感和喜好，如喜欢或不喜欢、想要或不想要；简单介绍自己的日常起居和生活；简单介绍自己的学校和学校生活；用简单的语句描述图片或事物；在教师指导下进行简单的角色扮演。

二级：完整、连贯地朗读所学语篇，在教师指导下或借助语言支架，简单复述语篇大意；围绕相关主题和所读内容进行简短叙述或简单交流，表达个人的情感、态度和观点；简单描述事件或讲述简单的小故事；在教师帮助下表演小故事或短剧。

第二节　学习者分析

小学阶段的英语教学，要注重学生英语交际表达能力的培养，要实现通过语言达成交际的最终目的。所以在小学英语口语教学活动设计上不但要充分考虑到小学生的年龄特征，而且要考虑不同年级口语教学的不同要求。因此，教师就必须遵循一定的原则，针对不同阶段学生的特点，应该制定相应的对策。

一、中学段（三、四年级）

小学生年龄在6—12岁，他们的认知、交往、情感以及身体特征等都与成人有很大的不同。在认知方面，小学生通过体验来认识周围的世界，形象思维占主导，逻辑思维能力比较弱，专注力不够持久，容易分心。随着年龄的增长，他们更多地关注同伴，与同伴进行交往，取得同伴的支持和认可。他们学会与同伴进行协作，互相分享经验。小学生都爱动、爱闹、爱玩，既容易疲劳又容易恢复，他们喜欢跑动，不喜欢安静地坐在那里。

儿童成长的一个重要时期即小学四年级，在该阶段，家长都希望好好地引导孩子成长，而要想实现这一点，就需对学生的个性与发展进行深入的了解，还要根据学生所处的年龄阶段及心理特点进行有针对性的教育。

四年级学生在上课或做其他事情的时候注意力会更加集中，一般注意力稳定的时间为 20—30 分钟，可独立完成一些难度较大的学习任务。此阶段学生的语言发展慢慢地转向书面语言，不再只局限于口语，在口语表达方面更侧重在图片或动画的帮助下听懂对话，还可以根据录音模仿对话并且进行角色扮演。在组织开展的各类活动中，学生基本都带着较强的目的性，学习动机较强，但对于激励还是存在着较大的依赖性。所以，该阶段学生的多种能力会快速提升，主要包括逻辑思维能力、问题分析和解决能力等。

这一学段的口语教学要突出听说，重视模仿，培养学生良好的学习习惯。通过创设丰富的语境，在理解和表达活动中帮助学生习得词汇和语法知识。例如，围绕一个主题设计有逻辑关联的语言实践。实践通过小组讨论、制作展板或海报、创编故事以及表演等活动，使学生用英语交流和表达新的认知，体现对主题的理解。

二、高学段（五、六年级）

新的教学模式让学生得以从以往的"感知—理解—诵读—机械模仿—角色扮演"的模式解脱出来，进而尝试"感知—理解诵读—分析—信息转换—拓展输出"的模式，极大地提高了学生的学习兴趣和学习效率。

口语对话操练的理念同样要做出相应的改变，从模仿变成自由发挥。

在用英语进行对话交际时，学生可有意识地控制自己的语言输出，选用所学的词汇，并调用各种句型以丰富语句，有针对性地参与对话，改变对话话题，拓展对话含义。

小学高学段的学生，语言学习的驱动力还是以兴趣为主，意志力为辅。因此，面对比较枯燥的教材对话文本，应注重其与信息技术以及其他学科的深度融合，为教材文本注入新的活力，吸引学生的注意力，激发学生参与对话的兴趣。

教师应基于有意义的学习素材，通过感知、体验、运用实践等循序渐进的方式，引导学生对主题意义进行探究，提升学生的思维品质；同时重视对学生英语口语对话方法的指导，为他们学会学习奠定基础；本着"学用结合、课内外结合、学科融合"

的原则，开展英语口语综合实践活动，把学生的学习从书本引向更广阔的现实世界。

三、口语教学活动示例

1. 图片信息沟教学

信息沟（Information Gap），是人们在掌握信息方面存在的差距，因此也有人将之称为"信息差"。在人与人的日常交流中，说话的一方往往掌握着倾听一方所不知道的一些新鲜内容，这些内容便是人们口中常说的信息。真正的语言交流是由于"信息沟"的存在而开始的。在教育领域，信息差在教学中的应用和影响显著。信息差教学法通过创设情境使学生处于信息不完整状态，激发他们主动寻求和交流信息的欲望，从而提高语言运用能力。这种方法不仅能够有效提升学生的语言技能，还能培养解决问题和团队协作的能力。

活动描述：给学生精心挑选一张残缺不全的图片，让学生互相问答补全图片。通过图片给学生更开放性的思路，让"探究""交际"变得有意义。

例如，人教版《英语》（PEP）六年级上册 Unit 5 What does he do? A. Let's learn 的学习目标为：

（1）学生能够听、说、读、写本课（如图 6-1 所示）的词汇：factory worker, postman, businessman, police officer。

图 6-1　人教版《英语》（PEP）六年级上册 Unit 5 A. Let's learn

（2）学生能够听、说、读、写本课的重点句型：Is your father…? Yes/No…What does he do? He's a…

教师可采用加工黑白人物矢量图来创建"信息沟"，促使信息沟教学能更好地应用于小学英语教学（如图 6-2、图 6-3、图 6-4 所示）。只有进行积极探索，才能够确保师生间建立起有效的沟通桥梁，才能够确保教学中各项目标的达成。

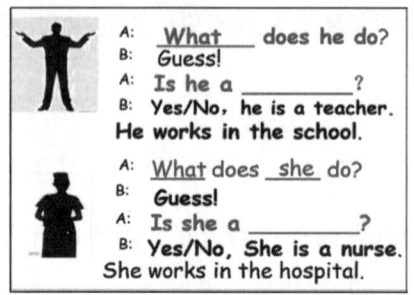

图 6-2 信息沟图例 1

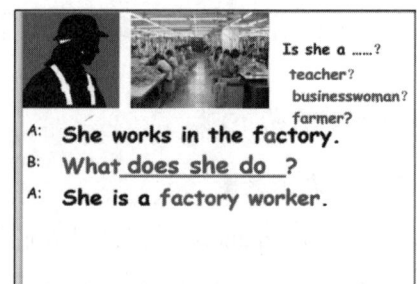

图 6-3 信息沟图例 2

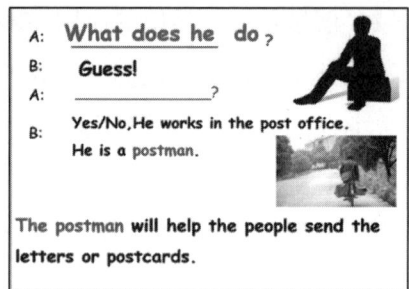

图 6-4 信息沟图例 3

2. 基于图片信息转换的口头复述教学

活动描述： 教师按照语言符号转换为图形、图像的方式设计教学资源，组织学生完成从图形、图像到口头或者书面的语言符号的转换，进行语言输出活动。通过"信息转换"资源的设计，利用"看"的方式培养学生的理解性技能和表达性技能，引导学生用图片结合文字的方式创造性地表达意义（如图 6-5 所示）。

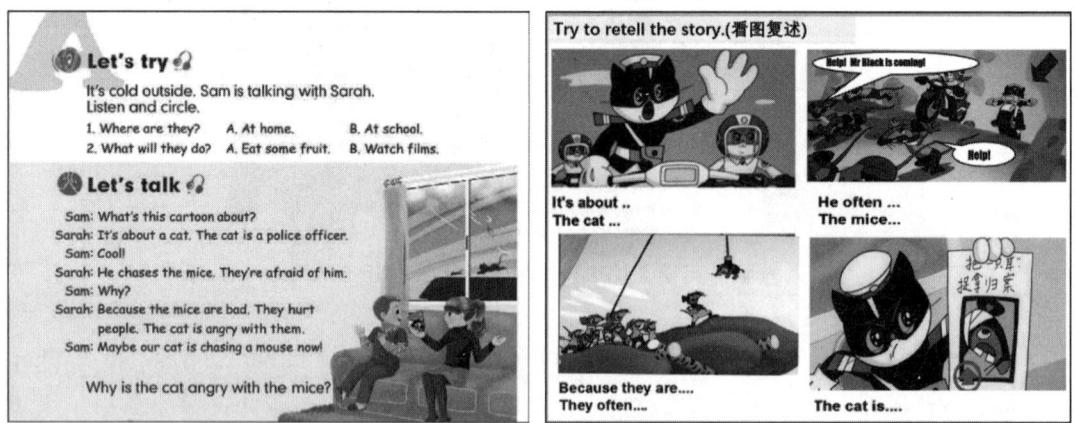

图 6-5 人教版《英语》（PEP）六年级上册 Unit 6 A. Let's talk

利用思维导图进行口头复述，如图6-6所示。

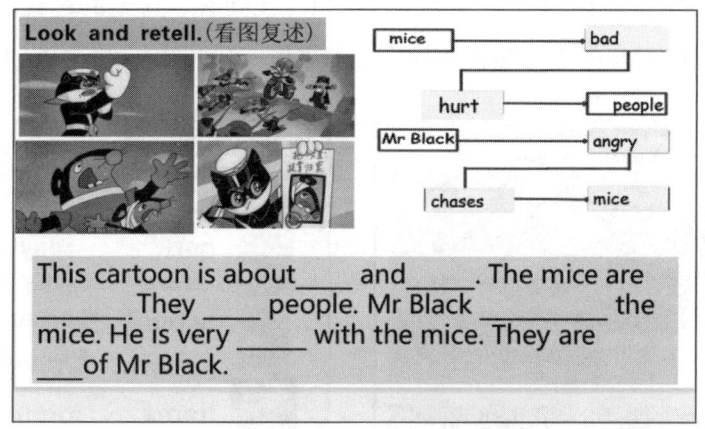

图6-6 《黑猫警长》故事思维导图

此篇对话文本的解读与常规的对话文本解读有着明显区别，若能够将此篇对话的思路予以理清，则能够实现更为高效的解读。借助上面的思维导图口头复述，学生可以顺利地理清整篇对话的逻辑关系。学生若能够理解对话间的逻辑，则能够避免死记硬背所带来的弊端，能够使其变成自身的知识并加以灵活运用。

学生在这样的思维模式下，教师就可以将已有的思维导图稍作改变（如图6-7所示），引导学生说一说他们自己熟悉的动画片《白雪公主》。学生能够各抒己见，效果更为显著。

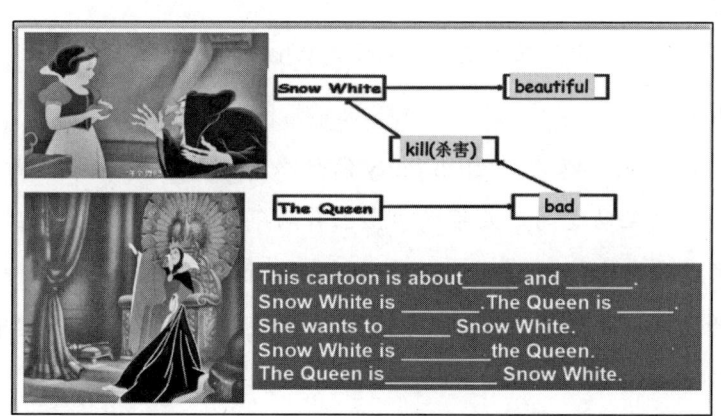

图6-7 《白雪公主》故事思维导图

3. 基于短视频的视听说教学

活动描述：将网络视频、教师或学生的生活短视频结合教学主题进行呈现，能拉近学生与教学内容的距离。需要注意的是，基于短视频的理解和输出活动，重点在于短视频内容的选取，要与教学内容深度融合。此类活动多用于语篇教学之前的热身环节，通过选取与本课时话题有关的多模态视频，在问答、讨论的过程中有效激活学生的背景知识，激发学生的学习热忱，导入本课主题。（如图6-8、图6-9所示）

图6-8《阶梯英语》短视频图例1

图6-9《阶梯英语》短视频图例2

第三节　小学英语口语教学案例设计

案例6-1

• What can you do? •

一、教学内容

人教版《英语》（PEP）五年级上册 Unit 4 What can you do? B. Let's try & Let's talk。

二、学情分析

本课教学内容从可以为 English Party 做什么，到帮助别人学习新的文娱活动，形式从自信展示到互助提高。五年级学生已有两年多的学习英语的经验，掌握了一些简单动作词组的表达，如 draw, run, jump, sing and dance, clean the classroom……对于"文娱活动"这个话题，学生比较喜欢，并有学习的热情，课堂中也能够与教师形成默契配合。

三、教学目标

1. 语言知识

①学生能充分理解对话的大意，同时能够朗读对话，在意群、语音、语调方面表达正确。

②学生在真实情境中可以运用句型"Can you…? Yes, I can. / No, I can't."，学会

询问并回答对方能做什么，能够运用核心句型完成对话交流活动。

③学生能够理解文本对话大意并且进行角色扮演。

2. 语言技能

①学生能够在真实情境中运用句型"Can you do any…? Yes, I can. / No, I can't.",询问并回答对方能做什么，完成问答。学生能够掌握核心句型并清楚地表述相应内容，完成连锁问答活动。

②在自然、真实的语境下引导学生关注对话中表达赞扬和安慰的语言，如"Wonderful!""No problem, I can help you."。

3. 情感态度

①引导学生积极参与各种课外活动，丰富个人的课余生活。

②通过让学生完成各种英语学习任务，增强学生在学习英语口语方面的动力，对英语的学习保持热情。

4. 学习策略

①培养学生看图、读图和猜测的能力，让他们积极运用所学语言进行表达与交流，加强合作，共同完成学习任务。

②设疑追问，培养学生的学习能力。帮助他们逐步挖掘文本信息，突破难点，提升思维深度。

四、课时安排

1课时。

五、教学重难点

重点：在创设的真实情境中恰当理解"表达赞扬和安慰的语言"，如"Wonderful!""No problem, I can help you."。

难点：在具体的语境中，对学过的知识进行知识迁移，运用句型"Can you…? Yes, I can. / No, I can't."进行拓展表达。

六、教学方法与手段

情境教学法、交际法、导入法、任务型教学法。

七、课前准备

PPT课件、投影仪、人物头饰。

八、教学过程

Step 1. Warming up

1. Free talk

在真实的语境中谈论新教师的个人信息引入话题（通过PPT，设置触发器）。

T: I'm your new teacher. Do you want to know something about me? Look at this mind map. You can get some information about me. You can ask me some questions.

S1：What's your favorite day?

T：I like weekends. I can sing English songs at my friends' parties. I also like parties. Do you like parties too, children?

S2：How old are you?

T：I am 35.

S3：Where do you come from?

T：I come from Guangdong.

2. Read and guess

Can you guess my name? Yes, I can. / No, I can't.

3. Revision（Sharp eyes）

通过mind map展示教师的基本信息（如图6-10所示），开启师生对话，营造一种轻松又愉悦的课堂氛围，迅速拉近和学生的距离，自然引入"Can you guess my name?"（如图6-11所示）。既运用了核心句型"Can you...? Yes, I can. / No, I can't."，又丰富了预测的方式，激发了思维。接着是通过"sharp eyes"复习A部分已经学过的动词词组。

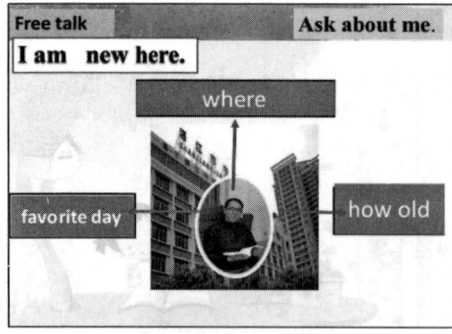

图6-10 mind map

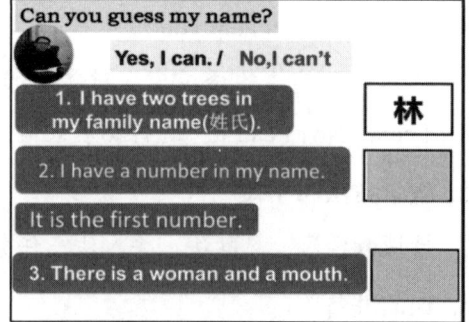

图6-11 引入问题

Step 2. Lead-in：Talk about the English Party（预测）

（1）教师顺接上文，谈及party话题，图文并茂地展现A部分English Party（如

图 6-12 所示）的情境，以旧带新，"There will be an English party next Tuesday. The children are so happy. Miss White's class is over. John, Zhang Peng and Wu Binbin are talking together. What can they do for the party?" 引导学生猜测。

图 6-12 English Party

（2）听录音，得出结论"They can do kung fu."。（如图 6-13 所示）

图 6-13 预测活动

以单元为整体解读教材，有机整合单元内容，教学设计体现前后承接的原则。在 A 部分 "English Party" 会话话题的基础上继续深入，通过 A 部分的学习，学生们基本了解教材中 Mike, Sarah, John, Zhang Peng, Amy 等人物掌握的文娱活动技能，例如，Mike 能够绘画，Sarah 能跳舞，John 和 Zhang Peng 两人均会功夫等，但是不知道他们能在晚会上表演什么节目。因此，此环节既有信息差，又有语用的实际意义，教师可以在这里创设一个几位学生合演功夫节目的环节，恰当整合教学内容。先让学生猜测每个人物打算表演什么，再播放事先录制好的听力材料，然后总结谁会表演功夫，最后教师与学生互动。在真实而自然的交谈中引导学生关注并理解表达赞扬和安慰的语言"Wonderful! / No problem. I can help you."。具体如下：

T: Can you do kung fu?

S1: No, I can't.

T: No problem. Who can do kung fu?（让学生举手回答）

Oh, he can help you.（教师指向另外一位男生）

S2: No problem, I can help you.（引导学生说这句核心句）

T: Wonderful!

Step 3. Pair work（机械操练）

利用好即将到来的元旦节日，创设情境让学生运用核心句型进行机械操练，教师要事先做好示范。

设计意图 通过真实的语境，提高语言运用能力。采用半控制性的机械操练是为了让学生进一步熟练运用核心句"Can you…? Yes, I can./No, I can't."进行交流，为下面的文本解读和意义操练奠定基础。

Step 4. Presentation and practice

1. 由"The children will do kung fu for the party"引入"Let's try"

As we know, the children can do kung fu for the party. Can Mike do kung fu for the party? Who can teach him?（John, Zhang Peng, Robin can）Who else can teach him?（如图 6-14 所示）

图 6-14 对话展示

2. Predict, discuss and choose（观察情境图，文本解构）

Question:（1）Who are they?

（2）Can Oliver do any kung fu? If he can't, who can help him?

设计意图 用好"语篇环境"，因为对话板块的页面内容本身就是一个语篇和语境的结合，在听力活动前引导学生读图猜测。恰到好处的提问对于激发学生的思维非常重要。根据教学内容和学生的英语水平，引导学生从低阶思维活动逐渐过渡到高阶思维活动，从而逐步提升学生的思维能力。听力活动和图片提示（如图6-15所示），能够激活学生大脑储存的相关知识和经验。

图 6-15　听力活动和图片提示

3. Look and choose（文本重构，提高思维的高度）

（1）挖空文本，读读猜猜。（如图6-16所示）

图 6-16　挖空对话文本

What are the missing sentences?

（2）边猜边听。

What are the missing sentences? Are you right?

（3）Listen and check.（听音佐证）

（4）Choose and fill the sentences.（选择并完成对话）

利用骨架文本，引导学生关注句子之间的联系，教师给出一定的语言支架，引导学生讨论并选择补充文本的关键句子，进一步讨论分析并初步形成完整对话。

4. Try, listen and imitate（听录音模仿跟读）

教师引导学生进行模仿跟读，按照"跟读—认读—演读"的步骤开展学习。教师先让学生模仿录音逐句跟读，然后再跟着教师读。教师在此时要注意学生的语

音、语调、连读等。（如图 6-17 所示）

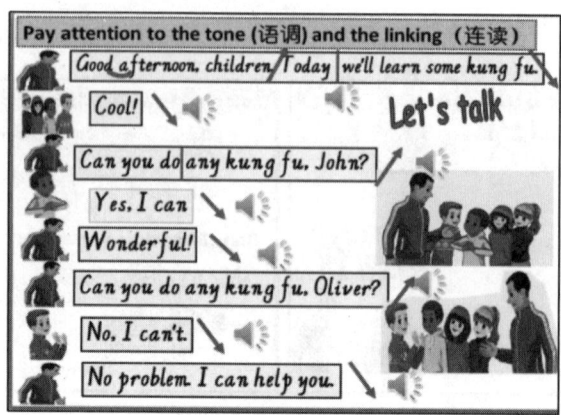

图 6-17 模仿跟读文本

设计意图 教师通过让学生模仿跟读，有利于培养学生正确的语音语调，培养学生模仿地道英语的自主意识和习惯，为认读、演读奠定基础。

Step 5. Production

授课当天 10 月 31 日刚好是万圣节，而且圣诞节、元旦也即将到来。教师给出三种不同节日的活动照片。教学内容拓展到 "Make a survey for the coming parties"，主题不变，由 "English Party" 拓宽到 "different parties"。提供足够的支架信息，引导学生用所学的关键句式创编对话。（如图 6-18 所示）

图 6-18 创编对话

设计意图 提供真实的语境，拓展文本的语用情境。让学生体验到"情境相生，境通则语顺"。让学生在能够激发内在情感体验的情境中表达交流，最终达成灵活运用对话的目的。生活中的英语，英语中的生活！引导学生创编对话，表演对话，在输出之前，一定要完整示范，实现对文本的创造性重构。

T: We'll have a Christmas Party. Can you cook?

S1: Yes, I can.

T: Wonderful. Can you cook noodles?

S1: Yes, I can.

T: Wonderful. Can you cook beef?

S1: No, I can't.

T: No problem. Let's cook together.

Step 6. Summary

借助一些身残志坚人士的图片搭配核心句型"Can he…?""No, he can't, but he can…"来设问学生。（如图6-19所示）注意：教师务必把人物图片遮住一半。课堂中教师的设问不能永远是"一锤定音式"，而更需要"犹抱琵琶半遮面"的策略。教师可以自然渗透德育："Where there is a will, there is a way."（如图6-20所示）

图 6-19 情感升华图例 1

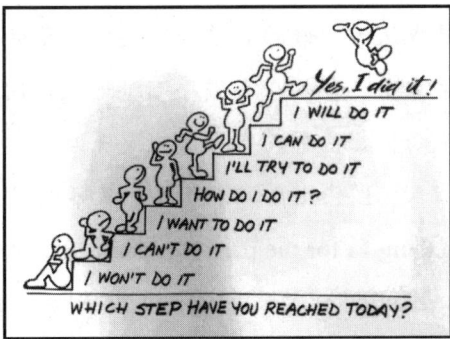

图 6-20 情感升华图例 2

Step 7. Homework

① Read the new dialogue more fluently on Page 41 and act with your partner.（更加流利地朗读对话并且和同伴一起表演）

② Recite the dialogue.（背诵对话）

Boardwork

Unit 4 What can you do?

B. Let's talk

Can you do any kung fu?

Yes, I can.—Wonderful!

No, I can't.—No problem, I can help you.

九、教学反思

①创设真实的语境，提高语言运用能力。让学生真正学会赞美和安慰用语，同时培养学生的合作精神、勇于探究的品格。

在 A 部分"English Party"会话话题的基础上，主题不变，以旧带新，整合A、B 部分对话内容。教师基于教材，通过创设真实的语境，由"English Party"拓宽到"different parties"。教师给出三种不同节日的活动照片，由"Today is Halloween. Christmas Day is coming. New Year's Day is coming."拓展到"Make a survey for the coming parties.",主题不变，提供足够的支架信息，积极引导学生用所学的关键句式创编对话。同时引导学生加强合作，共同完成学习任务，让学生能在具体情境中主动进行知识迁移，提升语用能力，发展核心素养。

②无缝谈话，激发学生思维的火花。设疑追问，培养学生学习的能力，提升思维深度。

杜威认为，好的教学必须唤醒儿童的思维，恰到好处的提问对于激发学生的思维非常重要。教师应当循序渐进地设计问题，由简入难、由表层到内部，实现对知识的不断挖掘，帮助学生掌握更深层次的知识，突破难点问题，提高思维深度。例如在引入"Let's talk"环节时，教师通过追问层层递进：As we know, the children can do kung fu for the party. —Can Mike do kung fu for the party?—Who can teach him? (John, Zhang Peng, Robin can)—Who else can teach him? 最后引出孩子们的老师 Mr. Ma, 也就是 Let's talk 版块的内容。

③语篇带动，挖掘感人的语言内涵，用情感内涵引导学生品格塑造。

教师结合课本提供的话题"能力"，用心挖掘文本中所蕴含的情感世界，为学生树立正确的情感态度和价值观。教师利用残疾人尼克·胡哲的事迹引导学生，尼克生来没有四肢，但是凭借顽强的意志和乐观的信念生活，在全球演讲，鼓舞人心。

案例 6-1 设计说明

案例 6-2

• Work quietly •

一、教材内容
人教版《英语》（PEP）五年级下册 Unit 6 Work quietly B. Let's try & Let's talk。

二、学情分析
本课时是单元教学的第三课时，上课形式是借班上课。教师第一次接触该班学生，和他们并不熟悉。所以如何在热身的环节融化学生的心，让他们对教师有个好印象很关键。本课时的主题是在校园公共场所中应该注意和遵守的行为规范。行为规范这个主题对于学生来说比较陌生。教师通过公共标志物的介绍激发学生的背景知识，通过思维导图等引出一些常见的行为规范。进行师生对话和生生对话练习，以问题引领对话学习，通过文本重构中的活动来驱动学生进行小组合作，丰富他们的语言输出。

三、教学目标

1. 语言知识

①学生在 Let's try 部分，完成听音画圈，在听觉上对核心句型有所感知，并对祈使句有一定的了解。

②学生通过学习 Tom 与 John 在图书馆相遇时的对话，能够听、说、读、写句型 "Talk quietly." "Keep your desk clean."，并能在情境中运用句型，谈论行为规范。了解图书馆中的文明常识，感知重点句型的语义及语用情境：Talk quietly. Anything else? Keep your desk clean.

③学生能够在图片指示和教师的帮助下，理解对话大意，能用正确的语音、语调及意群朗读对话，并进行角色表演。

2. 语言技能

①学生能根据所学词汇和句型，用祈使句表达在某个场合应该做的事情。

②学生能够在语境中理解生词 quietly, anything else, keep 的意思，并能正确地书写。

③学生能够在一定语境中正确使用语音升降调、连读以及重音。

3. 文化意识

了解一些在常见的公共场所使用的表达行为规范的英语。

4. 情感态度

引导学生遵守行为规范，比如保持安静、靠右排队、保持环境干净等，培养学生的规范意识。

5. 学习策略

①引导学生关注对话的意义、句与句的逻辑关系以及语言的运用。

②理解"多说一句"（say more）的对话策略，并尝试在自编对话时运用该策略。

四、课时安排

1课时。

五、教学重难点

重点：

①能够按照正确的语音、语调朗读对话，并进行角色扮演。

②能在探讨 library 和 classroom 的场景下，综合运用 "Talk quietly" "Keep your desk clean" 等句型谈论在公共场所要遵守的行为规范。

难点：

Talk quietly、keep your desk clean、keep to the right、take turns 等祈使句的结构特点和正确使用。

六、教学方法与手段

情境教学法、交际法、导入法、任务型教学法。

七、课前准备

PPT 课件、投影仪、人物头饰。

八、教学过程

Step 1. Warming up

1. Free talk

借助思维导图谈论新教师的个人信息引入话题。（通过 PPT，设置触发器）

T：I'm your new teacher. Do you want to know something about me? Look at this mind map. You can get some information about me. You can ask me some questions.

S1：What's your name?

T：My name is Tom.

S2：How old are you?

T：I am 35.

S3: What's your favorite day?

T: I like Saturday. I like reading books. Sometimes I watch cartoons with my son.

通过思维导图出示教师的基本信息，师生进行对话，创设轻松愉快的学习氛围，这样更容易让学生了解老师，自然引入话题"school"，再到"library"。在这个过程中也很自然地让学生理解"anything else"的含义。

2. Lead-in

Talk about the library rules. 教师谈及图书馆话题，图文并茂地引出 library 这个情景。

教师谈论"What can you do here? What can't you do here?"，借助清晰的思维导图辅助谈话，提供有层次的语言支架活动，引出上课的主题 Rules。

为了鼓励学生们表达，教师通过 PPT 展示一些常见的图书馆标识牌，让学生们说出来，教师才把板贴贴到黑板上。

Step 2. Presentation and practice

1. 由 Talk about the library rules 引入 Let's try

本课时的 Let's try 与 Let's talk 之间是有紧密关联的，Let's try 中的"John meets a friend. His name is Tom. He is new in the library."为 Let's talk 提供了同一个话题的语境和情境，教师设置问题，练习 Let's try。关注情景图，"Which rule does the teacher say?"启发学生的思维，通过"Listen and circle the right answer"，以听促说，为 Let's talk 的学习做了引入。（如图 6-21 所示）

图 6-21 教材 Let's try 板块以及听力原文

2. 由听到读

对话板块的页面内容本身就是语篇和语境的结合，通过听力活动，借助图片提示，激活学生大脑储存的相关知识和经验，运用已有知识获取对话中人物（Tom is new here.）及场景信息（Tom and John are in the library.），并能从听力输入中初步感知新的语言结构（Talk quietly.），为正式的对话学习做好准备。教师再次展示 Let's try 的听力原文，并带领学生跟读，然后让学生再朗读一遍。教师在引出核心句"Talk quietly"时，示范并教学生掌握吞音等朗读技巧。

Step 3. 学习 Let's talk（文本解构）

1. Listen and answer

Question：Can Tom read books here? 接着图文解读："John shows Tom the English book."。

2. Watch and answer

Question：What should Tom do? 关闭配套视频对话字幕，以听为主。接着图文解读引出"Keep your desk clean."。

教师基于对话文本的内容，设置合理的问题，有助于梳理对话内容的脉络。抓住听主题—听大意—听关键—听细节的指导思路。首先，设置了问题"Can Tom read books here?"让学生听，接着图文解读"John shows Tom the English book."。其次，设置了问题"What should Tom do here?"，让学生看图并回答。（如图 6-22 所示）

图 6-22 结伴对话训练与信息匹配图例

3. Pair work / Match and say

设计意图 创设情境，通过两人一组对话活动进行重点句型的应用训练；通过 Match and say 活动，根据提供的语境进行交际活动；通过参与与现实生活有联系的语言交际活动，有效地把语言知识转化为语言能力。

4. Try, listen and imitate（如图 6-23 所示）

教师引导学生进行模仿跟读，按照"跟读—认读—演读"的步骤展开学习。教师先让学生模仿录音逐句跟读，然后再跟教师读。教师在此时强调语音、语调、连读、吞音等细节，为学生认读、演读奠定基础。

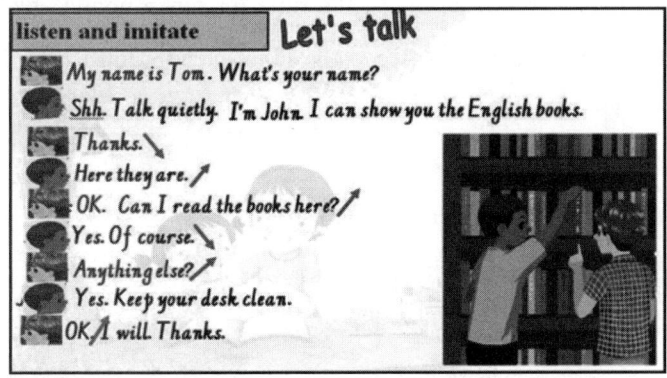

图 6-23 教材对话原文插图

5. Dub the cartoon（如图 6-24 所示）

教师播放课文录像，请学生分角色为录像配音并表演展示，训练学生语音语调，落实重点难句，进行朗读指导。通过配音活动，落实本课重点句型。

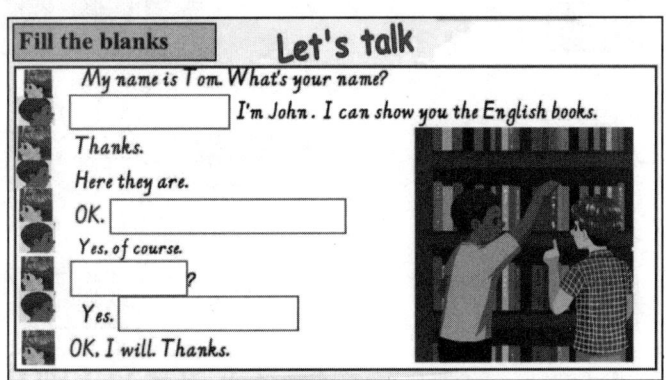

图 6-24 挖空教材核心信息图例

Step 4. Production

本课的拓展部分为创造性重构文本。提供情境，教师给出一定的语言支架，课件呈现其他场所（art room, music room），引导学生用所学的关键句式创编对话。

设计意图 教师提供的情境与这堂课一开始设定或给出的主题是一致的，让学生运用核心句型进行猜测。利用学生已有的生活经验引导学生进行真实的交际。最后创设情境，引导学生创编并表演对话。在输出之前，完整示范，实现对文本的创造性重构。

Step 5. Summary

观看视频歌曲 Let's learn some school rules。再次回顾新知，同时进行情感教育"Everybody follows the rules. It will make a better school."。下课时，已接近午餐时间，师生道别时，教师可以借机渗透德育: It's time for lunch now. Let's go to the dining room. Please remember, talk quietly. Keep the table clean. Don't litter and don't waste food.

Step 6. Homework

① Listen, imitate and try to recite the passage.

② Tell your friends some rules in the hospital.

设计意图 作业①促使学生重视语音，练好语音，提升语音素养。作业②是rules的一个课外延伸，旨在让学生了解更多社会上其他公共场所需要遵守的规则。

Boardwork（如图 6-25 所示）

Unit 6 Work quietly

B. Let's talk

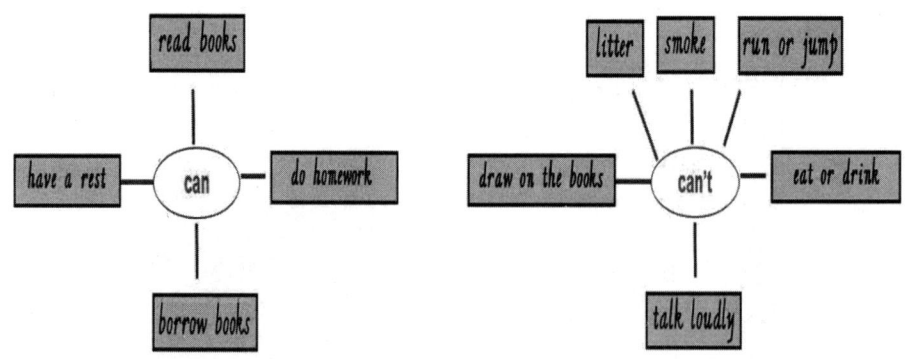

图 6-25 教学设计板书

九、教学反思

1. 整体评价

教师基本功扎实，语音纯正，口语比较流利，亲和力强，富有幽默感。课堂引入自然，借助思维导图展示教师的基本信息，师生进行对话，创设轻松愉快的学习氛围，更容易让学生了解教师，自然引入话题 school，再到 library。清晰的思维导图辅助谈话和有层次的语言支架活动"What can you do here? What can't you do here?"引出上课的主题"Rules"。为了鼓励学生们表达，教师通过 PPT 展示一些常见的图书馆标识牌，让学生们说出来，教师再把板贴贴到黑板上，接着进行文本建构—文本解构—文本重构等环节，环环相扣，有效地激活学生的思维，提高他们的主动探索能力。思想教育渗透自然得当。

2. 亮点

（1）创设情境自然恰当，贴近学生的真实生活。引入自然，借助思维导图展示教师的基本信息，进行师生对话，创设轻松愉快的学习氛围，让学生了解教师，自然引入话题 school，再到 library。在这个过程中自然地让学生理解"anything else"的含义。

（2）以大量的语言输入激活已有知识，活用思维导图，关注学生思维品质的培养。

（3）以文本原情境为支架，激活背景知识，助力学生局部分解语篇内容。充分借助 Tom 与 John 在图书馆相遇对话的场景图，以问题驱动学生思考。展示文本插图，还原文本情境，使学生真正地做到通"情"达"意"。

（4）文本重构恰当有效，实现整体输出，语篇创构阶段有效激活学生思维。随着对话课的话轮增多，情境性和整体性增强；在输出环节，教师提供的情境要与这堂课一开始设定的主题一致。教师提供了支架信息，引导学生用所学的关键句式创编对话。

3. 不足

（1）教师和学生互动很多，但形式单一。充分发挥合作学习的作用，使每个学生都能得到发展，这点做得不够到位，有待进一步改进。

（2）指导学生读对话的策略仍需完善。完成听的训练后，就开始读，读的时候要有层次性。读的训练一般按跟读—认读—演读的步骤开展，第一遍听音模仿，先模仿录音逐句跟读，每一遍读的时候要有明确的训练指向，对重难点句型要多次跟读，学生展示后，才标出重音、语调、连读等，再尝试读。第二遍跟重音，跟读的时候重点强调语言形式，要强调听录音，画出较难发音的单词、短语，或停顿、重音、语调等，注意连读、不完全爆破等语音现象。第三遍两人一组对话，让学生戴头饰展示对话。

（3）评价是英语课堂的重要组成部分。评价使学生在学习过程中认识自我，增强学习的自信心。在这节课中，评价形式较单一，以教师的"Great! Wonderful! Quite good! Good job!"等对学生进行即时评价的情况居多。

（4）在拓展环节如能设置一个"task"，让"rules"回归生活，教学效果可能会更好。如：

There are no rules in the room. We can write more rules in English or Chinese on the coloured paper and say to the headmaster. With the headmaster's permission（允许），we can put it up on the wall.（如图 6-26 所示）

图 6-26 拓展环节的任务驱动图例

案例 6-3

• Ways to go to school •

一、教学内容

人教版《英语》（PEP）六年级上册 Unit 2 Ways to go to school A. Let's talk。

二、学情分析

学生在 Unit 1 里已经学会了如何问路和用英语去描述路径，掌握了"turn left, turn right, go straight, walk to"等词组，但是学到的交通方式词组不多。教师应该就地取材，谈及自己住所到学校的实际距离，让学生猜测教师平时上班采用的交通方式，引出主题"ways to go to school"。

三、教学目标

①学生能根据对话呈现出的大体内容，通过正确的意群、语音、语调，熟练朗诵文本内容。

②学生能够将"How do you come to school? I usually / sometimes / often come…"语句在情境中运用，并说明"why"。

③学生学会选择健康出行方式。

四、课时安排

1课时。

五、教学重难点

①正确表达自己上学的出行方式。

②频度副词"often, usually, sometimes"的使用和"why"的问答。

六、教学方法与手段

听说法、交际语言教学法。

七、课前准备

PPT课件、投影仪、人物头饰、调查表格。

八、教学过程

Step 1. Warming up

（1）Greetings.

（2）Let Mr. Lin guess about you?

（3）How do I come to your school? How do I usually go to work?

通过思维导图呈现个人的基本信息，让教师猜测学生的实际情况，通过问答互动引入家和学校距离等话题为交通方式做铺垫，从教师自身的情况作为引入点，并自然引入"How do you come to school?"这个核心句型。学生通过预测激发了思维，引出了 by car, on foot, by bike, by e-bike, by taxi 等常见的交通方式，为课堂新授作了铺垫，降低了本课的教学难度。

Step 2. Presentation & Practice

（1）Children, do you know other ways to come to school? Let's enjoy the chants, then tell me more ways to come to school in the song and more ways that you can think of.

让学生通过听富有律动的歌曲说出有关交通方式的词汇：on foot, by taxi, by car / ferry / subway / ship / plane / boat / e-bike 等。让学生说出已知的其他上学出行方式的词汇，激发学生主动思考。

（2）Talk in pairs.（机械操练）（如图 6-27 所示）

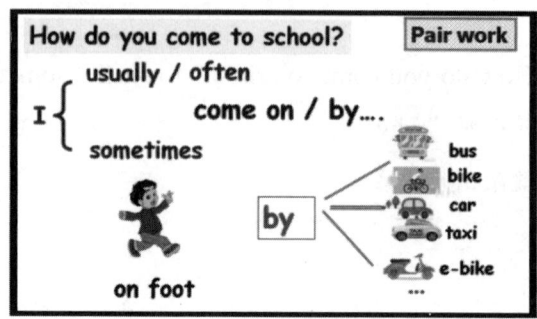

图 6-27 结伴对话训练图例

设计意图 真实的语境有助于提高学生的语言运用能力。通过半控制性的机械操练，学生能够熟练运用核心句"How do you come to school? I usually come… sometimes…"进行交流，为下文的文本解读和意义操练奠定基础。

（3）Let's sing a song.（如图 6-28 所示）

图 6-28 歌曲 How do you come to school 视频图例

（4）How do they come to school?（如图 6-29 所示）

① Look and guess. What are they talking about? How do they come to school?

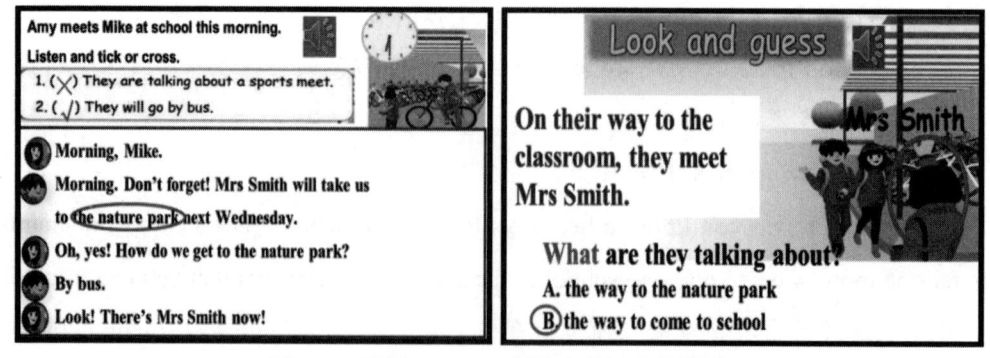

图 6-29 教材 Let's try 板块和单元主情景图

设计意图 此环节利用 Let's talk 主情景图片，让学生通过"看一看，猜一猜，说一说"几个步骤，结合已有的语言能力，根据图片内容，猜测和表达自己的观点，培养学生的观察以及预测能力。

② Listen and check.

听录音，通过表格的形式呈现 Amy、Mike 和 Mrs Smith 的交通出行方式，学生根据听力判断自己的猜测是否符合原文。让学生说一说听到的对话内容，培养良好的听力习惯。

③ Match and say.（如图 6-30 所示）

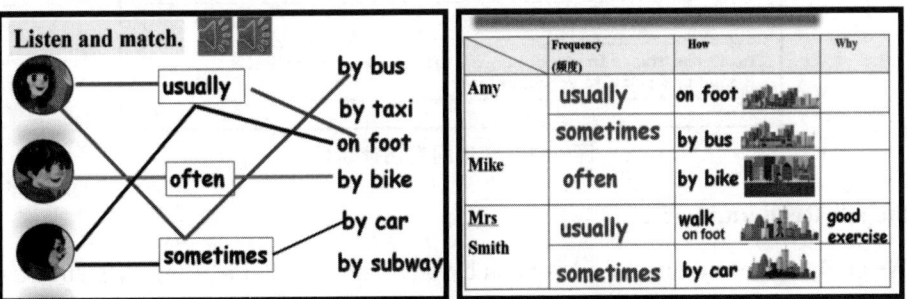

图 6-30 听音信息匹配与人物出行方式图例

让学生带着任务再一次听录音，通过听音连线的方式，正确解读文本中 Amy、Mike 和 Mrs Smith 如何出行。检测学生对文本内容的理解和掌握程度，训练学生的听力。

④ Read and follow the tape. Pay attention to the pronunciation and intonation.（如图 6-31 所示）

图 6-31 文本重构与教材对话原文图例

教师引导学生跟读课本原声并且模仿，按照"跟读—认读—演读"的步骤开展学习；强调语音、语调、连读等变化，培养学生正确的语音语调；同时进行文本重构。

Step 3. Consolidation

学生根据教师提供的新话题灵活运用所学交通方式做一个调查（Make a survey）（如图 6-32 所示）。

设计意图 此任务有助于学生牢固打好基础的同时提升语言输出能力。

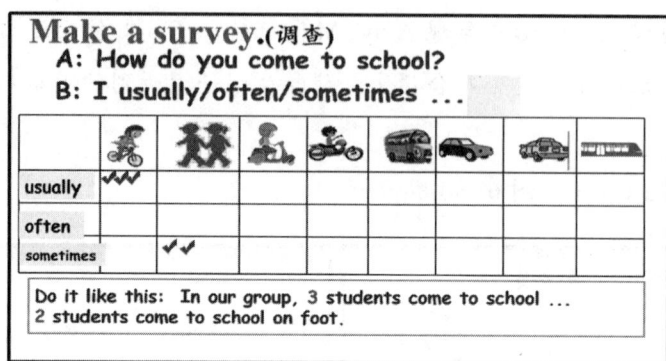

图 6-32 学生问卷访谈示例

Step 4. Read and write

We go to school by car, by e-bike and by bus, and we go travelling by plane, by train. That's comfortable, easy and usual. But in other parts of the world, some kids go to school in an unusual way.（如图 6-33 所示）

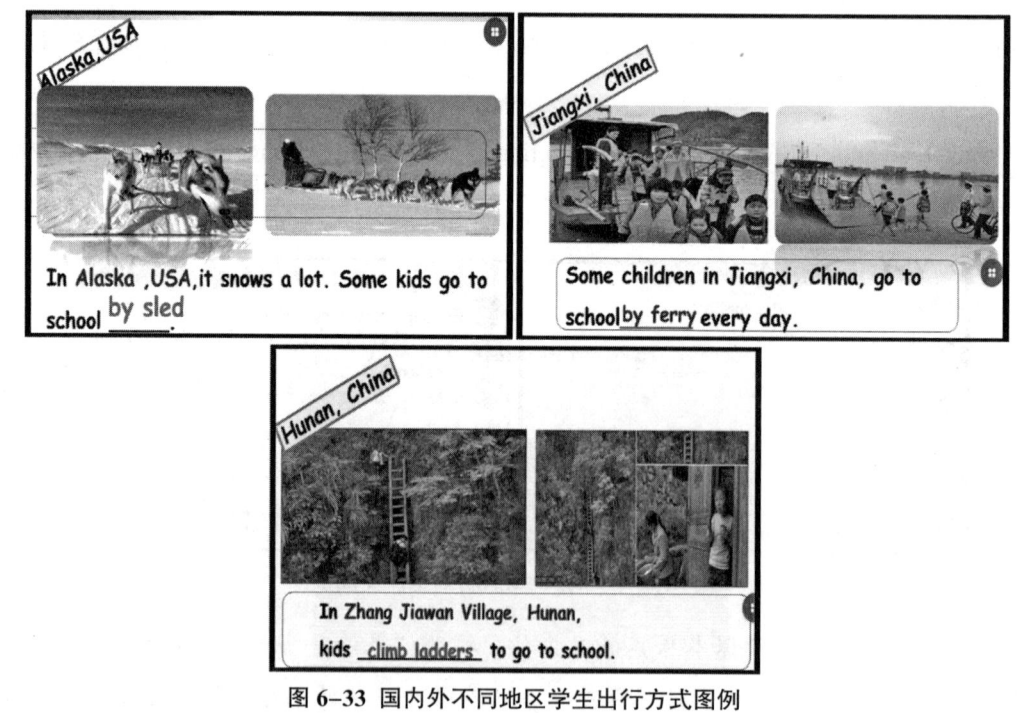

图 6-33 国内外不同地区学生出行方式图例

由"ways to go to school"过渡到"different ways to go to school",通过展现部分地区的孩子的上学方式,借助短短几分钟的视频和简短的解说深化情感教育,让学生们体验交通欠发达地区的孩子们坚持上学的意志力,从而教导他们珍惜优越的学习环境。

九、教学反思

课堂教学气氛轻松,新知识引出方式巧妙自然,通过"Let Mr. Lin guess about you"引出主题,通过师生的轻松对话,复习旧知,引出新知。又以歌曲 How do you come to school? 为突破口,步步深入,获取关键知识点。讲授新知时,教师抓住核心句子"How do you come to school?"进行问卷调查。上述活动既拓展了学生思维,又为学生创设了温馨和谐的交流氛围,使学生敢于尝试,大胆运用。同时通过呈现不同地区"different ways to go to school"和拓展"Read and write"的内容,进行文化品格渗透。精心的教学设计,使学生在不知不觉中学习新的知识点,并发展综合语言运用能力。

> 案例6-3
> 设计说明

案例 6-4

• Where did you go? •

一、教学内容

人教版《英语》(PEP)六年级下册 Unit 3 Where did you go? B. Let's try & Let's talk。

二、学情分析

本单元主要学习运用一般过去时来表达在过去的时间内所做的事情。由于学生在第二单元已经掌握了本单元所涉及的许多动词短语,因此,在教学中,教师应在此基础上激活学生已有的生活体验,例如假期旅行,通过思维导图来让学生自主提问,激活学生思维。

三、教学目标

1. 语言知识

①学生能够听懂、认读词组或单词:bought gifts, beach, took lots of pictures, went swimming。

②学生能够熟练掌握句式"Where did you go over your holiday? What did you do there? How did you go there?"及相应的回答。

2. 语言技能

①学生能完成 Let's try 中的听力任务，根据听力内容完成回答。

②学生能够正确理解语音、语调等，同时能够进行角色扮演。

③学生能够活学活用句型"Where did you go…? How did you go there?"与同伴谈论常见的假期活动。

3. 文化意识

教师通过对话让学生了解海南三亚的风光，通过深掘文本介绍南方和北方不同的地理位置和不同的气候，引出两地有着不同的寒假活动。

4. 情感态度

①通过对话培养孩子们外出旅游见识世界的意识，正所谓"读万卷书，行万里路"，并保持乐观开放的心态。

②深掘文本，通过介绍南方和北方不同的地理位置、不同的气候、不同的寒假活动，引导学生了解本地的美好风光和美食的同时，激发孩子们热爱家乡和祖国的情感。

5. 学习策略

①以听入手，整体输入对话。

②自主提问，激活学生思维。

③主动总结与归纳新学的知识。

四、课时安排

1课时。

五、教学重难点

①能否灵活运用句型：Where did you go…? How did you go there? What did you do?

②能否在一般过去时的疑问句中灵活运用 where、what 和 how。

六、教学方法与手段

情境教学法、交际法、导入法、任务型教学法。

七、课前准备

PPT 课件、投影仪、人物头饰。

八、教学过程

Step 1. Warming up

1. Free talk

借助思维导图谈论新教师的个人信息引入话题（如图 6-34 所示）。

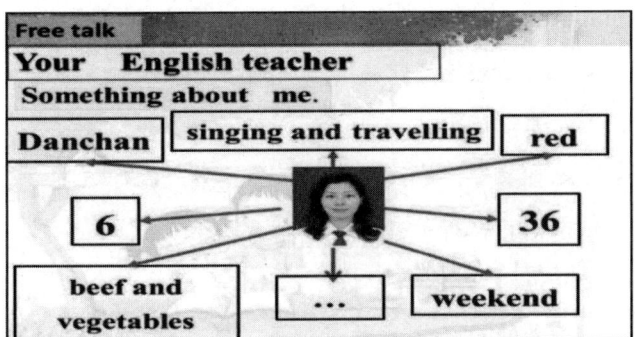

图 6-34 借助思维导图展示教师信息的示例

T：I'm your new teacher. Do you want to know something about me? Look at this mind map. You can get some information about me. You can ask me some questions.

S1：What's your name?

T：My name is Lily.

S2：How old are you?

T：I am 36.

S3：What's your hobby?

T：I like singing and travelling.

【设计意图】借助思维导图展示教师的信息，师生对话，创设轻松愉快的学习氛围，这样更容易让学生了解教师，自然引入话题 holiday。

2. Share the teacher's winter holiday

T：I enjoyed my winter holiday. GueSs：Where did I go on my holiday?

S1：Did you go to Zhanjiang/Hainan/…?

T：Yes，I went to Sanya on my winter holiday. Sanya is far from here. So I went there by plane. I took pictures of the coconut trees and the beach. And I went swimming. I had a good time on my holiday. What about you?

由此引出 Where did you go on your holiday? How did you go there? 教师再和学生互动谈话。

【设计意图】由自然交谈到教师分享自己的寒假三亚之旅，再引入学生们的寒假生活，为进一步学习打下基础。同时引出对话教学中的过去式词组。

Step 2. Presentation and practice

（1）Talk about holiday 引入 Let's try

Wu Binbin and Amy meet Sarah at school. What are they talking about?

通过 Wu Binbin、Amy 在学校遇见 Sarah，三人谈论寒假活动的情景，引导学生猜测三人谈话的内容，设置悬念。并通过听对话验证猜测，完成练习。

（2）完成 Let's try 相关练习

Listen and circle. 泛听录音，选出问题的正确答案。教师适时给予听力技巧点拨。

Listen again and answer. 精听录音，听细节，填入关键词。

设计意图 Let's try 是对话教学的引子，目的是在听力输入中让学生初步感知新的语言结构，为进入正式的对话学习做好准备。听力文本与对话文本内容上相互联系，引导学生猜测，并通过听对话验证猜测，完成练习，为接下来 Let's talk 的学习做好铺垫。学生能从课本里面的听力选择题获取的文本信息很有限，有必要再让学生细听一遍。原文里说到 Sarah 假期去了杭州，看到了西湖，并且也买礼物送给吴斌斌和 Amy。考虑到听力文本有点难度，所以第二次精听时给出了一定的语言支架，降低理解的难度。（如图 6-35 所示）

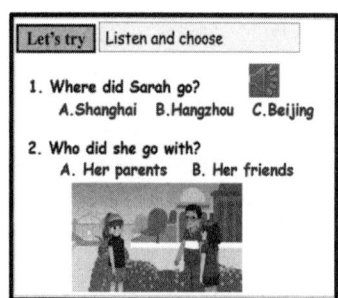

图 6-35 教材 Let's try 板块以及听力原文

（3）Predicting: Guess Amy's weekend

谈论 Amy 的博客，博客里面的内容是课本的插图，猜测 Where did she go? What did she do there?

教师修改第一张北京到三亚图片，把"三亚"两字删除，给学生留下悬念。在解构和建构文本时，引导学生思考 Where did Amy go? What did she do there? 学生观察图片进行猜测，这一步主要引导学生关注语境，培养学生的分析能力。

（4）Predicting: Guess more Amy's weekend（思维导图）

教师观察主题图，让学生针对主题图所给的信息进行想象和猜测，并且根据学生的猜测生成及时追问，丰富思维导图，使学生在与教师聊天的氛围中逐步步入对话情境，为后续学习对话做好语言铺垫（如图6-36所示）

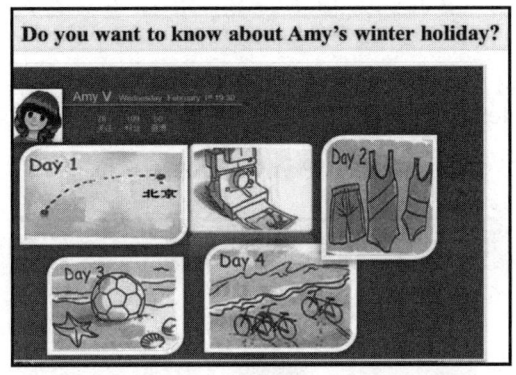

图 6-36 教材 Let's talk 部分插图

（5）学习 Let's talk（文本重构）

（6）Read and guess

What are the missing sentence? 学生根据上下文猜测缺失的句子（圈注关键提示句帮助学生）。（如图6-37所示）

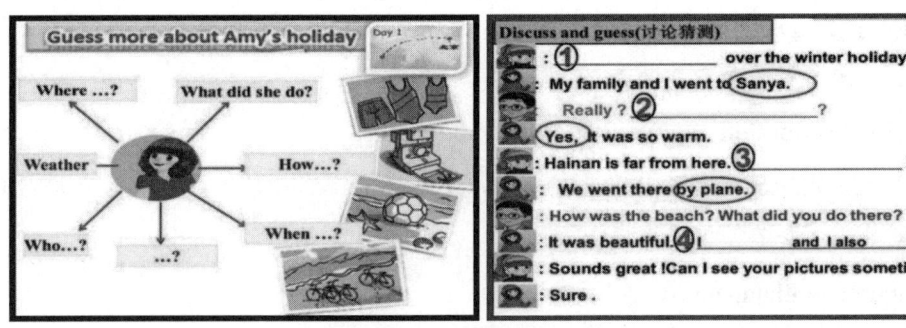

图 6-37 Amy 旅行信息思维导图以及挖空教材核心句图例

设计意图 挖空核心句的重难点，使上下文存在信息差，让学生补全信息。这些句型是在教学中学生容易混淆的重点、难点或者是需要学生关注的语言点。引导学生一句句猜测图中人物所说的话，引导学生初步感知核心语言，培养他们的理解、分析和推理能力。

（7）Discuss and choose（小组讨论选择合适的句子补充对话）

设计意图 教师引导学生关注句子之间的联系，让学生讨论选择补充文本的关键句子。为了适当照顾后进生，教师可以通过增加干扰选项，让学生进行小组互动讨论，进一步分析并初步形成完整对话。

（8）Listen and check（听音佐证）

① Try, listen and imitate. 鼓励学生根据连读等符号尝试朗读，进而对比模仿，跟读课文录音。

② Dub the cartoon. 教师播放课文录像，请学生分角色为录像配音，并表演展示。

Step 3. Retell the text

复述对话（看着思维导图简短复述 Amy 的寒假三亚之旅）。（如图 6-38 所示）

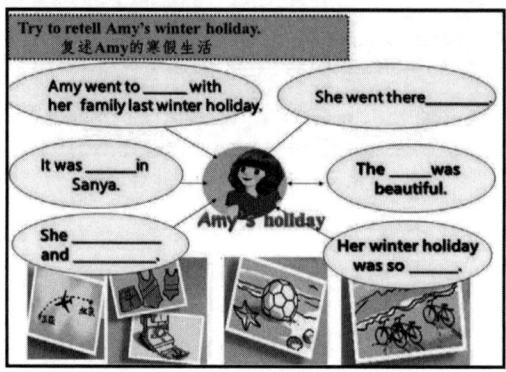

图 6-38 归纳 Amy 旅行信息图例

设计意图　通过复述，学生加深对文本的理解，内化学习内容，可通过思维导图或者课本插图，引导学生变换人称复述。

Step 4. Production

（1）教师用地图呈现，让学生猜 Amy 去三亚前，去了哪里。图片展示本地（湛江）的风景和美食等，同时渗透思想教育。

Welcome to Zhanjiang.

Travel around Zhanjiang.

The sky is blue. The clouds are white.

Be happy. Be fun.

（2）Talk in pairs.

A：Where did you go over your holiday?

B：I went to ＿＿＿＿＿＿.

A：How did you go there?

B：I went there by ＿＿＿＿＿＿.

A：What did you do there?

B: I _____, and I also _____.

<u>设计意图</u> 教师鼓励学生发挥想象，运用核心句型进行猜测。利用学生已有的生活经验引导学生进行真实的交际。最后创设情境，引导学生创编和表演对话，灵活运用所学知识。考虑到学生两两对话形式单一，教师把本节课的三句核心句创编成chant，四大组的组长负责牵头组织内容，教师进行充分的示范，加上合适的节拍。（如图6-39所示）

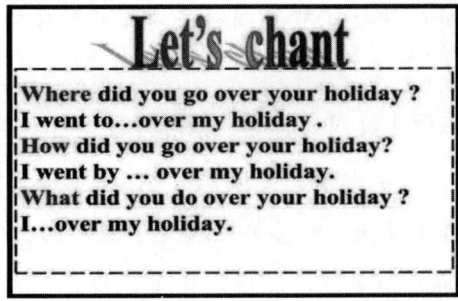

图 6-39 运用核心句型创编 chant 图例

（3）学生交流、汇报自己的 holiday。

Step 5. Summary

通过展示一些北方寒假孩子们的活动图片，例如堆雪人、打雪仗、吃麻辣火锅等，让学生对比南方和北方不同的地理位置、不同的气候、不同的寒假活动，鼓励学生拥抱自然，开阔心胸，激发学生热爱祖国和家乡的情感。

Step 6. Homework

① Listen, imitate and try to recite the passage.

② Talk about your winter holiday with your friend.

Boardwork

Unit 3 Where did you go?

B. Let's talk

Where did you go?	I went…
What did you do?	I …
How did you go there?	I …

九、教学反思

1. 整体评价

教学设计新颖，能有效服务于教学目标。引入自然，通过 free talk 引出 travelling。

再以自己的三亚之旅引导学生学习运用新句型"Where did you go? What did you do? How did you go there?"。学生通过观察课本插图自主发问,激活了思维,丰富了思维导图。文本建构—文本解构—文本重构等环节环环相扣,能有效地提高学生的主动探索能力。建议也可以通过创设Amy的朋友圈来引出Amy的假期计划。

2. 亮点

①从听入手,整体输入对话。

本节课中,教师在对话学习环节强调对话内容的整体输入,在听懂内容、关注情境方面给学生提供帮助。

②聚焦核心素养,给学生提问的机会,培养学生勇于探究的精神。

本节课以听说形式引导学生猜测更多关于Amy寒假三亚之旅的内容,并逐步构建思维导图,让学生自主提问。这些做法改变了教师问、学生答的单向教学模式,推动了师生真实、有效的互动交流。鼓励学生自己提出问题、解决问题,要让学生由"听众"变成"演员",充分调动了学生的主观能动性。另外,思维导图的逐步构建,帮助学生梳理文章结构。

③引导学生观察课本的插图,充分激活背景知识,有效地预测语篇内容。

在这节课中,教师能充分利用三人谈论寒假活动的情景,引导学生猜测谈话的内容,通过Sarah的寒假之旅引出Amy的寒假之旅。在解读文本时教师引导学生观察课本的插图,引领学生进入学习主题,观察图片进行猜测;利用微博插图和构建人物活动思维导图进一步引导学生关注语境,还原文本情境,引导学生去猜测文本大意,真正地做到通"情"达"意"。

④文本重构恰当有效,聚焦核心素养,激活学生思维。

以功能句式作支架,引导学生主动探索解读文本信息。在此过程中培养学生的分析、逻辑、对比和创造思维能力。

⑤聚焦核心素养,在追问中自然渗透思想教育,激发孩子们的家国情怀。

教师能深掘文本,介绍南方和北方不同的地理位置、不同的气候、不同的寒假活动,通过对比,激发孩子们热爱祖国以及家乡的情感,渗透积极的人生观。

案例6-4
设计说明

案例 6-5

• Last weekend •

一、教学内容

人教版《英语》(PEP) 六年级下册 Unit 2 Last weekend A. Let's try & Let's Talk。

二、学情分析

本课时是第一课时，学生第一次接触一般过去时的陈述句与一般疑问句形式。如何开好局，让学生明白一般过去时的意义和构成形式就显得尤为重要了。本课时的主题是周末活动。周末活动这个主题学生很熟悉，教师通过头脑风暴活动或者竞猜活动（Did you...?）激发学生的背景知识，复习与周末活动有关的动词词组。通过师生对话和生生对话进行学习，以问题引领对话学习，通过文本重构活动来驱动学习小组合作，丰富学生的语言输出。

三、教学目标

1. 语言知识

①学生掌握本部分学习的核心句型：How was your weekend? It was good. What did you do? I stayed at home with my grandma. Did you do anything else?

②学生掌握单词或词组：cleaned, washed, watched, stayed, cleaned my room, washed my clothes, stayed at home, watched TV。

③学生能够理解句子：How was your weekend? It was fine, thanks. What did you do? I stayed at home and watched TV.

2. 语言技能

①学生能运用听力技巧完成 Let's try 相关练习。

②学生能够听、说、读，并且在有意义的语境中恰当运用句型"How was your weekend? It was good. What did you do? I stayed at home with my grandma. Did you do anything else?"谈论自己的周末活动。

③学生能初步感知一般过去时的构成与使用。

④学生能够在一定语境中正确使用语音升降调、连读以及重音。

3. 文化意识

让学生了解英国人有喝下午茶的生活习惯，联想到五年级下册教过的西班牙人吃晚饭的时间为晚上九点到十点，让学生知道外国人与中国人就餐时间和饮食生活习惯有所差异。

4. 情感态度

①培养学生合理安排周末活动的意识。

②渗透对待学习和工作都要劳逸结合的意识。

5. 学习策略

①引导学生关注对话的意义、句与句的逻辑关系，以及语言的运用。

②学生能理解"多说一句"（say more）的对话策略，并尝试在自编对话时运用该策略。

四、课时安排

1课时。

五、教学重难点

①灵活运用句型：How was your weekend? What did you do?

②一般过去时的构成与使用。

六、教学方法与手段

情境教学法、交际法、小组合作法。

七、课前准备

PPT课件、投影仪、视听资源。

八、教学过程

Step 1. Warming up

1. Free talk

借助思维导图谈论教师的个人信息引入话题。

T: I'm your new teacher. Do you want to know something about me? Look at this mind map. You can get some information about me. You can ask me some questions.

S1: What's your name?

T: My name is Lin Yiru.

S2: What's your favorite day?

T: I like Saturday.

借助思维导图出示教师的信息，师生对话，创设轻松愉快的学习氛围，这样更容易让学生了解教师，自然引入话题 weekend。

2. Guess the teacher's weekend activities

① Guessing game

T: I enjoy my weekend. What about your weekend? Is it fun? What do I do on the weekend? Do you…

S1: Do you play football on the weekend?

T: No, I don't.

S1: Do you read books on the weekend?

T: Yes, I do. I usually watch TV, read books, wash clothes, drink tea, clean the room and stay at home with my grandma. What is the date? It's Mar. 10th. This weekend is coming. It's Tree Planting Day. What am I going to do this weekend?

② What about my last weekend? How was my last weekend?

③ 由此引出"Did you… last weekend?"。

通过猜测活动，激发学生思维，通过一般现在时引出一般过去时。引导学生运用新句型"Did you…?"进行猜测。由教师的本周末活动自然引到教师上个周末活动的谈论，为进一步学习打下基础。用描红的方式引导学生关注动词词组的过去式和过去的时间状语。（如图6-40、图6-41所示）

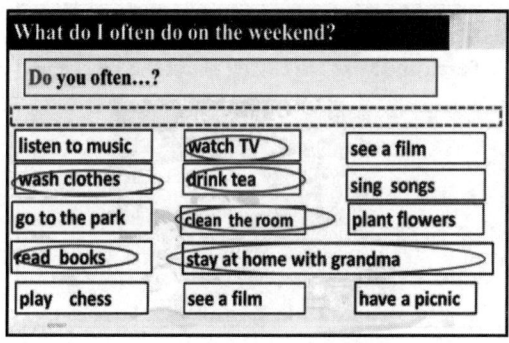

图6-40 活动安排图例

图6-41 猜测教师本人周末活动图例

3. Lead-in: Weekend sharing（周末分享）

借助林老师的QQ空间引出他在3月5日这个周末的活动，图文并茂，用描红的方式引导学生关注动词词组的过去式。更重要的是引出了本课时对话教学中的核心词：watched TV, washed clothes, drank tea, cleaned the room and stayed at home。（如图6-42所示）

图 6-42　教师的 QQ 空间——上周末活动安排图例

4. Talk about students' weekend（谈论学生的周末生活）

T: I enjoyed weekend. What about your weekend? How was your weekend? What did you do last weekend?

引导学生同桌相互了解彼此的周末生活。

Step 2. Presentation and practice

1. Talk about John's weekend 引入 Let's try

由 Mike 的微博引入对 Sarah 与 Mike 对话内容的猜测。（如图 6-43、图 6-44 所示）

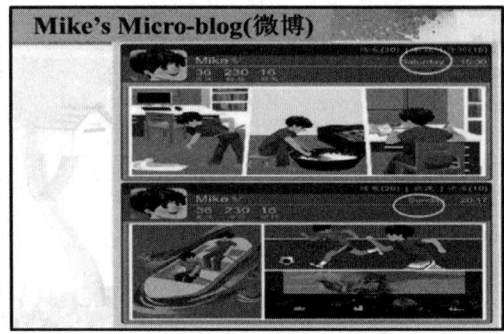
图 6-43　教材单元主情景图

图 6-44　教材 Let's try 板块图例

2. 完成 Let's try 相关练习

听录音并圈出相关的答案，在完成练习的过程中了解到 Mike 上周末干了什么，以及 Mike 和 Sarah 通话结束准备打电话给外祖父母。

【设计意图】利用博客，激发学生了解外国小朋友周末活动的兴趣，引导学生猜测，并通过听对话验证猜测，完成练习，为接下来 Let's talk 的学习做好铺垫。

3. Predicting: Guess grandpa's weekend

谈论课文插图，猜测 Mike 与 grandpa 相关的谈话内容。

> **设计意图** 在解构和建构文本时，引导学生思考 What are they talking about？观察图片进行猜测。这一步主要引导学生关注语境，培养学生分析思考的能力。（如图 6-45 所示）

图 6-45 教材对话原文插图

4. 学习 Let's talk（文本重构）

（1）Read and guess.

What are the missing sentence? 学生根据上下文猜测缺失的句子（圈出关键提示句帮助学生）。（如图 6-46 所示）

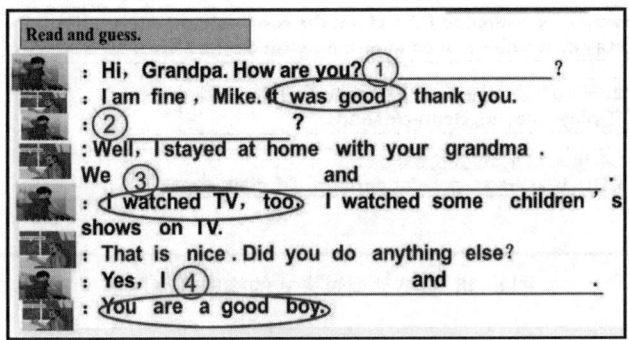

图 6-46 挖空教材核心句图例

> **设计意图** 通过视图的方式，让学生阅读，挖空了核心句的重难点后，上下文存在信息差，让学生补全信息。这些句型是在教学中学生容易混淆的重难点或者是需要学生关注的语言点。引导学生一句句猜测图中人物所说的话，引导学生初步感知核心语言，培养他们的理解、分析和推理能力。

（2）Discuss and choose.（结对讨论，选择合适的句子补充对话）

利用骨架文本，引导学生关注句子之间的联系，设计时给出的选项有干扰项。引导学生讨论、选择补充文本的关键句子，通过结对讨论，进一步分析并初步形成完整对话。小组活动形式可以为进度落后学生降低难度，通过优生的帮助得出初步

答案。（如图 6-47 所示）

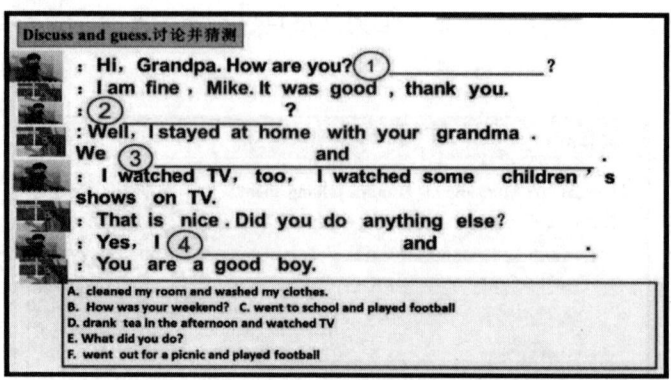

图 6-47　根据上下句逻辑选择正确话语图例

（3）Listen and check.（听音佐证）

设计意图　通过听对话的录音，验证自己的猜测是否正确。

（4）引导学生关注动词过去式的构成，总结动词过去式加 ed 的规律以及过去时态的时间状语。（如图 6-48 所示）

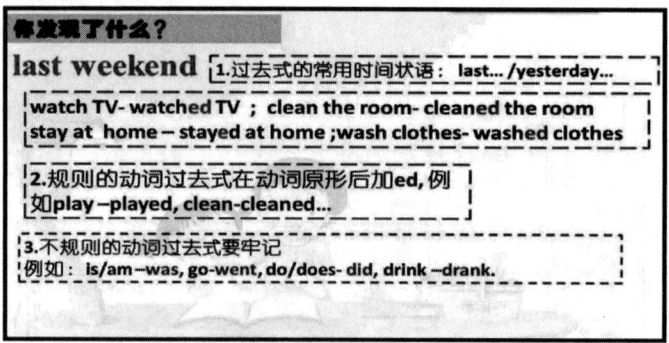

图 6-48　总结动词过去式的构成规律图例

5. Try, listen and imitate

鼓励学生根据连读等符号尝试朗读，进而对比模仿跟读课文录音。

设计意图　教师引导学生进行模仿跟读，注意连读、句子的语调，培养学生正确的语音语调，培养学生模仿地道英语的自主意识和习惯。

6. Dub the cartoon

教师播放课文录像，请学生分角色为录像配音，并表演展示。

7. Retell the text（对话变体）

看图简短复述 Mike 和 Grandpa 的周末活动。

设计意图　通过表演，学生加深对文本的理解，内化学习内容，引导学生对对话

文本进行变换人称复述，是文本建构的有效途径。（如图 6-49 所示）

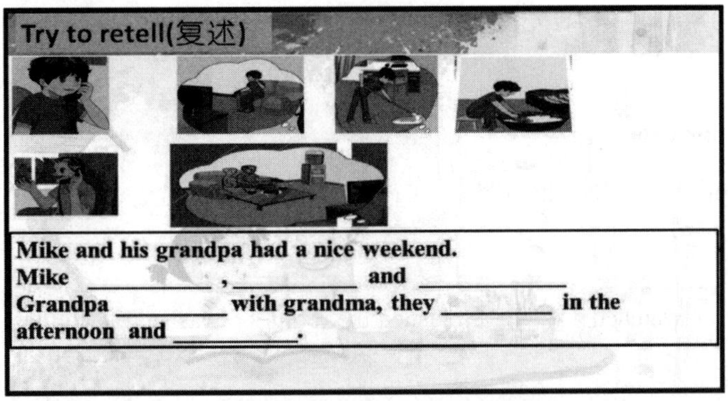

图 6-49 根据图示复述对话内容图例

Step 3. Production

创造型重构文本（拓展）。创设情境，教师给出一定的语言支架，学生选择周末活动进行调查对话，同桌之间交流，教师再让学生一起创编对话。

A: How was your weekend?

B: It was…

A: What did you do last weekend?

B: I… What about you?

A: I… Did you do anything else?

B: Yes, I…/No.

〖设计意图〗创设情境，学生运用核心句型进行调查访问。利用学生已有的生活经验引导学生进行真实的交际，引导学生创编和表演对话，灵活运用所学知识，实现对文本的创造性重构。

Step 4. Summary

结合本课核心句型进行课堂小结，进行思想教育，合理安排周末，劳逸结合。

Step 5. Homework

① Listen, imitate and try to recite the passage.

② Talk about your weekend with your friend.

〖设计意图〗作业①督促学生重视语音，练好语音，提升语音素养，进而背诵课文。作业②是本课的基本要求，旨在让学生巩固教材内容和语言点。

Boardwork

Unit 2 Last weekend

A. Let's talk

How was your weekend?　　　　　It was…

What did you do last weekend?　　I …ed last weekend.

| watched TV | cleaned the room | washed the clothes |

| stayed at home | watched TV | drank tea |

九、教学反思

1. 亮点

①创设情境自然恰当，贴近学生的真实生活。

教师通过头脑风暴竞猜活动（Do you...?），使学生回忆起背景知识，复习与周末活动有关的动词词组，激发学生思维，用一般现在时引出一般过去时。引导学生运用新句型"Did you...?"进行猜测，衔接更为自然。再由教师的本周末活动自然引到教师上个周末活动的谈论，为进一步学习一般过去时做好情境铺垫，图文并茂，孩子比较容易理解过去式的意义。

②以大量的语言输入激活已有知识，用对话策略提升学生的对话品质。

课堂伊始，教师让学生谈论周末的活动，为了帮助学生回忆已有知识，教师提供大量词组，如 wash clothes, drink tea, read books, watch TV, stay at home 等，以激活学生的记忆和思维，为本课谈论周末活动奠定语言基础。

③以文本原情境为支架，激活背景知识，预测语篇内容。

在本课中，教师能充分借助 Mike 的微博主情景图引出 Mike 和 Sarah 电话通话情境，再引出讨论过去生活的主题，教师在学生听细节前通过口头表达铺垫，引领学生进入学习主题，再展示文本插图，还原文本情境，引导学生猜测文本大意，真正做到通"情"达"意"。

④文本重构恰当有效，激活了学生思维。

随着对话课的话轮增多，情境性和整体性更加显现，学生要把握核心句型是有难度的。在这节课中，教师能利用过程性文本建构，找出核心语言，以功能句式作为支架，引导学生主动探索解读信息。

2. 不足

教师和学生虽然互动很多，但形式有些单一，如何发挥合作学习的作用，使每个学生都能得到发展，这点还有待进一步思考。

评价是英语课堂的重要组成部分，评价使学生在学习过程中认识自我，增强学习的自信心。在这节课中，评价形式有些单一，以教师的"Great! Wonderful! Quite good! Good job!"等对学生进行即时评价的情况居多。

教师在教学过程中过于关注目标语句的运用和对话策略的渗透，忽视了对文本人文性的进一步挖掘。在教材中，爷爷的周末活动其实是典型的老年人生活，如喝喝下午茶、看看电视，但是学生很少有这样的体会，他们体会不了这样的生活方式。教师可以考虑让学生在表演对话时入情入境，演出爷爷奶奶的样子，他们会有更深刻的理解。

案例6-5 设计说明

第七章　小学英语阅读教学设计与实践

阅读是一个能动的、积极的思维过程。在阅读过程中，学生通过语言文字符号，获取作者想表达的信息。卡罗尔（D. W. Carroll）在《语言的心理学》一书中提出，心理语言学家认为，阅读分为两个层次，第一个层次是对语言输入中词、短语和句子的理解，而在很多情况下，我们需要进行第二个层次的理解，即不仅要了解字面意思，而且要了解作者的意图——作者究竟要表达什么。在多数情况下，阅读的目的是获取篇章信息，而不仅仅是掌握语句含义。阅读是作者和读者之间的交际，作者在写作时知道他的读者是什么人，他显然想让读者读懂他想表达的意思。

小学阶段开设英语课程的目的是培养学生学习英语的热情，使其形成初步的英语语感，为其打好语音、语调基础，最终使学生初步具备用所学英语进行交流的能力。培养学生的阅读能力是英语教学的主要目的之一。

小学英语阅读教学，教师尤其要重视阅读材料的选择。首先，阅读材料的选择应针对小学生的阅读心理。小学生处于学龄初期（6—13岁），该年龄段的学生大都乐意去掌握新知识，渴望学会阅读，表现为在感知上有较强的情感性。有插图的书、教师的描绘性语言，都能很快引起学生的学习兴趣。因此，教师选择的阅读材料应内容生动，为学生喜闻乐见，如一些幽默故事、笑话等，让学生在轻松状态下习得知识。其次，在选择阅读材料时，既要防止语言过难，又要避免语言内容过于幼稚。过难或过易的阅读材料都不利于提高学生的阅读兴趣，材料的选编应难易适度，循序渐进，避免随意性。材料应与学生的"最近发展区"相结合，与英语课本新旧知识相结合，重视复现，注重运用。最后，阅读材料的题材应具有多样性，包括学校、家庭、旅游、动植物等，体裁也应具有多样性，包括儿歌、绕口令、小诗、对话、故事、习语等。

学生需要把阅读看作是一个令人愉悦的、有用的和有意义的任务——一种他们在未来的生命旅程中愿意继续用的东西。英语阅读教学必须在主体参与方面解决问题，增加学生参与阅读实践的机会和时间。英语阅读教学活动必须从以教师为中心的"讲解式"转向以学生为主体的"任务式"，就是让学生作为阅读实践活动的主角，使阅读活动成为一种主动的、探索式的认知体验。在"任务式"活动中，教师应设计多层次、多形式的阅读活动。

第一节　小学英语阅读教学内容分析

在小学低年级英语阅读教学中开展绘本阅读教学，可以激发学生兴趣，丰富学生知识，促进学生思维发展，培养学生多元智能。在绘本阅读教学的具体实施中，教师应选择与教材内容关联、难易程度适切的绘本，以此丰富英语课程资源，促进学生语言运用能力的发展与提高，逐步提升学生的英语学科核心素养。

绘本，英文为 picture books，指的是图画与文字相辅相成的故事书。图画，能吸引不善于阅读文字的儿童去"读"，还能帮助儿童"读懂"隐含在文字中的意义。儿童绘本按目标阅读者不同通常分为两种：一种是以不能阅读文字的儿童为目标读者的绘本，另一种则是把目标阅读者定位为具有一定阅读意识和初步阅读图画及文字能力的儿童。本章所指的绘本为第二种，其目标阅读者主要为小学低年级学生。英语绘本，是指以图画与英语文字相结合为表现形式来讲述故事的绘本。

绘本阅读教学是一种生动的教学方法。教师在教学中以绘本为载体，把讲故事作为一种具体操作的方法来实施教学，增强了教学的趣味性、文学性，能更好地完成教学任务。

在小学中、高年级英语阅读教学的过程当中，教师要始终注重对教材的把握，立足于教材课文，熟悉课文中的知识点。英语阅读能力的培养直接关系到小学生未来的英语学习道路，想要为小学生打好英语阅读的基础，小学英语教师不能只注重讲解单词和语法，更要让学生学会阅读英语文章。通过阅读英语文章，小学生能进一步了解西方文化，拓宽自己的知识面，更重要的是养成一定的英语阅读思维习惯，这对他们后期的英语学习十分有利。教师不仅要从阅读方法、阅读核心技巧等多个方面对小学生进行训练，还要从英语阅读兴趣、英语语感等更加细微的角度去提升小学生英语阅读能力。

第二节　学习者分析

小学生的年龄在 6—13 岁，他们活泼好动，表现欲、参与欲非常强烈，喜欢直观形象思维，对歌曲、游戏、模仿特别感兴趣。但也有个别学生学习目的不太明确，对学习抱着单纯的求趣心理，对于自己感兴趣的东西才认真学。针对这些特点，课堂授课要以表扬为主，注重培养学生学习英语的兴趣，把知识融入符合他们兴趣的任务活动中。

随着年龄增长，小学生的认知能力不断提高，抽象逻辑思维、创造思维有了较大发展；高年级时注意力比低年级有较大提升，但对枯燥、机械的操练，学生容易心生厌烦导致精力分散；小学生开始逐步形成观察力、识记能力，自我评价和自我控制能力得到较大的提升。

大部分学生有强烈的学习英语的愿望和兴趣，敢于开口，乐于模仿，积极参与各种英语实践活动，能在各种小组活动中积极与他人合作，共同完成学习任务，也能在歌曲、游戏、模仿等活动中体会学习英语的乐趣；但也有个别学生的学习热情较低，欠缺主动性。

教师除了要分析学生的学习状况外，还需了解他们的学习习惯，包括上课听讲、记笔记、做作业以及复习等。如果在教学开始之前将学习者的起点定得太高，脱离学习者的实际水平，会降低教学效果，使学习者在高难度的学习内容面前望而却步；如果将学习者的起点定得太低，会造成时间和精力的浪费，使学习者做无效的学习，长此以往，就会降低学习者的学习兴趣。因此，比较准确地评估学习者的起点能力，可在一定程度上提高教学效率，获得良好的教学效果。

教师要充分认识学生，在此基础上确定教学思路。现在学生的学习渠道越来越宽了，他们在学习新知识前，已经有了一定的生活经验和实践积累。关键在于教师如何去充分了解和评估学生的这些已有积累，促进学生有效学习。针对以上情况，教师可采取以下教学方式。

1. 及时帮助，以防为主

小学英语的教学重点是基础知识和基本技能，因此教学应面向全体同学，争取做到人人基本达标。在教学过程中学生之间出现差距是不可避免的，一旦出现，就应该及时找学生谈话，分析他们掉队的原因，了解他们的内心想法，同时给予学习方法的指导，耐心辅导，做到查漏补缺。对于这些有可能掉队的学生，及早指出他们的问题，说明掉队的严重后果，做到防患于未然。

2. 讲究教法，实施分层教学

有的学生接受能力强，思维敏捷，动作迅速，有的学生则相反。对于接受能力强的学生，一再重复知识，是浪费时间，是课堂无效的表现；而对于接受能力稍差的学生，需要教师重复几次，才能听懂。所以，面对不同发展水平的学生，一定要设计不同的方案：要树立学生参与精神，不同层次的学生给予不同的课堂和课后任务；还要树立学生主体意识，使不同层次的学生都参与进来。教师应在课堂中穿插一些游戏，不断变换着花样进行语言项目的操练,让学生互助,不仅可以让后进学生产生信心,也能使基础好的学生巩固知识。

3. 激发动机,诱发兴趣

对于已经对英语失去兴趣的学生,一定要在教学的过程中让他们体会到学习英语的乐趣,真正产生信心。教师还需多创新,不断改进教学方式,让学生产生新鲜感,使他们在学习上长期保持兴趣。

4. 培养英语学习习惯和学习方法

在小学阶段,培养学生的英语学习习惯是当务之急。教师应不断地在教学中渗透启发式教学,去除学生长期养成的上课只带耳朵,只等教师公布答案的坏习惯,让他们养成预习、提问、课后整理笔记的好习惯。

第三节 小学英语阅读教学案例设计

案例 7-1

• Brown bear, brown bear, what do you see? •

一、教学内容

绘本 Brown bear, brown bear, what do you see?

二、学情分析

三年级学生好奇心旺盛但注意力集中时间短,学生对动物话题感兴趣。同时三年级是学习习惯形成的关键期。

三、教学目标

1. 语言知识

①学生能听、说、认读单词 brown bear, red bird, yellow duck, blue horse, green frog, purple cat, white dog, black sheep, goldfish,并能在实际情境中进行运用。

②学生能听懂、认读句子 "… what do you see? I see a … looking at me.",并且能灵活地运用。

2. 语言技能

①学生能在生活中运用本课的词汇和句子。

②激发兴趣,培养学生的英语思维能力和英语交际能力。

3. 文化意识

①学生在习得中文母语的过程中，学唱儿歌、童谣占据重要位置。英语母语国家更重视 nursery rhymes 的价值。所以在他们倡导的早期活动中，非常重视让儿童听唱儿歌、读韵律节奏感强的绘本。

②英语国家为训练孩子的韵律节奏出版了很多家喻户晓的绘本，比如 *Brown bear, brown bear, what do you see?*，就是通过句式的不断重复，让孩子很容易通过动物交替出场、替换主要单词记住文本的韵律节奏。

4. 思维品质

①通过阅读教学培养学生的观察力、想象力、记忆力、识别力四种能力。

②通过阅读，学生良好的英语学习习惯和英语思维能力也得到了培养。

四、课时安排

1 课时。

五、教学重难点

本课教学重点是关于颜色和动物的词汇、句子，并让学生学习句型"… what do you see? I see a … looking at me."。

六、教学方法与手段

讲授法、互动阅读法。

七、课前准备

PPT 课件、单词卡片。

八、教学过程

Step 1. Warming up

Pre-reading.

Step 2. Lead-in

Greeting and presentation. Listen to a song: *Brown bear, brown bear, what do you see?* 听完歌曲教师提出问题：What animals can you hear in the song?

【设计意图】教学热身活动是英语课堂教学的重要方法之一，教师伴有动作演唱歌曲，能缓解学生的紧张情绪，建立轻松、和谐、民主的课堂氛围，学生通过歌曲回答问题，既复习了课本上学过的单词，又大体了解了本课的内容。

Step 3. Presentation

（1）出示绘本封面，让学生了解绘本的主题和作者。

【设计意图】简洁明了地引出了主题。

(2)出示绘本图片,并遮挡部分图片,让学生猜测是什么动物。

【设计意图】引起学生的兴趣,同时练习本课的重点单词。

(3)让学生拍手说唱新句型,反复练习每幅图片。

【设计意图】利用形象生动的歌曲形式对所学单词、句型进行及时的反复练习,使学生产生浓厚的兴趣,简化了词汇和句型教学这一难点。

(4)播放绘本动画视频,让学生小声跟读。

【设计意图】学生都喜欢看动画片,通过观看动画,让学生总体把握文本内容,为进一步的复述活动打好基础。

Step 4. Practice

(1) Retell the story in groups according to the pictures on the blackboard.

(根据黑板上的图片,在小组中复述故事。)

【设计意图】让学生复述所学内容,进一步巩固新知识。

(2) Adapt the story, design your own picture books, then show them to us.

(改编故事,设计自己的绘本故事书并展示作品。)

【设计意图】让学生自己改编故事,并为自己的故事书涂颜色,要求学生利用肢体语言将本课的词汇和句型表达出来,培养学生的英语思维能力和英语交际能力,并通过小组合作的方式,培养学生的团队精神。

Step 5. Homework

Make a survey: Ask your friends and family members what animal they like?

(做调查:询问朋友和家人喜欢什么动物?)

【设计意图】作业不再是学生的负担,仅仅是给学生提供了一个课后的英语小话题,不但对学生所学知识有所巩固,对学生良好的英语学习习惯和英语思维能力的培养也起到了积极的作用。

Boardwork

Brown bear, brown bear, what do you see?

What animals can you hear in the song?

brown bear,

red bird,

yellow duck,

blue horse,
……

Team One  Team Two

九、教学反思

对于英语绘本阅读教学，教师首先要对绘本有一个整体把握，了解到绘本巧妙地将学生比较感兴趣的颜色和动物词汇（red bird, yellow duck, blue horse, green frog, purple cat, white dog, black sheep, goldfish）融入其中。在句式方面，以儿歌的形式不断重复句型"…what do you see? I see a … looking at me."，符合学生的心理特征，并考虑到了其学习的兴趣点。

教师可以针对绘本的内容，着手准备一些道具。比如文中提到的动物，如果条件允许可以准备这些动物的手偶实物，如果颜色能与文中一致最好，没有的话，可以这样进行：如果买回来的是 white sheep，在共读绘本的过程中，不妨举一反三，让学生将手偶动物与绘本里的动物进行对比，并可以练习"Is it a black sheep? Oh, it is a white sheep."这类对话。在练习的过程中可以让学生把 black sheep 换成 white sheep，唱"White sheep, white sheep, what do you see?"。有些三年级学生英语是零基础，之前没有接触过系统的英语学习，当学生看到与绘本对应的手偶动物出现，记忆会更深刻，这些道具将有效地帮助学生练习。

案例 7-1
设计说明

案例 7-2

• What do you usually do at Christmas? •

一、教学内容

绘本故事"What do you usually do at Christmas?"。

二、学情分析

四年级学生对英语学习充满信心，能根据教师指令做游戏、做动作，能根据上下文猜测故事大意。本课利用学生对圣诞节的好奇心，激发学生学习英语的兴趣，教师要注意在教学中引导学生探索中外文化习俗并比较异同。

三、教学目标

①学生能听懂、会说并认读下列单词：Christmas, December, together, Santa,

bring, sack, bag。

②学生能听懂、会说并认读句子"What do you usually do at Christmas?",并运用"We get together\have a dinner\sing Christmas songs\get presents from Santa."进行回答。

四、课时安排

1课时。

五、教学重难点

①学生能认读单词：Christmas, December, together, Santa, bring, sack, bag。

②学生能熟练运用句型"What do you usually do at Christmas?"进行提问并回答。

六、教学方法与手段

图片环游法、游戏教学法。

七、课前准备

PPT课件、单词卡片。

八、教学过程

Step 1. Warming up

（1）Greetings.

（2）Enjoy a song：*We wish you a Merry Christmas.*

（3）Free talk.

T: What do you do at the weekend?

S: I play football at the weekend.

T: What do you usually do on Sunday?

S: …

设计意图 此处可多操练几组，最后可问学生"What do you usually do on Sunday?"，学生进行回答，同时将"What do you usually do on Sunday?"句型写到黑板上。

（4）Lead-in.

T: I show some pictures in PPT. What is this?

S: It's Christmas.

设计意图 教师通过课件展示几张有关圣诞节的图片，学生马上会说："圣诞节！"教师说："对！It's Christmas."此处引出单词Christmas并进行教学。

T: Do you know when is Christmas?

S：12月25日。

T: It's December 25th.

设计意图 教师说"It's December 25th.",与此同时,课件展示一张日历表,标注12月25日,此处教授单词December。对于December的教学,教师也可以采取分音节的形式来降低难度。

Step 2. Presentation

(1) Listen and read the text.

(2) Listen and circle.

设计意图 听音圈出新单词:together, Santa, bring, bag。对于单词together和bring可以利用单词卡教学,对于Santa和bag可以通过展示图片来帮助学生记忆。

(3) Listen and answer the questions.

T: If you are Jenny, what do you usually do at Christmas?

S: The family _____.

T: What do you usually do on Sunday?

S: The family _____.

T: What do you usually do at Christmas?

S: The family _____.

设计意图 先听前两段内容,教师让学生假设如果他们是Jenny,在圣诞节的时候都干什么。课件呈现问题:"If you are Jenny, what do you usually do at Christmas?"(此处教师将前面free talk的句型"What do you usually do on Sunday?"改成"What do you usually do at Christmas?",然后教师让学生猜想句子的意思并进行简单地教授。)

听完之后让学生以填空的方式进行回答。

The family _____. We _____. We _____.

同时板书答语。这里教师可以给学生一定的时间,结合前面的问句"What do you usually do at Christmas?"进行简单的操练。

(4) Listen again, and answer the questions.

T: Where is Santa from? What do you usually do at Christmas?

S: We _____ from Santa.

设计意图 听录音,让学生试图去回答"We _____ from Santa.",此处教师也要带领学生结合前面的问句进行操练。

(5) Listen and read.

Step 3. Practice

（1）Reading and acting.

请学生以小组为单位分角色朗读课文，尽量根据黑板上的板书和图片复述课文，然后分组进行表演比赛。

（2）Let's talk.

同桌两人根据图片一问一答，巩固操练句型。

（3）Play a game.

此处添加一个"击鼓传花"的游戏，当花传到谁，全班同学集体问"What do you usually do at Christmas?"，该生就进行回答，利用游戏的方式来巩固本节课的重点句型。

（4）Make a survey.

将学生分组，每组发一张关于圣诞节活动的调查表，每张调查表呈现不同国家的有关圣诞节的娱乐活动。请学生以小组为单位，调查采访不同国家如何庆祝圣诞节，请每组选一名代表采访小组内的成员："What do they do at Christmas in Australia?"，其他学生回答"They … at Christmas."，然后请每组的代表进行总结交流。

九、教学反思

本节课围绕 Christmas 这个西方重大的节日展开，让学生了解圣诞节的习俗和怎样装扮圣诞节。课标要求强调学习过程，重视语言学习的实践性和应用性，尽可能多地为学生创造在真实语境中运用语言的机会。所以此课时要求不仅仅让学生会描述西方圣诞节的习俗，还要让学生明白不同国家过节的不同风俗。

案例 7-2
设计说明

案例 7-3

• A story—Joe's favorite hat •

一、教学内容

外研版《英语》（Join in）五年级上册 Unit 4 What do you collect? Part 6 A story—Joe's favorite hat。

二、学情分析

学生对故事教学兴趣浓厚，已能联系上下文猜测故事大意，并能按自然拼读法较准确地读出生词。对于五年级的学生来说，基本的认读和表演已不能满足他们的求知欲。

三、教学目标

①学生能掌握"thief"，做到"四会"。

②学生能理解"lost"的形式和内容。

③学生能结合图片和文字读懂并理解故事。

④学生能在听和读的过程中抓住关键信息，综合运用语言。

四、课时安排

1课时。

五、教学重难点

通过提供语言和图片提示，帮助学生理解故事，将本节课学习的语言在真实语境下运用。

六、教学方法与手段

故事教学法、主题探讨法。

七、课前准备

PPT课件、单词卡片。

八、教学过程

Step 1. Warming up

（1）Greeting.

（2）Ask: What do you collect?

（3）Free talk.

S: I collect…

T: I have a wonderful collection. Do you want to know it?

I collect…（English books, newspapers, and stickers…）

（Introduce the background.）

I have an old friend Joe. He lives on the Puma Ranch. Look, where is the Puma Ranch? This is the west of America. The field is wide, we can see the mountains and the rivers. Cowboys live here. Here is the Puma Ranch. Today we will learn the new story on the Puma Ranch.

设计意图 谈论收藏，激发兴趣，交代背景。紧扣主题，复习本单元单词和句型，激发学生的学习动机。学生在轻松的气氛中进入本课的学习，这种正向情绪对认知可以起到协调、促进作用。通过引导学生猜物品，引出本课的主题，在围绕这些物品讲述相关信息的同时，激活了学生已有的语言能力，为新知识的学习做好了准备，利用旧知识激活新知识的方式有效地帮助学生在新旧知识之间建立联系。

Step 2. Presentation

1. Listen and answer

T: Let's listen and answer the two questions.

（1）Who are they?　　　　　　They are Sarah and Joe.

（2）What does he collect?　　　He collects hats.

2. Lead-in

T: There are so many hats. The black hat is Joe's favorite hat. Oh, no. The black hat is gone. Look, it is gone. The black hat is gone.

S: read.

T: The black hat is gone. How is he feeling?

S: He's sad.

T: He's shocked. He is shocked and shouted："Oh, no! Where's my black hat?"

S: Listen and read the sentence.

设计意图 利用 Joe 的帽子的消失，引入语言情境及本课故事内容。教师绘声绘色的故事讲述有助于学生理解文字信息，再加上多媒体条件下图片和声音的信息传递，更易于让学生进入故事，阅读并思考。这样既可以降低认知的难度、激发学习兴趣，同时也可以锻炼学生根据视听材料抓住主要线索，猜测和理解信息的能力。

3. Presentation

（1）T: My hat is gone. Can you help me? What can I do?

S: …（110, call the police, buy a new hat）

T: Thank you! In the story, does he buy a new one?

S: …

T: Does he call the police?

S: …

T: Does he write a Lost?

S: …

T: Yes. He just cries, cries and cries. He doesn't do anything.

Look, he cries.（此处播放故事的录音。）

He cries again.（此处播放故事的录音。）

Sarah has got an idea.

Sarah takes out a paper, Joe is still crying.

（2）T: Sarah writes the Lost.

① Catch the thief.

(This is the theme. They're big letters.)

Catch the thief. Who is the thief? Can you read?

"thank, three, thing." "thief."

He is a thief. Let's read the theme together.

② This is the content.

T: It's a very important part of the lost. Can you read?

S: Read the part.

③ This is contact.

T: Let's read this part together.

S: Joe, Puma Ranch.

设计意图 利用讲故事的方式，用三幅表现 Joe 伤心哭泣的图片帮助学生理解故事，让学生去感受 Joe 失去他最喜欢的帽子的心情，并引导学生听、读、模仿。学生不禁想知道"谁是小偷？"，从而启发学生主动探究问题，引导学生自主学习。

（3）T: A hundred dollars can buy a gold necklace, but here is "A hundred silver dollars for 'hat'".

That's lot of money.

The old man thinks so.（此处播放故事的录音。）

Joe explains.（此处播放故事的录音。）

（4）Joe puts the Lost on the wall in the street.

He wants to catch the thief. Now, let's find out the thief. Do you know who is the thief? Let's listen and find.

（5）Read the story by yourself, answer the question: who is the thief? Circle the key words and sentences.

T: I see, the picture is your key information. Please pay attention to more information.

S: Sarah is the thief.

T: Why?

S: She says: "Sorry, Brownie, I need the hat."

T: This information is very important. What are the key words? Read and compare. Who is the thief?（展示 "Oh, Brownie, I find the hat." 和 "Sorry, Brownie, I need the hat."）

Ss: Sarah.

T: Maybe. Anything else? Read the story carefully, find more information. What does she need?

（学生可以自由说。）

S: A hundred silver dollars for my black hat.

S: Sarah is the thief. She needs a new dress. She says, 'I need a new dress.'

T: I think so. Any more information?

S: It's $99.

T: Yes, that's right.

S: She is a thief. She needs the money.

T: What's the information?

S: A hundred silver dollars for my black hat.

S: Give me the hundred dollars first.

T: I agree.

（学生尝试。）

T: She is proud. She can get the money. Any more?

T: Who is the thief?

Ss: Sarah.

（6）T: What do you think of Joe?

S: He likes his hat. That hat is his favorite hat.

T: How does he like his favorite hat? Can you find the key sentences and read like Joe?

（学生们读 Joe 的话。）

T: Let's read with Joe together.（出示所有的图片和语言，跟读。）

T: What do you think of Sarah?

设计意图 让学生围绕"Who is the thief?"展开深入的学习。引导学生通过找关键词、句进行学习和理解，自主阅读，自主交流。

(7) T: We read this story, we know that Sarah lies to Joe.

T: Why does Sarah lie to Joe?

S: …

T: What do you think of the lie? Is it right or wrong?

S: …

T: I think your words are so great. Whether a white lie or a malicious lie, we all don't lie. But, the lie is a lie. Honesty is the most important quality of person. You and me, and all of us. We want to be honest. Don't lie about anything.

(8) Let's read a poem.

If you plant dishonesty,

如果你种下谎言，

You will reap distrust.

你就会收获怀疑。

If you plant honesty,

如果你种下诚实，

You will reap trust.

你就会收获信任。

Step 3. Practice

(1) Listen and read: Students listen this story and read together.

设计意图 引导学生从听和读中再次回到故事，通过对比录音和学生们读的语音语调，借助听读模仿这种训练方式，检验学生对本课新学知识的掌握程度。

(2) Listen and read: Follow the audio.

(3) Read in groups.

设计意图 学生跟听力材料齐读，然后分角色朗读，教师需关注故事会话过程中朗读技巧的训练，及时纠正语音语调。

Step 4. Discuss in groups

Task: Discuss the question "Why do you think Sarah is the thief?" in groups.

<u>设计意图</u> ①培养学生的理解力、语言表达能力和合作学习的能力。为学生创设真实的语言情境，引导学生小组内自主学习。②对学生渗透情感、态度、价值观的教育，让学生在理解故事的过程中体会阅读的趣味，并且认识到谎言的错误，告诉学生要做一个诚实的孩子。

九、教学反思

学生的语言运用能力是检验课堂效率的一个重要手段。为了检验目标的达成度，教师采取了小组讨论的方式，设计了由易到难的问题。为了测验学生对人物情感的把握，教师设计了让学生根据自己的理解谈论"Why do you think Sarah is the thief?"的任务。学生顺利完成了这些任务，也就意味着达成了教学目标，实现了以学生为中心的课堂。

案例 7-3 设计说明

案例 7-4

• School life •

一、教学内容

外研版《英语》(Join in) 四年级下册 Unit 5 School life。

二、学情分析

四年级的学生活泼好动、善于表达、想象力丰富、对新奇事物感兴趣。在记忆方面，这个年龄段的孩子的主体意识已逐渐占据主导地位，即使是抽象材料也能花功夫努力记住，并能自觉检查记忆的效果。他们记忆发展的另一特点是从机械识记向意义识记发展。随着知识的增长、理解能力的提高，中年级段学生意义识记逐渐占据主导地位。所以他们不仅仅能记忆押韵的、朗朗上口的英语儿歌，也能够通过图片很快背诵部分文本内容。这个阶段儿童思维发展开始从具体形象思维向抽象逻辑思维过渡，但是他们的抽象逻辑思维在很大程度上仍然直接与感性经验相联系，仍有很大的不确定性和具体形象性。从情感的表现方式来看，他们出现了与学习兴趣、学习成绩相联系的理智感，控制情感能力逐步增强。在小组比赛时，他们会显得积极踊跃，能在小组的团队合作中群策群力。

三、教学目标

① 学生能听懂、会读并会用"I like…（the songs / the stories / the games / the chants / Toby the Tiger）best."来谈论在英语课堂上最喜欢的内容。

② 学生理解"I'm… / I come from… / I'm in Class…""My English teacher is…"的意思和用法，能书写一篇有关自己班级的小短文。

③ 学生能读懂教材上的范文，并能根据文章内容回答问题，用简单的语言组织正确的答案。

四、课时安排

1课时。

五、教学重难点

① Learn to ask and answer:

　　Who is your English teacher?

　　Do you like English?

　　How many English lessons do you have in a week?

　　What do you like best?

② 学生能读懂Carlos's poster，并根据海报内容回答问题。

六、教学方法与手段

音乐导入法、多感官思维推进法。

七、课前准备

PPT课件、单词卡片。

八、教学过程

Step 1. Warming up

（1）Free talk.

（2）Listen to a song："ABC" song.

Step 2. Presentation

1. Lead-in：English lessons

T: Just now, we listened to an English song called *ABC*, and we can sing this song in an English lesson. 图片展示英语课堂的情景，让学生学说English lesson.

Q: How many English lessons do you have in a week?

出示课表，并圈出课表中的英语课。

S: Two.

T: Do you like English lessons?

S: Yes, I do. / No, I don't.

2. Study new words

学习英语课堂上的其他组成部分：the stories, the games, the chants, Toby the Tiger。

从本学期的教学中分别选取故事、游戏、歌谣等一些有代表性的片段，让学生们感知，再来学习这些单词。

板书时围绕"Toby the Tiger"写下"the chants / stories / games"。

学生们可以讨论补充（videos, pictures…）。

3. Talk about: I like…best

（1）先从 I like… 说起，过渡到 I like…best.

T: Do you like English? What do you like in your English lessons?

Example sentences: In my English lessons, I like chants. I like games. I like Toby the Tiger. I like the songs best!

（2）Ask and answer.

T: Jane, in your English lessons, what do you like best? And what about you, Andy?

板书"What do you like best?"

师生互动，生生互动提问。

Show:（加上自我介绍）I'm…I like…best.

（3）询问其他学生。

Q: What does he like best? What does she like best?

一开始学生可能只能说出单词，教师可以进行示范：Oh, he / she likes…best. like 多读几遍，加深印象。

Learn to say: He likes…best. / She likes…best.

4. 介绍 Carlos

T: This is Carlos. He is a boy. He is your new friend. Please say hello to him!

请学生说一说想要了解 Carlos 的哪些信息。

教师说出自己想要知道 Carlos 在英语课上最喜欢什么，请同学们听短文，并找出答案：What does Carlos like best?

Key: He likes the songs and *Toby the Tiger* best.

5. 打开书，整体学习短文

（1）第二次听录音，带着问题，边读边思考。

Where is Carlos from?

Which class is he in?

How many boys are there in his class?

Who is his English teacher?

（2）介绍"I come from…"的用法。

T: Where are you from, can you tell me?

引导学生说出"I come from Wuhan."或者其他的城市。

（3）介绍 Class…

T: Which class is Carlos in?

S: He is in Class 5.

教师用肢体语言帮助学生理解，可以指班牌或做手势。

T: Then, which class are you in?

让学生们根据实际情况回答。

T: How many boys / girls are there in your class?

（4）介绍 English teacher。

T（指向自己）: I'm in Class…now. And I'm your English teacher（强调）.

T: Who is your English teacher?

S: My English teacher is…

T: Who is Carlos's English teacher?

（5）让学生解答余下的问题，组织简短的句型进行回答。

T: Suppose you are Mike, how to answer these questions?

Step 3. Practice

Group work：听录音，先全体跟读第一部分的短文（2遍），然后小组成员互相朗读。

Boardwork

Unit 5 School life

I'm… I'm in Class _____.

What do you like best?   I like…best.

> Where are you from?　　　　I come from…
> Where is… from?　　　　　My English teacher…
> How many…?　　　　　　　There are…

九、教学反思

根据教学重点、难点，教师采用了三步导学教学模式，运用多媒体教学手段，向学生展示课文内容及重点句型，使课文内容更加生动，并利用单词卡讲解重点单词，使学生易于理解和接受。在导入环节，通过师生对话拉近与学生的距离，营造民主、和谐的课堂氛围，为新课的学习做铺垫。在导学环节，为学生设计了三个任务，分别是"Introduce myself""I can read""I can ask and answer"。这三个任务设计清晰，环环相扣，激发了学生的学习兴趣，通过自主学习、小组合作与交流参与活动，使学生运用了语言，巩固了新知识。在练习环节，充分发挥小组成员互助合作的作用，将学习的主动权交到了学生的手里，培养学生对英语学习持久的兴趣。

案例7-4 设计说明

案例 7-5

• A Story—Emma, Jackie and Diana. •

一、教学内容

外研版《英语》（Join in）四年级下册 Unit 2 Friends Part 7 A story—Emma, Jackie and Diana。

二、学情分析

四年级的学生，有了一定的英语学习基础，大多数学生产生了浓厚的英语学习兴趣。学生能运用英语进行初步的交际，基础知识掌握良好，且掌握了一定的技能技巧。在英语课堂上，教师着力提升学生英语表达能力，注重培养学生良好的英语学习习惯。

三、教学目标

1. 语言知识

学生学会 place, silly, together, later 的发音和意义，能理解"Can you come to my place this afternoon？""Sorry, I'm going to Diana's place.""What's the matter？""So what？""Come on over to Diana's place. Don't be silly. We can play together."。

2. 语言技能

学生能认读故事中的句子，能流利并有感情地朗读课文，能根据图片复述故事。

3. 情感态度

学生通过故事的学习体会英语学习的乐趣，激发用英语交流的兴趣。学生了解如何文明有礼地用英语交流，并能真诚地交朋友。

4. 学习策略

帮助学生学习并掌握故事中的对话，并能分段表演对话。指导学生根据发音规则认读单词，并掌握一定的听音朗读的技巧。

5. 文化意识

学生了解英语的语言表达，在朋友这一话题上，通过学习各种句型来介绍自己的朋友，感受到学习的乐趣，增进同学之间的友谊。

四、课时安排

1课时。

五、教学重难点

重点：学会 place, silly, together, later 的发音和意义。

难点：指导学生通过学习，理解"Can you come to my place this afternoon?" "Sorry, I'm going to Diana's place." "What's the matter?" "So what?" "Come on over to Diana's place. Don't be silly. We can play together."。

六、教学方法与手段

故事教学法、分角色小组活动。

七、课前准备

PPT课件、单词卡片。

八、教学过程

Step 1. Warming up

1. Greeting

T: Hello! Boys and girls. How are you today? Do you have a best friend?

What's her/his name? How old is she/he? When is her/his birthday?

What's her/his favorite…? What does she/he like?

2. Sing a song

T: Let's sing a song "My best friends". Ask two pupils to lead others sing the song.

Tips：① Greeting.

② Review the words.

③ Enjoying the interesting learning trip.

Step 2. Presentation

（1）Ask the pupils to open their books at page 18.

T：（Showing a picture of Jackie.）This girl is Jackie. Who is her best friend? Let's listen to a story.

（2）The pupils listen to the story by looking at their books. Then ask a pupil to answer it.（Emma is Jackie's best friend.）

（3）The pupils listen to the story again. And then they can answer it.

① T：Who are they? 教师呈现 PPT，播放录音并提问（如图 7-1 所示）。

图 7-1 故事人物介绍图

S：Students point the picture and answer.

② T：How is Jackie's feeling?（如图 7-2 所示）

图 7-2 任务 2 图例

S: She is…

③ T: Is Emma going to Jackie's place?

    A. Yes   B. No

T: Why? Please underline the important sentence. （请在答案句子下方画线。）

S: Students answer it and underline the important sentence. （如图 7-3 所示）

图 7-3 任务 3 图例

PPT 中呈现可供选择的内容：

T: Can you come to my place this afternoon?

S: Sorry, I'm going to Diana's place.

教读 place。学生学习新单词 place。

④ T: Listen and match. Please match the sentences. （如图 7-4 所示）

图 7-4 任务 4 图例

S: Students listen and match.

Learn to say the two new sentences: "What's the matter?" "So what?"

Play the two parts in groups, then practice the new sentences in class.

⑤ T: Let's read and choose the answers.

Students check the answers and read it together.（如图 7-5 所示）

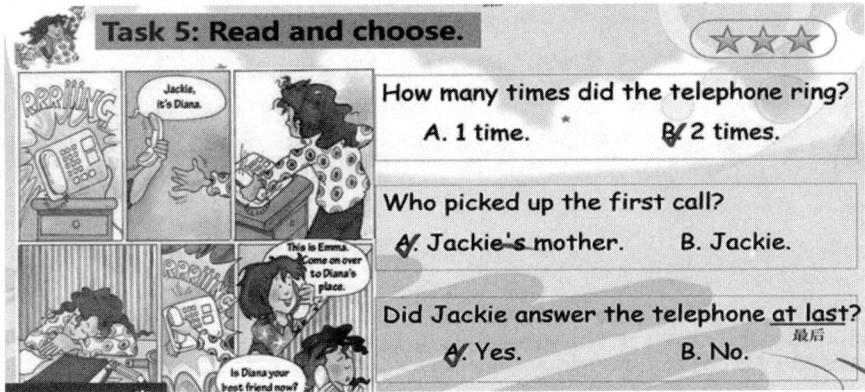

图 7-5 任务 5 图例

⑥ T: Let's read and fill.（如图 7-6 所示）

图 7-6 任务 6 图例

Students look and guess the meaning of the sentences.

Students try to describe the situation.

Students check the answers and read it together.

Step 3. Practice

（1）基于原文，根据思维导图，教师引导学生感受 Jackie 的心理变化。（如图 7-7 所示）

图 7-7 故事思维导图

T: At last, are they playing together?

S: Yes, they are. They are happy together.

（2）对照思维导图，将单词、短语串成句子。

T: At last, they are playing together. How are they feel?

T: 更新 PPT，呈现文章最后一段，播放音乐，带着学生一起阅读。

Step 4. Summary

（1）总结完整的故事。

T: What can we learn from the story?

S: …

T: In our life, we will have some friends. We may face some problems or have unhappy situations. We need learn to treasure our friendship and protect them.

S: 齐读。

（2）自由讨论如何感受故事。

T: 教师在 PPT 中总结。学生齐读。

S: We need treasure our friendship!

Step 5. Production

（1）T: Let's look at the picture.（如图 7-8 所示）Do you know friend?
Students talk about the design with their own words.

图 7-8 友谊的内涵

T: Let's act out the story.

The teacher invites three pupils to act in the front. Then the pupils act out it in groups.

（2）Ask two groups to act in the front.

Tips: ①学生自由朗读。②表演故事。③延伸体验。

（3）Try to do and say it fluently.

小组展示。

Step 6. Homework

① Read the story aloud with feelings.（有感情、分角色朗读课文。）

② Act out the story with your friends.

Boardwork

Unit 2 Friends

Part 7 A story—Emma, Jackie and Diana.

Can you come to my place this afternoon?

Sorry, I'm going to Diana's place.

What's the matter?

So what?

九、教学反思

《义务教育英语课程标准（2022年版）》指出，英语课程围绕核心素养，践行学思结合、用创为本的英语学习活动观。秉持在体验中学习、在实践中运用、在迁移中创新的学习理念，倡导学生围绕真实情境和真实问题，激活已知，参与到指向主题意义探究的学习理解、应用实践和迁移创新等一系列相互关联、循环递进的语言学习和运用活动中。使学生树立自信心，养成良好的学习习惯和形成有效的学习策略，发展自主学习的能力和合作精神；使学生掌握一定的英语基础知识和听、说、读、写技能，形成一定的综合语言运用能力；使学生能对获取的语篇信息进行简单的分类和对比，加深对语篇意义的理解；使学生能比较语篇中的人物、行为、事物或观点间的相似性和差异性，作出正确的价值判断；使学生能从不同角度辩证地看待事物，学会换位思考；培养学生观察、记忆、思维、想象能力和创新精神；帮助学生了解世界和文化的差异，拓宽视野，培养爱国主义精神，形成健康的人生观，为他们的终身学习和发展打下良好的基础。

这也恰恰是故事阅读教学所要达到的教学目标。所谓故事阅读教学，就是以故事为载体，利用学生对故事阅读的热爱，来激发学生学习的兴趣，通过学习故事、阅读故事、演故事等方式，培养学生的自主学习和会话交际等能力。故事教学不仅能调动学生学习的积极性，对学生学习英语知识也有很大的帮助。在学习故事的过程中，许多单词的重复都表现得非常自然，令人印象深刻，语言方面的困难可以随之迎刃而解。故事教学为学生提供了大量的、真实的、自然的语言输入，学生以叙述的方式表达故事的内容，能有效地提高其语言表达能力；故事情节的虚构性，能充分激发学生的发散思维和想象力；故事中人物性格鲜明，情节曲折生动，表现手法夸张，能丰富学生的情感体验。同时，故事是人类智慧的结晶和传承，故事的美，不仅体现于语言，更体现于故事中所蕴含的意义。通过对故事的深入学习，学生不仅能够掌握语言，还能够领略故事的深刻意义，了解世界各国文化差异，拓宽视野，从而提高综合能力。

但是不容忽视的是，我们的故事阅读教学常常存在两种状况：其一，传统的故事讲授法要求教师在教学故事前先带领学生学习故事中出现的生词和新句型，反复操练后只把故事作为一种复习巩固的手段，听一听、读一读即可；其二，故事教学中更注重教师的讲述，忽视了学生的参与，没有充分利用故事的特点引导学生更多地从被动接受转变为主动地参与到教学活动中去。

以上两种状况都应得到改善。故事的设计是件很不容易的事，如果在教学中只是让故事起到引出语言知识点的作用，然后又回到机械操练，简单灌输地教学知识，那么故事在教学中的价值将大打折扣。因此，要让故事充分地被利用到教学活动中，除了教师生动的讲解，也应更多地关注学生的参与度，形成师生互动、生生互动的局面。

1. 找准"故事眼",成功激发学生英语学习兴趣

人们常说"眼睛是心灵的窗户",透过眼睛就能看到人的内心。同理,学习一篇故事也要找准切入点。可将这个切入点称之为"故事眼",它是整个故事中最吸引学生的地方,有时在第一幅图中,有时在故事的发展中,有时在故事的结尾处,甚至有时是一幅图片,有时会是几幅图片。"故事眼"的确定,是从学生的兴趣出发,是从学生的角度去看的。在上课前,教师可以随机问问学生,"这篇故事中你最喜欢哪幅图"或"你最喜欢哪个人物"。这样,教师做到了心中有数,就能准确地找到学生对故事的兴趣点,从而准确地确定"故事眼"。学生一下子被这个点吸引了,就会展开丰富的想象力,给出各种各样的答案。

由于故事不同,教学角度不同,学生学习接受力不同,每篇故事的"故事眼"的选择也不尽相同。教师要研读教材,认真分析学生,从学生的兴趣点出发,选准"故事眼",这是故事教学成功的第一步。

2. 创设空间,提高学生思维拓展能力

故事阅读的教学不能仅仅局限于故事本身。学生学习兴趣的激发需要教师不断地创设空间,给学生提供拓展的机会。

对于学生来说,每个故事中或多或少都会存在一些不认识或不会读、不理解的词、句。如何处理好故事教学中出现的这些生词、句型,是故事教学的重要内容,忽视不得。但是如果把这些词、句挑选出来单独学习,使得它们成为支离破碎的语言点,这在英语教学中也是不可取的。《英语》(Join in)教材中设计的每个故事都有一个完整的故事情节,并且每个故事、每个情节都配有颜色鲜艳、画面生动的图片。如果我们把这些词、句从故事情节中剥离出来,学生即使明白了意思,也不知道该在什么情景中使用,这是得不偿失的。相反,教师把这些词、句放在故事中教学,依托故事让孩子猜测句意、词义,就会大大提高教学效率。

现在,故事阅读教学法正被越来越多的小学英语教师所使用,但要真正有效地运用它来开展教学活动,达到提高课堂效率、培养学生语言综合运用能力的目的,就必须以新课标为指导,以学生为本,引导学生积极投入到故事阅读教学每一个环节的活动中去。

案例 7-5 设计说明

第八章　小学英语读写课教学设计与实践

　　义务教育阶段的英语课程具有工具性和人文性双重性质，作为一门语言学科，语言技能是语言运用能力的重要组成部分，在"听说先行，读写跟上"的教学原则下，从听说渗透到读写输出，既有理解性技能也有表达性技能，两者相辅相成，相互促进。

　　《朗文语言教学与应用语言学词典》中将"读"分为认读、阅读和朗读。认读（recognition）：辨别单词或词组是否曾经见过，并能指出它的基本词意。阅读（Perceiving a written text in order to understand it's contents）：理解语言材料所表达的内容。朗读（Saying a written text aloud. This can be done with or without an understanding of the contents）：出声读出语言材料，可以在理解或不理解内容的情况下完成。"写"分为书写和写作。书写：Make letters or numbers on a surface, especially using a pen or a pencil. 写作：Produce something in written form so that people can read. "写"包括强调准确性的写（accuracy-based）和强调交际性的写（creative writing）。

　　"读写"教学，注重由读到写的自然过渡。通过阅读技巧的训练，让学生完成原文的阅读，理解作者的写作意图，知晓文段写作框架，最终利用所学知识进行创作。读写课不仅要有大量的阅读基础，同时对语言运用能力和"读写"技能也有较高要求。

　　《义务教育英语课程标准（2022年版）》指出，依据学生从小学到初中在认知、情感、社会性等方面的发展，合理安排不同学段内容，体现学习目标的连续性和进阶性。日常教学需注意做好学段之间的协调和衔接，尤其要做好小学到初中的平稳过渡，特别是学习读、写，对于中学的英语学习起着至关重要的作用。因此，在小学英语的日常教学中，读写训练尤为重要。

　　目前，在小学英语教学中，听、说学习的教学方式多样，容易见到成效，但读写教学普遍存在困难。首先，小学生所学的词汇较少，掌握的语法知识有限，自主阅读时间不多，课外阅读量不够，英语知识水平整体不高。其次，受母语思维定式的影响，大多数学生对写作感到恐慌，无从下笔。再次，小学生本来就觉得作文构思不易，用英语写作更是难上加难。最后，部分学生在单词和句子书写上仍然存在拼写错误等基础性错误，再加上写作规范等细节要求，学生作文经常出现各种错误，令教师难以做到逢错必改，学生难以兴致勃勃地主动书写，最终导致写作任务难以高效落实。

第一节　小学英语读写课教学内容分析

一、读写课在课标中的教学要求

读写技能是继听说技能训练成熟后，小学生英语学习应达到的新要求，它不仅有利于促进学生语言运用能力的提高，也是科学、合理地评价学生的关键考察项。《义务教育英语课程标准（2022 年版）》中明确指出，三年级开设英语课程的学校，六年级应该完成二级目标。读、写均属于语言技能。其中，"读"是理解性技能，二级目标要求能根据上下文线索和非文字信息猜测语篇中词汇的意思，推测未知信息。"写"是表达性技能，二级目标要求能模仿范文的结构和内容写几句意思连贯的话，并尝试使用描述性词语添加细节，使内容丰富、生动；根据需要，运用图表、海报、自制绘本等方式创造性地表达意义。表 8-1 和表 8-2 展示了《义务教育英语课程标准（2022 年版）》语言技能内容要求。

表 8-1　《义务教育英语课程标准（2022 年版）》语言技能内容要求（一级、一级 +）

语言技能	内容要求
理解性技能	1. 理解课堂中的简单指令并作出反应； 2. 根据图片和标题，推测语篇的主题、语境及主要信息； 3. 在听、读、看的过程中有目的地提取、梳理所需信息； 4. 推断多模态语篇（如动画、图书及其他印刷品的封面和封底、邀请卡及贺卡）中的画面、图像、声音、色彩等传达的意义； 5. 借助语气、语调、手势和表情等推断说话者的情绪、情感、态度和意图； 6. 课外视听活动每周不少于 30 分钟； 7. 课外阅读量累计达到 1500—2000 词。
表达性技能	1. 在语境中与他人互致简单的问候或道别； 2. 演唱所学的简单英语歌曲； 3. 大声跟读音视频材料，正确朗读学过的对话、故事和文段； 4. 交流简单的个人和家庭信息，如姓名、家庭情况等； 5. 表达简单的情感和喜好，如喜欢或不喜欢、想要或不想要； 6. 简单介绍自己的日常起居和生活，如作息时间、一日三餐、体育活动、兴趣爱好等； 7. 简单介绍自己的学校和学校生活，如学校设施、课程、活动，以及同学、老师等； 8. 简单介绍自己喜欢的动物，如外形特征和生活环境等； 9. 用简单的语句描述图片或事物； 10. 在教师指导下进行简单的角色扮演； 11. 正确书写字母、单词和句子； 12. 根据图片或语境，仿写简单的句子。
	+1. 在画面的提示下，为所学对话、故事或动画片段配音； +2. 口头描述事件或讲述小故事。

表 8-2 《义务教育英语课程标准（2022 年版）》语言技能内容要求（二级、二级+）

语言技能	内容要求
理解性技能	1. 理解日常学习和生活中的简单指令，完成任务； 2. 借助图片、图像等，理解常见主题的语篇，提取、梳理、归纳主要信息； 3. 在听和读的过程中，根据上下文线索和非文字信息猜测语篇中词汇的意思，推测未知信息； 4. 归纳故事类语篇中主要情节的发生、发展与结局； 5. 对语篇中的信息进行分类； 6. 比较语篇中人物、事物或观点间的相似性和差异性，尝试从不同视角观察、认识世界； 7. 概括语篇的主要内容，体会主要信息之间的关联； 8. 理解多模态语篇（如动画、海报、图书及其他印刷品的封面和封底等）传达的意义，提取关键信息； 9. 课外视听活动每周不少于 30 分钟； 10. 课外阅读量累计达到 4000—5000 词。
	+ 阅读有配图的简单章节书，理解大意，对所读内容进行简单的口头概括与描述。
表达性技能	1. 运用所学的日常用语与他人进行简单的交流，如询问个人基本信息； 2. 完整、连贯地朗读所学语篇，在教师指导下或借助语言支架，简单复述语篇大意； 3. 围绕相关主题和所读内容进行简短叙述或简单交流，表达个人的情感、态度和观点； 4. 在教师帮助下表演小故事或短剧； 5. 简单描述事件或讲述简单的小故事； 6. 围绕图片内容，写出几句意思连贯的描述； 7. 模仿范文的结构和内容写几句意思连贯的话，并尝试使用描述性词语添加细节，使内容丰富、生动； 8. 正确使用大小写字母和常见标点符号，单词拼写基本正确； 9. 根据需要，运用图表、海报、自制绘本等方式创造性地表达意义。
	+1. 结合相关主题进行简短的主题演讲，做到观点基本明确、逻辑比较清楚、语音正确、语调自然； +2. 结合主题图或连环画，口头创编故事，有一定的情节，语言基本准确。

英语课程内容分为主题语境、语篇类型、语言知识、文化知识、语言技能和学习策略，共六大要素。在日常教学中，学生在主题语境引领下，通过多样的学习活动，结合不同类型的篇目学习，促进自身语言技能、多元思维发展。目前，小学阶段所学的篇章内容均和三个主题语境相关，即人与自我、人与社会、人与自然（见表 8-3 和表 8-4）。

表 8-3　《义务教育英语课程标准（2022 年版）》主题内容要求（一级）

范畴	主题群	子主题内容
人与自我	生活与学习 做人与做事	1. 身边的事物与环境； 2. 时间管理； 3. 生活自理与卫生习惯； 4. 个人喜好与情感表达； 5. 家庭与家庭生活； 6. 学校、课程，学校生活与个人感受； 7. 饮食与健康。
人与社会	社会服务与人际沟通 文学、艺术与体育 历史、社会与文化 科学与技术	1. 班级与学校规则，规则意识； 2. 团队活动与集体生活，参与意识与集体精神； 3. 校园、社区环境与设施，爱护公共设施； 4. 同伴交往，相互尊重，友好互助； 5. 尊长爱幼，懂得感恩； 6. 常见的体育运动项目，运动与健康； 7. 交通法规，安全意识； 8. 常见职业与人们的生活； 9. 常见节假日，文化体验。
人与自然	自然生态 环境保护	1. 天气与日常生活； 2. 季节的特征与变化，季节与生活； 3. 身边的自然现象与生态环境； 4. 常见的动物，动物的特征与生活环境。

表 8-4　《义务教育英语课程标准（2022 年版）》主题内容要求（二级）

范畴	主题群	子主题内容
人与自我	生活与学习 做人与做事	1. 学习与生活的自我管理； 2. 乐学善学，勤于反思，学会学习； 3. 健康、文明的行为习惯与生活方式； 4. 运动与游戏，安全与防护； 5. 自信乐观，悦纳自我，有同理心； 6. 情绪与情感，情绪与行为的调节与管理； 7. 生活与学习中的困难、问题和解决方式； 8. 零用钱的使用，合理消费，节约意识； 9. 劳动习惯与技能，热爱劳动。
人与社会	社会服务与人际沟通 文学、艺术与体育 历史、社会与文化 科学与技术	1. 校园与社区环境保护，公益劳动与公共服务； 2. 自尊自律，文明礼貌，诚实守信，孝亲敬长； 3. 个人感受与见解，倾听、体谅他人，包容与宽容； 4. 运动、文艺等社团活动，潜能发掘； 5. 对社会有突出贡献的人物及其事迹； 6. 中外名胜古迹的相关知识和游览体验； 7. 世界主要国家的传统节日，文化体验； 8. 科学技术改变生活。

(续表)

范畴	主题群	子主题内容
人与自然	自然生态 环境保护 灾害防范 宇宙探索	1. 中国主要城市及家乡的地理位置与自然环境； 2. 世界主要国家的名称、地理位置与自然景观； 3. 人与自然相互依存，绿色生活的理念和行为； 4. 种植与养殖，热爱并善待生命； 5. 自然灾害与人身安全，灾害防范基本常识； 6. 地球与宇宙探索。

二、小学英语读写的目标要求

朗读需注意语音，包括重音、重读、连读、节奏、停顿和语调等。在日常的教学和训练中，可以通过大量的听力训练，让学生感知语言的魅力，知晓朗读技巧。通过学习，学生能利用符号在文段中标注朗读要素（如图8-1所示）。

⌣ 连读　　　▲ 重读　　　/ 停顿

图8-1 小学英语朗读符号图例

书写目标要求正确书写字母、单词。仿写目标要求能模仿示例将语句补充完整，能模仿范例写句子或一段话（做到表意明确、逻辑清楚、语言基本规范）。要求能写字母、单词、句子、语段和语篇。从抄写、填写、仿写到根据提示写，从写单词、写句子到写文段，小学阶段英语学习要求习得整个书写过程。

三、小学英语读写教学的特点

读是写的基础，写是读的再现。读写课的阅读文本通常与学生的日常生活紧密联系，呈现一段有意义的情境，层次分明、结构完整，提供了丰富的学习素材，容易激发学生已有的知识。在读写课中，教师通过阅读培养学生的语感，再通过分析语篇渗透给学生篇章的结构，最后通过写作训练逐渐培养学生的写作能力，读和写相辅相成、层层递进。学生在潜移默化中理解阅读和写作的关系，读中有写、写中有读、以读促写、以写带读。

四、小学英语读写教学的步骤

读写课通常分为3个步骤，即读写前、读写中、读写后。

（1）读写前：激活学生思维，构建文本框架。帮助学生和即将要读的文本建立联系，激发他们想从文中了解内容的兴趣。

（2）读写中：分析文本结构，理清逻辑关系。帮助学生理解语篇结构，建立图形结构图。

（3）读写后：强化文本结构，读写递进表达。鼓励学生将所阅读的内容与自己的经历、知识、兴趣和观点联系起来，根据框架模仿写作。

五、不同年级读写教学的重点

1. 三年级

三年级（起始阶段）刚开始接触英语，重点在于学会拼读，愿意感受语言的美好。课堂上可借助自然拼读法，教会学生认读 26 个字母的读音，能列举教材中包含每个字母的常见单词。

例如：A, a, /æ/, /æ/, Aa,　　　　apple（升调）apple（降调）

　　　B, b, /b/, /b/, Bb,　　　　bed（升调）bed（降调）

　　　…

　　　Z, z, /z/, /z/, Zz,　　　　zebra（升调）zebra（降调）

待字母读音掌握熟练后，可以尝试带着学生认读并牢记常见的字母组合。

例如：gr/gr/　　　　green　grey

　　　br/br/　　　　brown

根据 br, gr 的发音试读 cr, fr。

　　　wh/w/　　　　what　white

　　　ow/əʊ/　　　　yellow　grow　　试读：snow

　　　ow/aʊ/　　　　brown　how　　试读：cow　down

书写暂不做要求，但学生需要知道课文呈现的为印刷体，自己书写的则为手写体，教师在介绍发音和板书试读的单词时，需要将单词呈现在英文的四线三格中，让学生明白书写的格式，以及手写体和印刷体的区别。

2. 四年级

在四年级的学习中，学生应能流利且有感情地读准所学的每篇课文。

上学期学生应能在教师的带领下正确、规范地书写单词和句子（字母书写关键注意笔顺、笔画和占格的要求）。教师可以自编一些 chant 帮助学生记忆。

例如：Mm, M, m, /m/, /m/, /em/，大写 M 很笔直，两笔写完占满格；小写 m 有弯弯，起笔收笔有弧线。

Nn, N, n, /n/, /n/, /en/，就像 M 去一半。大写 N 很笔直，小写 n 有弯弯。

Oo, O, o, /ɒ/, /ɒ/, /əʊ/，大 O 小 o 都一笔，起笔收笔在中间，大 O 占满上中格，小 o 居中占中格。

Pp, P, p, /p/, /p/, /piː/，大写 P 像拼音 P，一竖外加一半圆，占满上中两大格，两笔才能写好它。小写 p 很调皮，起笔收笔都有弯，半圆肚儿占中格，帽子披风上下格。小 p 小 p 占三格。

下学期教师应注意句子的书写要求，注重现场示范。课文中的句子填词、句子仿写是四年级的重点。

3. 五六年级

在五年级的学习中，短文填词、根据提示写句子以及短文仿写逐渐成为读写课的学习重点。

六年级的读写结合训练量会增大，逐步从仿写到由学生自己综合输出。

小学英语的读与写是密不可分的，在日常教学中，一开始就要从表达意义开始，需避免过多地机械抄写。

第二节　学习者分析

英语学习具有明显的渐进性和持续性特点。语言学习持续时间长，而且需要逐渐积累。英语课程目标设计的各个级别，旨在体现小学、初中各学段课程的有机衔接和各学段学生英语语言能力循序渐进的发展特点，保证英语课程的整体性、渐进性和持续性。

一、小学生读写学习的特征及教学要求

1. 三年级学生

三年级（起始阶段）学生刚开始接触英语，对陌生的语言感到新奇，有尝试的愿望，此阶段，教师需发挥赏识教育特点，激发学生的学习兴趣。

（1）明确课堂要求，训练倾听习惯

语言输入和输出都是英语课堂的重点，要高效听懂和习得，需要学生具有良好的学习习惯和听课效率。在朗读环节，老师需提醒学生安静倾听教师的示范、同学的发言，学习优美的朗读技巧，提升对英语学习的兴趣。

（2）运用多种教学方法，吸引学生兴趣

课堂上，教师可以运用游戏、竞赛、歌谣、配音、表演等多种教学方法，保持学

生对英语学习的好奇，促使学生乐意尝试跟读、朗读、表演所学的文本内容。

（3）规范板书，带领学生书写

在教授学生辨别印刷体和手写体的同时，注意规范板书，在每一次示范时，提醒学生，伸出手指，在空中和老师一起书写，边书写，边口述字母的书写口诀。

三年级学生应能手指着文本，正确地认读单词、句子，能规范地书写四会单词和句子。

2. 四年级学生

四年级的学生经过一年的学习，已能尝试朗读文中的新单词，并能主动尝试拼读新学句子。基础较好的学生愿意认读课外绘本，基础一般的学生愿意认读课文的图片，如果还有学生没有兴趣，教师就需要通过肢体语言和日常鼓励继续激发学生学习英语的兴趣。此阶段，教师可以根据学生的年龄和心理特点，补充适当的绘本材料，扩展学生阅读途径，增加学生课外阅读量。

（1）树立榜样力量，评选"阅读之星"

为更好地激发学生兴趣，可以在班级有计划地评选"阅读之星"。鼓励课上有进步的同学朗读课文，邀请有表现力的同学在课上表演对话或文本内容，激励课外阅读量丰富的同学在班级里分享自己阅读的绘本，让阅读成为班级的"时尚之风"，培养学生良好的阅读习惯。

（2）创设合作环节，促进共同进步

在读写训练起步阶段，可让每个同学尝试写一个简单的句子，以小组为单位，让同学们互相说一说小组成员书写的句子。在准备时，小组成员相互教授、相互学习，促进共同成长。

（3）及时反馈展示，记录进步成长

在读写训练时，每一小组的成果，教师都需要及时点评，并给予修改意见。待学生修改后，再以小组为单位在班级中展出，记录学生的进步成长。

四年级学生应能手指着认读句子和短文，能按意群意思，在句子的空白处填词，或者按例子仿写句子。

3. 五年级学生

五年级的学生已能逐渐从大声地齐读，过渡到按意群有规律地默读；从借助字典查找新词过渡到有目的地略读、扫读，并能尝试借助图片的提醒或是上下文的联系，猜测文本内容；在书写上，能尝试根据图片、词语或例句的提示，规范、正确地写出简短的语句。

（1）补充课外读物，拓宽仿写形式

在课文文本基础上，补充同类型的话题文本，加强阅读训练，让仿写形式由课内延伸到课外。

（2）梳理写作情境，规范写作格式

不同的内容有不同的写作格式，教师在分析文本时，需要教授学生文本结构和写作要求。教师要注意做好示范，激发学生的写作积极性，也可结合时间节点，用做贺卡、写邮件、做心情图例、看图续写等形式，结合学生的日常生活，让学生有感而发。

五年级学生应能熟练地正确阅读短文和仿写句子，还能根据提示正确地写出句子。

4. 六年级学生

六年级学生已能从了解大意地阅读，逐渐转化到分析、理解阅读。他们的写作水平也有一定的提升，能从替换仿写到续写创编。

（1）渗透文本背景知识，拓宽学生国际视野

在阅读课文时，渗透材料背景文化介绍，让学生了解不同地方的民风民俗。尽量多创设开放性的问题引导学生理解文本，让学生间的回答形成信息差，在师生问答间促进生生互动学习。

（2）提供框架支撑，丰富写作内容

设计好板书内容，将文本框架融入板书设计中，既方便引导学生梳理所学的重难点，也方便学生根据板书进行口语复述或输出，最终达到文本输出的效果。

六年级学生应能在熟练自主朗读的基础上，仿写短文，进而续写或创编文本。

二、培养小学生读写能力

经过小学阶段的读写训练，学生逐渐积累了一定量的词汇和句子结构，具备了用英语和别人交流的能力。随着知识量的丰富和年龄的增长，学生开始从具体形象思维到抽象逻辑思维过渡，他们具有较强的自主探究能力，有分享和表达自己所学的欲望，有让他人对自己思维认可的需求，也有参与社会性活动的意愿。因此在教学中急需加入读写内容的教学，这既是对学生阅读技巧和思维能力培养的有益引导，更是提升学生综合运用语言能力的有效途径。

1. 小学生认读能力的培养

从单词音、形、义的结合，到单元主题的认读或在活动中认读，培养学生通过发音规则认读词、句、段落、篇章的能力。

2. 小学生阅读能力的培养

注重课堂阅读活动的设计，可用方法有：①信息识别；②图文匹配（包含判断正误、图片排序和手工制作）；③信息转述（表格填空）；④信息应用（温馨提示）。

提供课后阅读资源补充，包括各类绘本内容，例如"培生英语""牛津阅读树""RAZ 系列"等。

第三节　小学英语读写课教学案例设计

案例 8-1

• Auntie Pang •

一、教学内容

外研版《英语》（Join in）六年级下册 Unit 2 Food and health Part 5a. Auntie Pang。

二、学情分析

学生已进入六年级下学期，对教材模块已非常熟悉，也形成了提前预习，扫清阅读障碍，自行提问的习惯。本篇为读写教学，是本单元的最后一部分内容。在单元前期的学习中，学生已了解不同颜色食物的作用，也能初步按蔬菜、肉蛋、谷类等将食物分类。同时，知晓健康的饮食习惯，能给自己或家人和朋友制作健康饮食的小贴士。在 text 的预习阶段，就有学生能根据自己理解的文本意义着手绘画出有关 Auntie Pang 的漫画。在作业本上能看到他们给 Auntie Pang 的健康建议小贴士，虽有些语句略有不通顺，但能感受到学生对这个单元的喜爱，以及对这篇课文的期待。大部分学生能联系上下文猜测文本意思，并能按自然拼读法较准确地读出生词，基本的认读和回答课文中设置的问题已不能满足六年级学生的求知欲。如何从文本出发激励学生养成健康的生活习惯，是本节课设定的突破重点。

三、教学目标

1. 语言知识

学生能学会 watch her weight, change 的发音和意义，在情境中理解 too much, most of the day 的含义。能用"You have to…"的句式，像医生一样给予 Auntie Pang 健康生活习惯的建议。并说说自己有哪些不健康的生活习惯，自我勉励，自我改正。

2. 语言技能

学完本课，学生能看图说句子，用自己的语言描述图片内容，流利读课文。

3. 情感态度

学生能通过文本的学习体会英语学习的乐趣，激发用英语交流的兴趣。并对 Auntie Pang 引以为戒，加强自我约束，设计属于自己的健康小贴士。

4. 学习策略

培养学生的合作意识，遇到问题主动向老师或同学请教。让学生自主思考设计自己的健康小贴士可以从哪些方面着手。教导学生在课堂交流中，注意倾听，积极思考，提高学习效率，增强学习效果。

5. 文化意识

学生能了解中西饮食和日常生活习惯的不同，深刻体会到好的生活习惯可以养育出好的身体。

四、课时安排

1 课时。

五、教学重难点

①词汇认读：watch her weight, change, too much, most of the day。

②句子理解：She eats a lot and drinks too much cola everyday.

She doesn't watch her weight at all.

She sits in front of the TV most of the day.

③为自己或家人设计属于各自的健康小贴士。

六、教学方法与手段

情境教学法、交际法、导入法、任务型教学法、小组合作法。

七、课前准备

PPT 课件、教师近照、学生预习后手绘的 Auntie Pang 日常生活漫画图、便利贴。

八、教学过程

Step 1. Warming up

师生问好，教师通过提问学生吃了什么早餐，引出自己爱吃的食物，继而引导学生用本单元已掌握的知识描述这些食物是否健康，复习并巩固 healthy 的概念。

T: Do you have breakfast?　　　What's for your breakfast?

S: Introduce food for their breakfast.

T: Watch the screen. I'll show you my breakfast. Are they healthy?

S: No, they aren't.

设计意图 鉴于是早上第一节课，早餐能快速让学生进入主题，让学生猜测教师的早餐，拉近了师生的距离，促进了师生的交流，激发了学生的学习兴趣。

Step 2. Presentation

（1）在PPT中展示生活中常见的实例图片，教学新词、句，帮助学生扫清阅读障碍。

①新词组"watch her weight"。

教师在PPT中呈现大量垃圾食品的图片，并在右下角放置体重秤的图片，开始描述watch weight的含义。教师用肢体语言结合图片，图文并茂地帮助学生理解新词组，为学生积累语言，便于在production中的输出。

T: If I eat a lot, my weight will be heavier and heavier.

　　Oh, no! My weight! I watch my weight.（边看体重秤边摇头。）

　　Do you watch your weight?（面向学生，手指体重秤。）

S: Yes, I do. / No, I don't.

②替换人称代词，引出文中句子"She doesn't watch her weight at all."。

T: Does your mom watch her weight?

S: Yes, she does. / No, she doesn't.

T: Some mom watches her weight. Like me.

　　Some doesn't watch（her weight）. Let's read.

PPT中呈现句子"She doesn't watch her weight."。

教师再展示几张体重较重的人边吃食物边称体重的图片，介绍说：

They eat a lot rich food. They don't watch their weight <u>at all</u>.

突破at all的含义。学生在语境中能自然找准语气，读准语调。

（2）教学生运用"not healthy"，引出第一次板书。PPT中展示体重超标的人物图片。

T: Look at them. Do they watch their weight? Are they thin?

S: No, they don't. They're fat.

PPT中展示体重超标人物常吃的食物图片。

T: What do they eat? Are they healthy?

S: No, they are not healthy.（学生逐一认读，教师展示词条，贴黑板上让学生再跟读。）

Practice：教师指 PPT 中任何一处食物，提问学生该食物是否健康。

T: What do they eat? Are they healthy?

S: No, they are not healthy.

（3）突破重难点，学习词组"too much"。

PPT 中展示体重超标人物常喝的饮料图片。

T: What do they drink?

S: They drink a lot of cola.

教师讲解 too much = a lot of，让学生跟读。

（4）由吃饭的习惯（eating habits）和喝饮料的习惯（drinking habits）总结出 eating habits 是否健康，引出第二次板书，便于最后总结输出。PPT 中呈现两种习惯的图片。

T:（指图片）Are their eating habits healthy?

S: No, their eating habits are not healthy.（学生逐一认读，教师出示词条，贴黑板上再跟读。）

（5）突破重难点，学习词组"in front of""most of the day"。

PPT 中展示几组不同年龄的人坐在电视机前看电视的图片。

出示句子：They sit in front of the TV.（让学生初步感知 in front of 的句型。）

再展示小男孩坐在电视机前看电视的图片。

T: Look at the TV. TV is here. The boy is there.

　　TV is in front of the boy.

学生跟读 in front of 并根据图片，自己认读句子：

He / sits / in front of / the TV.（按意群齐读 / 点读。）

用图表解释"most of the day"。

认读"most of the day"并让学生自己根据意群读句子：

He / sits / in front of the TV / most of the day.

（6）分析完饮食习惯，再设想生活习惯，引出第三次板书，找出肥胖的原因，便于最后总结输出。

教师展示运动图片（swim, play football, run…），让学生猜，身体较肥胖的人们是否会经常做这些运动。学习词语"do exercise"，学说句子"They don't exercise. They watch TV everyday.",引出句子:Their living habits are not healthy.(学生逐一认读,教师出示词条,贴黑板上再跟读。)

设计意图 源于课文却不直接学习课本,结合生活实例突破文中重难点,在真实情境中学习,激活了学生的语言,提高了各层次学生参与课堂讨论的比例。教学新知时,用图表分解较长的句子,便于学生理解,也帮助学生建立按意群理解句意的思维。

Step 3. Practice

(1)教师展示 PPT,播放录音并提问。

T: This is my friend, Auntie Pang. Is she thin?

Can you guess the reason? Let's watch the video about her life. If you want to know more about her, you can ask me some questions.

I'll choose three questions.

(学生看完后开始提问。教师选取3个有建设性的问题板书在黑板上。)

生:提出自己想知道的有关 Auntie Pang 的问题。(策略一:看视频,想问题。)在课文的导入部分已学习了与文本主题相关的句子,活学活用。

① _____?
② _____?
③ _____?

待看完关于 Auntie Pang 的短片后,请学生逐一回答,并到屏幕前,指出答案,领读在文本中找到的原句子,其他学生跟读。

教师提问将思路转向饮食习惯,让学生根据已有知识复习课文导入部分新学的句子。巩固重点、难点词和句。

T: What do you think of her eating habits?

S:...(根据导入部分讲解的 "eats a lot" "drinks too much" 作答,若描述上语句有错误,教师及时更正,再教读。)

(2)学习 "You have to..." 句型。

T: Are her eating habits healthy?

S: No, they aren't.

T: So she often gets ill and gets to see a doctor. What does the doctor say?

Read by yourselves. Read and underline. (策略二:学生自己默读,在课文中画出

答案，教师在学生找寻答案时播放对应的录音，方便学生核对。）

学生完成后，PPT 中呈现出"You have to…"句型。学生逐一找答句。

T: You have to look after yourself.

  You have to change your eating habits.

  You have to do exercise every day!

（3）学习"You have to…"句型时，突破 change。

教师在 PPT 中加入 keep 和 change 的对比，学生根据上下文猜测 change 的含义。（策略三：学生根据上下文猜测 change 的含义，完成自我学习。）

（4）回归文本，通读全文。

回到文本，学生运用自己所绘的漫画组合成一篇文章，学生听录音逐段跟读。

设计意图 播放根据学生作品制作的 PPT，学生会更感兴趣。从播放到跟读，学生完成了两次对全文的感知，已可以顺利通读文本内容。学习新知识时，用不同的学习策略带领学生熟悉课文内容，在学习中解决生词，排除障碍。

Step 4. Further development

（1）复习、巩固 Auntie Pang 的生活习惯。

T: What can you say to Auntie Pang?

PPT 上展示"You have to…"。小组合作写一写给 Auntie Pang 的建议。

Eat less food. Eat more vegetables, play badminton every day…

将 tips 贴在黑板展示的 Healthy Tips 的宣传板上。

（2）结合学生的建议，教师自编一段健康 tips 和学生分享。

Get up early and go to bed early.

Drink more water and eat less meat.

Keep healthy habits, healthy you and me.

（教师打拍子，学生一起跟读。）

Step 5. Production

（1）回归日常生活，让学生回忆自己的生活习惯，将贴在宣传板上的 tips 返还以鼓励他们。

T: In my life, there are some unhealthy habits. I usually go to bed late, and always feel tired on daytime. I should change my living habits.

教师描述后在宣传板上揭下一张 tip 贴自己身上，并问学生日常生活中的生活习惯，有没有不健康的。

T: In your life, are there habits like Auntie Pang?

学生说出自己不健康的生活习惯，教师逐一将健康 tip 贴在学生身上，并鼓励学生：Let's change our living habits together.

（2）回归生活，升华主题，在 PPT 中呈现。

Keep healthy habits, healthy you and me.

师生齐读。

【设计意图】将学生自己的建议反馈给他们，既复习了所学，也有了创新，并能更准确地发现自己的生活习惯是否健康，给予自己勉励。

Step 6. Homework

① Read the text fluently.

② Write healthy tips for families.

【设计意图】从课堂到生活，将知识拓展延伸。

Boardwork

living habits　　not healthy

学生提问
（1）_____?
（2）_____?
（3）_____?

九、教学反思

本读写课运用大量的日常素材帮助学生理解文本意思，同时达到了配合故事由读到写的运用。通过循序渐进的学习，学生能基本做到表意明确、逻辑清楚，课后既可以根据提示写出图片的内容，也可以尝试仿写部分温馨 tips，甚至可以为家人或朋友定制属于他们的生活注意事项（包含饮食和运动）。

本课涉及"健康的生活方式"，以"生活方式（饮食和运动）是否健康、文明"等基本问题引导学生展开探究学习，使学生学会判断健康生活的标准。

在教学中，可以结合本地的生活习惯，帮助学生树立正确的生活习惯观念。

案例 8-1
设计说明

案例 8-2

• The rabbit's dream •

一、教学内容

外研版《英语》（Join in）六年级下册 Unit 6 The world of my dreams Part 4. A story——The rabbit's dream。

二、学情分析

学生已进入六年级下学期，对教材模块已非常熟悉，对读写课的流程比较了解。本篇由故事引出阅读，再到写出自己的梦想。通过前期的学习，学生已能用正确的句子描述自己梦里的世界。通过本文的学习，学生不仅能听懂、理解这篇小故事，还明白要坚持自己的梦想并机智应对各种问题。激发学生对未来生活的向往，并激励学生为自己的梦想努力拼搏，相信自己、努力坚持，定能梦想成真。如何从文本出发激励学生探讨梦想成真，是本节课设定的突破重点，同时，结合已学过的信件格式，让学生将梦想写进给朋友的回复中，是本课在读写结合上面延伸的内容。

三、教学目标

1. 语言知识

学生学会 dangerous situation 的发音和意义，能根据文中对话创编完整的问路对话，总结兔子梦想成真的条件，并能将圆梦的条件有条理地分享给大家（扮作兔子的角色，转述给它的朋友们）。

2. 语言技能

学生能看图说出意思，能认读故事中的句子，有感情并流利地朗读课文。

3. 情感态度

学生通过故事的学习体会英语学习的乐趣，激发用英语交流的兴趣，坚定梦想，获得为梦想努力付出的动力。

4. 学习策略

培养学生合作意识，遇到问题主动向老师或同学请教，在课堂交流中，注意倾听、积极思考，提高学习效率，增强学习效果。

5. 文化意识

让学生了解英语的语言表达，渗透"梦想无论大小都值得努力付出"的意识。学生能体会不同动物的语言表达风格，促进心智发展。

四、课时安排

1 课时。

五、教学重难点

①认读、理解 dangerous situation。

②兔子在遇到不同动物后的内心独白（如图 8-2 所示）。

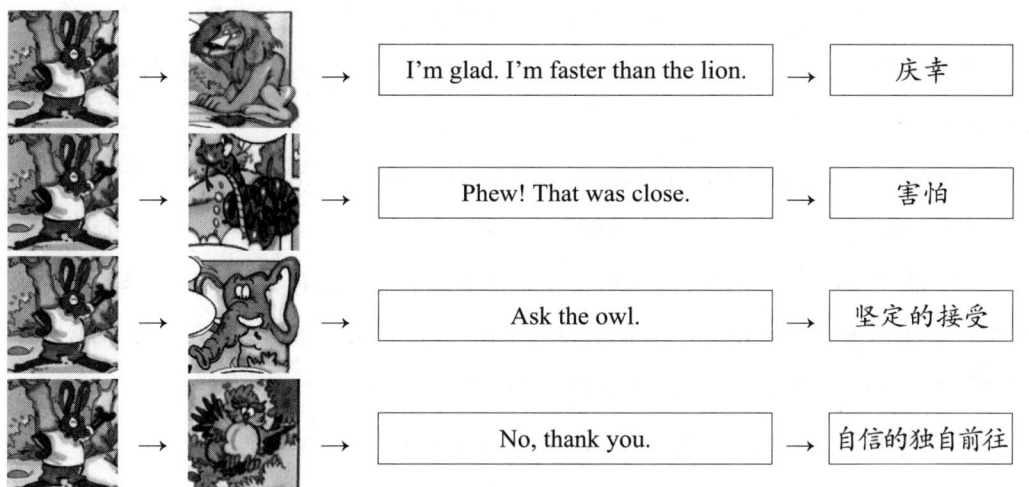

图 8-2 兔子遇到不同动物的内心独白

六、教学方法与手段

情境教学法、交际法、导入法、任务型教学法。

七、课前准备

PPT 课件、大海的声音、提前截取的文本录音。

八、教学过程

Step 1. Warming up

（1）课前一直播放本单元中的歌曲 Have a dream。

营造氛围，让学生清晰明了当天所学内容。

（2）师生互相问好，学生开始带动作、分段落演唱 Have a dream。

设计意图 利用歌曲激发学生的学习兴趣，在歌曲较长的前奏期间，各小组分别齐读"Have a nice / great / wonderful / fantastic dream."四组短语，直指课文主题，活跃课堂气氛。教师和学生同唱，拉近了师生距离，促进了师生交流。

Step 2. Revision and presentation

（1）教师由歌词引出自己梦想的世界，并让学生说说他们梦想的世界。（根据本单元之前所学的内容，学生已能自由谈论自己的梦想，可由旧知进入，开启课堂第一次讨论。）

T: In the world of my dreams, pupils study happily at school.

Can you tell me what the world of your dreams is?

（学生自由说梦想。）

（2）PPT展示兔子图片，教师导入今天课堂主题"兔子的梦想"。

提出问题"兔子的梦想是什么"，让学生带着问题听完兔子的描述"I want to see the ocean."。

T: Look at the rabbit. He has a dream. Let's listen. What is it?

S: I want / The rabbit wants to see the ocean.

（3）展示不同状态下的ocean的图片，让学生感知ocean的不同，能根据图片说出看到海洋的感受：beautiful, dangerous, funny 或是 peaceful。教师在不同的感受下提问学生是否还愿坚持去看海，初次渗透坚持梦想的决心。

T: Do you know the ocean? What do you think about the ocean?

S: It is beautiful / dangerous / funny / peaceful…

（4）回到兔子和朋友谈论梦想的图片，先让学生假设自己是兔子的朋友（青蛙和老鼠），说说自己对海洋的感受，是否会支持兔子前往；随后，让学生根据青蛙和老鼠的面部表情，猜测他们是否支持兔子去看海。引出朋友的话：Don't go. It's too far. / Don't go. It's too dangerous.

T: Do you want to see the ocean? Why? What about his friends?

S: Don't go. It's too far. / Don't go. It's too dangerous.

（5）利用学生熟悉的危险片段，教授 dangerous situations，突破重点。

教师在PPT中出示孩子独自玩火、马路中间玩耍、高空扔垃圾的图片，引导学生说出："Don't … It's dangerous."（不要做这些危险的动作，太危险了。）

T: Look at three pictures. Are they dangerous?

Look at the boy. He is playing with the fire. It's too dangerous.

Her mother says: Don't play with the fire. It's too dangerous.

手指另外两张图片，让学生说。

S: Don't play in the street. It's too dangerous.

Don't throw rubbish out of the window. It's too dangerous.

学生顺势猜测 dangerous situations 的意思，并认读。

Practice：教师读兔子，男生读青蛙，女生读老鼠。有感情地认读第一张图片。

T: So, what should the rabbit do? Stay at home or go to see the ocean?

教师留下悬念，进入故事发展情节。

设计意图 用听音猜句子的环节，进行第一步输入，带领学生直达主题。再用直观的图片让学生感受不同状态的海洋，激发学生对海洋的感观，去体验兔子、青蛙和老鼠对海洋有不同看法的原因，进入角色。学生在认知基础上，学习 dangerous 的内容，最终达到能主动运用课文句子"It's too dangerous."解说图片内容的效果。最后师生分角色朗读，学生能快速找准角色语调，师生一起顺利进入故事发展情节。

Step 3. Practice

（1）教师播放自制的课文短片，开始提问。

T: Does the rabbit know the way to the ocean?

　　How does he get to the ocean?

PPT 中呈现可供选择的内容：

Look at map? Use GPS? Ask the other animals?

S: He asks the other animals.

T: How many animals does he ask? Who are they?

S: There are four animals. They are the lion, the snake, the elephant and the owl.

（2）教读 owl。根据已学单词 how, cow 的读音，学生自行认读 ow/aʊ/ 的发音。

（3）通过 PPT 中动物图片的排列，渗透 ask somebody for help（向某人求助）的表达方式，为课文拓展做铺垫。

（4）用不同的策略学习兔子向 4 个动物提问的问题。

①兔子和狮子。（策略一：听录音，找答案。）

T: How does the rabbit ask the lion for help? Listen and talk.

S1: Excuse me. How do I get to the ocean?

（核对后，其他同学跟读。）

Practice：教师读狮子，学生读兔子。在认读对话基础上，师生有感情地朗读文本。同时，教师带头扩充对话内容，引导学生如何扩充文本。

②兔子 vs 蛇、大象、猫头鹰。

（策略二：自己默读，在课文中画出答案。）

T: How does the rabbit ask the other animals for help?

　　Read by yourselves and underline the sentences in the story.

S2:（Snake）Excuse me. Can you tell me the way to the ocean?

S3:（Elephant）I want to see the ocean. Can you tell me the way?

S4:（Owl）Can you tell me the way to the ocean?

（逐一核对，其他同学跟着该同学读。）

设计意图 自制故事小短片，刺激学生感观，第一次感知全文。学习新知时，用不同的学习策略带领学生熟悉课文内容，在文本的学习中解决新词，排除障碍，感受不同动物的语气。通过师生分角色朗读、生生两人对话，调动兴趣，加深文本学习。

Step 4　Further development

（1）基于原文，拓展对话。教师示范，激发学生思维。

T: The dialogues are funny but too short. If you were the rabbit and I'm the lion, what will we say? Let' try!

　　Hello, rabbit! What are you doing?

S1: I'm a rabbit. I want to see the ocean.（Can you tell me the way?）

T: Yes. I know the way. I'll show you. Follow me!

S2: …

T: …

根据学生现场发挥，教师随机应变。

设计意图 师生现场生成新对话，调动了学生兴趣，集中了所有学生的注意力，使学生活跃思维、发挥想象，能更好地体会英语表达，为后面合作学习做铺垫。

（2）源于示范，合作学习，自编对话。

T: How about the dialogue with snake? Elephant? Owl?

　　Can you make a new dialogue like this? Try it with your partner.

S1: I'm a rabbit. I want to see the ocean.（Can you tell me the way?）

S2: Yes / No. …

S1: …

S2: …

设计意图 生生互动生成新对话，用学生的语言和思维回到了故事中，发挥想象，更好地体会英语表达，培养自主学习能力和合作意识。此活动也可检测学生对故事内容的掌握情况。

Step 5. Summary

总结追梦历程。

T: Is it easy for the rabbit to get to the ocean?

S: No, it's difficult / hard.

T: Yes, it is not easy for him to make his dream come true.

  What does the rabbit say to himself?

PPT 中出示兔子面对大海的图片,让学生们自己想一想追梦成功后,对自己说的话。

S1: Oh, the ocean…(终于见到海了,真漂亮。这一路虽然艰难,但很值得。)

S2: I miss my friends…(想念自己的朋友,希望能一起分享。)

S3: My dream comes true.(给自己点赞,追梦成功!)

设计意图 让学生自己说出感受,感受梦想成真的美好。激发学生思维,体会梦想成真的条件。

Step 6. Production

首尾呼应。想想兔子出发前,青蛙和老鼠对兔子说的话。待梦想成真后,兔子会对它们说些什么呢?小组讨论完成。

T: Do you remember, before the rabbit gets to the ocean, what the frog and the mouse said? After the rabbit gets to ocean, what the rabbit say to his friends?

S1: Memorizing the trip…(告诉朋友们一路的艰辛。)

S2: Make the dream come true.(梦想成真的条件。)

S3&4: …

设计意图 融情入景,进一步为学生创设真实的语言环境,训练他们的口语表达能力,将输出的语言运用在生活中。培养了学生的合作精神,迸发了新的火花,也增强了学生对所学英语的体验。

Step 7. Homework

① Read the text aloud with feelings.(有感情、分角色地朗读课文。)

② How to make your dream come true? Please write down.(写一写梦想成真的条件。)

③ Write a letter to the mouse and the frog.

完成课堂上未完成的练习。(假如你是兔子,看到海后想对他们说些什么,按照信件的格式写下来。）

设计意图 从课堂到生活，将知识拓展延伸。

Boardwork

Unit 6 A story – The rabbit's dream.

Dear ***

I'm _____ (feeling) now. I realized _____ (your dream).

Although it's not easy, _____ (How to make your dream come true?).

Yours, ***

九、教学反思

本节读写课涉及"对美好生活的憧憬和向往"，单元主题以"梦想世界"为线索，围绕"梦想中的世界是怎样的""怎样才能实现梦想中的世界"这两个基本问题引导学生了解如何规划未来，坚定梦想信念，为之努力奋斗。课上学生能体会到实现梦想的艰难，并能总结出实现梦想需要坚持和不断努力，做好准备，但容易忽略从身边的小事做起。在最后写信的输出环节，学生既复习了已学的信件格式，也整理出了梦想成真的条件。

案例 8-2 设计说明

案例 8-3

· School ·

一、教学内容

外研版《英语》（Join in）四年级上册 Unit 4 School。

二、学情分析

四年级上学期的学生平时能用中文正确地描述自己学校的建筑设施和校园生活，而本课是有关介绍学校的读写教学，话题（描述学校）贴近学生生活，学生有输出的素材。作为书写呈现，本课为第二课时。经过第一课时的学习，学生能用"There is/are…"的句型描述学校的功能教室和运动场地，鉴于各功能教室重复率不高，所以"There be"句式的 be 的单复数用法容易理解。学生对每个教室的具体功能也不陌生，能用"We have…in the…"完成口语输出。第二课时将重点教授如何有序地（书面）介绍自己的学校。学生已有仿写短文的经验，可以尝试用文字记录下自己的学校。

三、教学目标

1. 语言知识

学生清楚校园布局，并能用"My school is big/small."客观准确地说明校园大小，能用"We have（subject）in the（different rooms）."准确地说出各教室的功能。

2. 语言技能

学生能用句型"There is/are…"口头描述校园建筑。

3. 输出（写作部分）目标

学生能根据学校照片，有序、正确地写出自己的学校，且符合逻辑顺序。

4. 情感态度

通过对学校的描写，让学生了解学校的功能教室和活动区域，增强他们对学校的归属感和对校园生活的喜爱。同时，激发学生用英语交流的兴趣。

5. 文化意识

学生了解英语的语言表达，初步感知教学楼布局设计的意义，进一步挖掘自己学校的校园文化，加强对学校的文化认同。

四、课时安排

1课时。

五、教学重难点

①学生能正确地运用"There is/are…"描述多功能教室在学校的具体位置。

②学生能正确地运用"We have（subject）in the（different rooms）."描述在多功能教室上的具体课程。

③学生能合理有序地介绍清楚学校布局与结构。

六、教学方法与手段

情境教学法、交际法、导入法、任务型教学法。

七、课前准备

PPT课件、不同学校的图片、有特点的多功能教室图片。

八、教学过程

Step 1. Warming up

通过flash card复习文中的重点单词：

T: Look here and tell me what you can see.（可以是单词也可以是图片。）

S: Library, canteen, gym, classroom, computer room, playground.

T: How many classrooms can you see?

S: There is / are… classroom（s）.

设计意图 通过热身和复习，巩固单复数句型运用。

Step 2. Presentation

1. 基础训练

Look at the picture. Complete the sentences like the example.（PPT 呈现。）

示例：There is a library in my school. There are 40 classrooms in my school.

Canteen：There _ _____ in my school.

Canteen：There is a canteen in my school.

Library：There _ _____ in my school.

Library：There is a library in my school.

设计意图 从读图训练过渡到书写训练，热身和复习，巩固单复数句型运用。

2. 书写练习

（1）Match the phrases and write the sentences like the example.（如图 8-3 所示，PPT 呈现。）

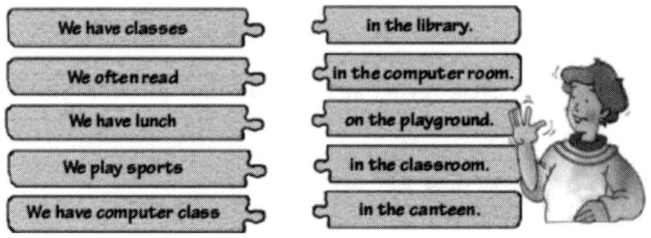

图 8-3 连线，组成完整的句子

（2）Write it!

① We have classes in the classroom.

② We often read in the library.

…

（3）Correct the mistakes and rewrite the sentences.

① This is my school.

➡ √
② There is forty classrooms.
➡ × There are forty classrooms.
③ We have lunch on the playground.
➡ × We play sports on the playground.
…

（4）More expressions.

Places in the school	Activities
science lab	do an experiment
music room	sing the song
auditorium	watch a performance

【设计意图】复习多功能教室的用途，熟悉搭配，能正确地运用"We have (subject) in the (different rooms)."描述在多功能教室上的课程。逐一训练文本中的句子。

3. 描述练习

（1）教师出示不同学校的图片，学生用3个基本句式口头描述：

This is my school. There are forty（可替换）classrooms. We play sports（可替换）on the playground.

（2）教师出示学生学校的图片，学生自己口头描述：

This is my school. There are forty（可替换）classrooms. We play sports（可替换）on the playground.

（3）教师再次询问学生喜欢的地方和喜欢的原因：

T: What's your favorite place in the school? Why?

教师看着学校的图片，引导学生说出自己喜欢的一个地方。

S: My favorite place is _____ in the school. Because I like having something there.

教师根据学生的回答及时板书，拓展了解学校文化。同步指导的时候，也可以及时和学生互动。教师回答"So do I."。

【设计意图】用框架型句式引导学生书写可降低书写难度，激发学生对描写学校的兴趣。在熟练掌握简单句后，可以按排序法组成信息结构图，完成书写要求的框架。

Step 3. Production

1. 了解文本结构

T: Don't forget the name of institution and your names.

PPT 中展示书写框架（如图 8-4 所示）。教师带着学生填空，写上学校的校名和自己的名字。根据学生的回答及时板书，拓展学校文化，总结"I love my school"。

图 8-4 关于学校的书写框架

2. 细化电邮格式

根据学生的反馈，教师带领学生完成中间的 body 部分，加入书写对象的落款——Toby 和学生自己，学生按格式要求写完信件。

Boardwork

Unit 4 School

Title	My school
Introduction	Hello! My name is_____.
	This is <u>my school</u>. (It's <u>big / small</u>).
Body	There are <u>forty</u>（可替换）classrooms.
	We <u>play sports</u>（可替换）on the playground.
Conclusion	I love my school.

九、教学反思

介绍学校是帮助学生了解学校建筑、熟悉学校文化的好契机。本篇属于 descriptive writing（描写文）。文段可以用简洁的"There be"句型介绍学校，也可以用"My favorite place is..."重点介绍学生自己喜欢的校园地点。在本次教学设计中，重点加入了书写框架的写作基础训练，对于专供书写练习的课时，训练到位。课堂上有部分学生对自己没参加的社团活动室非常感兴趣，教师可以在课前给学生分享学校的宣传片，或者多拍些校园的照片做成视频，这样更容易激发学生对书写训练的兴趣。教师在逐一指导时，个别教授了用"There is"或"There are"句型描述校园所有的教室的方法，最后输出效果很好。在下一节课，将优秀作文展示分享时，集中教授用"There be"句型完整描述校园教室的方法。

案例 8-3 设计说明

案例 8-4

• Feelings •

一、教学内容

外研版《英语》（Join in）三年级下册 Unit 4 Feelings Part 2&3。

二、学情分析

本节课的教学对象为三年级下学期的学生，这个年龄段正是喜欢歌曲、chant（歌谣）、故事类学习内容的时候，对表演、绘画等巩固练习充满兴趣。学生能在教师的指导下，正确地认读对话，乐于用英语完成任务，能有效地进行两人小组互动，并乐意在课堂上分享。在第一课时的学习中，学生已能正确地分辨和朗读 5 个有关心情的单词，能听懂"How is Toby's feeling?"并用"Toby is…"回答。在学习单词的同时，学生能为描述心情的单词设计表情图案。本课为第二课时。通过学习，学生能理解动作背后的心情："Cry means sad. Smile means happy. Stamp feet means angry. Go to sleep means tired."学生会根据动作用句型"He / She is happy / sad / tired / scared / angry""He / She is feeling…"描述他人的心情，并能根据录音材料画出不同心情下的面部表情。

本课内容贴近生活，但文本本身没有直接给出可供交流的句型。同时，鉴于主语是第三人称单数，动词后面都需要加上 s，在弱化语法教学的小学低年级英语教学中，学生对主题意义的探究应是语言学习最重要的内容。

本单元属于"人与自然"主题语境中的一类，外部环境的变化会影响他人或自己的心情。本节课的学习，为学生后续课程中描述自己的心情，以及在故事学习中体会并描述不同情境下的心情变化搭建语言框架。

三、教学目标

1. 语言知识

①学生能有感情地唱准歌曲 Action Song，并能正确地朗读改编的歌谣（chant）。

②学生能用句型"…is happy."描述他人的心情，最终形成各小组的心情图册

"feeling books"。

2. 语言技能

①学生能读准加 s 形式的动词，初步感知一般现在时第三人称单数的动词变化。

②学生能根据对话内容判断人物心情，并画出对应的面部表情，培养思维能力和创造能力。

3. 情感态度

①学生能体会到英语学习的乐趣。

②学生能正确地运用面部表情表达自己的心情。

③学生能看懂他人心情，关爱他人，收获友谊。

四、课时安排

1 课时。

五、教学重难点

①学生能根据对话内容正确地画出该人物的面部表情，并用句型"…is happy."进行描述。

②学生能读准动词加 s 形式的单词（朗读改编的歌谣）。

六、教学方法与手段

情境教学法、交际法、导入法、活动教学法、小组合作法。

七、课前准备

PPT 课件；学生准备一张 A4 的色卡纸，并在上面贴上表情丰富的照片，形成自己的 feeling picture。

八、教学过程

Step 1. Warming up

（1）通过简笔画呈现不同的表情，渗透对话："How is he feeling? He is…"。

如果学生回答有出入，教师将继续凸显简笔画的情绪特征，引导学生理解画出的表情，匹配相应的情绪单词，并尝试用"He is…"做完整回答。

（2）PPT 展示文本中 Toby 的 4 个动作，让学生尝试用"Toby is…"描述 Toby 的心情。

（3）引出 Part 2 歌曲的内容。

T: Toby is sad, so he cries. Toby is happy, so he…

教师边做动作边带领学生尝试说出具体的动作。

Step 2. Presentation and practice

1. 学唱歌曲

教师播放歌曲，带领学生初步感知不同的心情对应的动作，在欢快的语调中跟唱歌曲。但是，在唱歌过程中容易忽略掉动词结尾 s 的清音，为了让学生加强感知第三人称单数动词的变化，待学生哼唱两遍歌曲后，改为 chant。

2. 学说 chant，读准发音

教师带领学生拍手打节奏，一起朗读 chant：

Toby is sad, he cries.

Toby is happy, he smiles.

Toby is angry, he stamps his feet.

Toby is tired, he goes to sleep.

（设计意图）哼唱歌曲是学生们非常喜欢的环节，但有不少学生在欢快的旋律下吞音或读音不清，歌曲只能跟唱不能独立演唱。因此在日常的教学中，可以将歌曲改编成有节奏感的歌谣，帮助学生朗读和记忆，课后学生可以自由选择唱歌曲或是读歌谣。

3. 学习单词、短语"cries, smiles, stamps feet, goes to sleep"

（1）PPT 呈现单词的原形和第三人称单数形式。

cry-cries   smile-smiles   stamp feet-stamps feet

（2）教师走到学生中，边做动作，边说 chant，边写出第三人称单数的 s。

chant：I cry.   You cry.   Toby cries.
　　　 I smile.   You smile.   Toby smiles.
　　　 I stamp my feet.   You stamp your feet. Toby stamps his feet.
　　　 I go to sleep.   You go to sleep.   Toby goes to sleep.

（3）指读 cry—cries, smile—smiles, stamp feet—stamps feet, go to sleep—goes to sleep，在认读动词原形的过程中教授单词。

（设计意图）班里大多数学生敢于拼读新词，正确率较高。cr 组合，sm 组合，ile 组合，st 组合，ee 组合都是已学内容，对新词原形的认读，难度不大。

（4）巩固练习。

①全班一起打节奏，认读 chant。

②全班带动作合唱歌曲。

4. 知识运用

（1）根据听力内容，画出 8 个人物的面部表情。

设计意图 听力录音中语气语调非常明显，学生很容易找准对应的单词。本节课完成听音画图，下一课时将学习听力原文，讲解听力方法。

（2）两人对话练习"How is Peter feeling?""Peter is happy.",进行知识巩固。（对话练习时，可以任选人物，打乱顺序。）

（3）展示各种表情丰富的卡通人物、不同活动场景的图片和视频，让学生两人一组自由选择图片进行对话。

设计意图 本环节以学生为中心，采取两人一组对话的形式，让学生巩固有关人物心情的对话。由于各小组间存在差异，对于能完成基本对话的小组，鼓励他们用 chant 的节奏，根据各人物的心情进行改编。教师通过"充分示范""及时鼓励""教师倾听"，帮助学生参与和体验，让每位同学都有事做，并能够享受到相互交流的乐趣和成果，收获友谊。

（4）小组合作。在学生展示自己心情图片时，小组成员相互介绍其他成员的心情，将各组成员的心情图册订在一起，形成本组的"feeling books"，上台介绍、分享。

Step 3. Homework

除了课前认读环节，本节课后的朗读作业也不宜间断，可以读 chant，可以唱歌曲，可以对话。作业内容可以充满多元化、多维化的设计。同时，让学生画一画自己喜欢的卡通人物，用"How is Peter feeling?""Peter is happy."复习对话；让学生通过动手、动脑、动口等形式把语言技能的培养与活动相联系；让学生在快乐完成作业的同时学习知识，促进他们的终身学习和发展。

让学生听唱 Part 2 歌曲或朗读改编的 chant，画自己喜欢的卡通人物，并进行口语描述，互相对话，将美术与语言描述相结合："Try to draw your favorite cartoon character, practice the dialogue to your parents or friends."

Boardwork

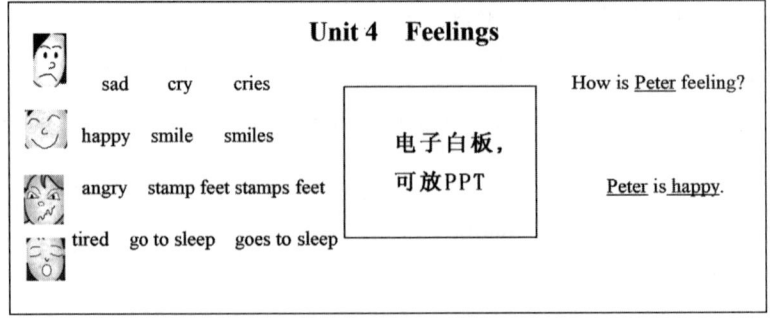

九、教学反思

从课后作业反馈来看，学生非常喜欢画图环节，找到了各式喜欢的卡通人物。本年级的美术教学也教授过如何画人物，不少学生自己画出了有趣的人物图案，并编注名字，进行了对话。第三节课上集体分享，学生们很有成就感。另外，家长反馈学生很喜欢读 chant，在没有音频伴读的情况下，学生可以用 chant 巩固所学。

也有一些需要改进的地方，例如情绪 sad 和 angry 在语境中容易混淆，同样的事件背景，学生感受的心情有所不同，在对话上应以学生主观感受为主。

此外，课前口语练习可以加入课本补充材料中的内容。

案例8-4
设计说明

案例 8-5

• Stella's reply •

一、教学内容

人教版《英语》（PEP）五年级下册 Recycle 1–Stella's reply。

二、学情分析

五年级的学生可以通过预习认读生词，扫清阅读障碍。本课旨在对前面已学内容进行综合整理，文中较长的句子都是已学的内容，新授的生词和句子较少。此次授课的内容是一篇有关读写类的回信。因此，本节课学习的重点是训练学生的阅读技巧，建构书信的正确格式，以及让学生在学习文本后，能按照书信的格式完成一封给寄件人（Stella）的回信，并能在回信中向朋友介绍自己家乡的风景特色。这个年龄段的学生对家乡的名胜古迹有了一定的了解，但用英语总结描述还有困难。课上可通过仿写、拓展等形式，引导学生完成书写练习。

三、教学目标

1. 语言知识

①学生能听、说、认读关于悉尼4月的天气和活动的句子：

It is autumn in April here in Sydney.

It is warm in the day and cool at night.

When you come, you can visit the Sydney Royal Easter Show.

It is the largest event in Australia.

②学生能模仿文中句子描述自己所在城市春天的天气。（该课以湖北省郧西县为例。）

It is spring in April in Yunxi.

Sometimes it is warm and sometimes it is cool.

2. 语言技能

①学生能根据上下文猜测并理解 event 的意思。

②学生在不同的阅读策略的指导下，能理解文中有关天气和季节的句子，并能运用其描述自己所在城市的天气特点。

③学生在学习文本后能了解并基本掌握书信类文本的格式。

④学生能进行小组合作、综合运用语言。

3. 情感态度

①激发学生学习英语的兴趣，给予他们更多用英语交流的机会。

②在交际过程中，培养学生自主学习的能力与合作的能力。

③根据课文内容，激活学生的语言库存，激发学生主动和大家分享的欲望。

4. 学习策略

让学生通过扫读、精读自主了解文本意思。在解决问题时，培养学生合作意识，遇到问题能主动向老师或同学请教。在课堂交流中，让学生注意倾听，积极思考，提高学习效率，增强学习效果。

5. 文化意识

拓展学生的视野，让学生了解南、北半球地域特征的差异，激发学生介绍自己所在城市特色活动的兴趣。

四、课时安排

1 课时。

五、教学重难点

①词汇认读：event, Sydney Royal Easter Show。

②句子理解：

It is autumn in April here in Sydney.

It is warm in the day and cool at night.

When you come, you can visit the Sydney Royal Easter Show.

It is the largest event in Australia.

需要仿写句子（替换画横线的单词）：

It is autumn in April here in Sydney.

It is warm in the day and cool at night.

When you come, you can visit the Sydney Royal Easter Show.

It is the largest event in Australia.

六、教学方法与手段

情境教学法、交际法、导入法、任务型教学法、小组合作法。

七、课前准备

PPT课件，武汉特殊景点图片、授课地（十堰市郧西县）名胜古迹的图片，教师练习好有关一年四季风景特色的简笔画。

八、教学过程

Step 1. Warming up

课前，PPT播放一年四季的风景视频。

设计意图 有效帮助学生调整心境，做好课前准备，并以此激活旧知（seasons: spring, summer, autumn, winter），回忆起有关季节的问答。

Step 2. Review and lead-in

（1）师生互相问好进入学习状态。

T: Good morning. Boys and girls.

S: Good morning. Teacher.

（2）根据视频内容，自由交流最喜爱的天气。

T: Just now, we watched the video about the four seasons. Are they beautiful?

S: Yes.

T: What's your favorite season?

S: My favorite season is…（和两位学生交流即可。）

T: Do you know, what's my favorite season?

S: …

T: Now, I'll show you.（拿出粉笔。）Look and guess.

教师在黑板上画出一幅有关春天的景象。（树干 ⇨ 树叶 ⇨ 燕子）让学生猜测教师自己喜欢的季节。

T: What's this?

S: It's a tree ⇨ leaves ⇨ bird（swallow）.

T: Do you know, what's my favorite season?

S: It's spring.

（3）由简笔画引出教师最喜爱的春季，初步感知并能认读句子。

It is spring in April here in Yunxi. It is warm / cool in April in Yunxi.

① T: Yes, spring is my favorite season. I'm glad to meet you in Yunxi. Today is April 21st. Which season is it in April?

S: It's spring.

T: Oh, it is spring in April here in Yunxi.

PPT展示句子，学生跟读该句再和教师进行问答训练。

T: Which season is it in April in Yunxi?

S: It is spring in April here in Yunxi.

教师将词条贴在黑板上。

练习：让学生根据意群，有节奏（拍手）地认读该句子：

It is spring / in April here / in Yunxi.

② T: What's the weather like today?

S: It's sunny.（若无反应，教师可用肢体语言表示下雨并问"Is it raining?"。）

T: Today is sunny.（教师在词条下画一个太阳的图片。）

　　It is warm.（用肢体语言表现"warm"，在太阳的图画下板书"warm"。）

　　So, I'm wearing my favorite skirt.（形象地帮学生理解warm的含义。）

　　Yesterday was windy.（教师在词条下画一个刮风的图片。）

T: It is …

S: It is cool.（教师用肢体语言表现"cool"，在风的图画下板书"cool"。）

T: Oh, in spring, sometimes it is warm, and sometimes it is cool.

　　What's the weather like in April in spring?（教师手指着板书上warm和cool。）

S:（Sometimes）it is warm, and（sometimes）it is cool.

师生再一次练习有关郧西县春天特点的问答。

设计意图 由简笔画导入，容易吸引学生注意，激发学生的好奇心。在简笔画和课件的相互作用中，学生理解了教师的课堂用语，又学习了文本的第一个新授句子，同时还道出了自己城市的季节特点。在学生和教师的互动问答中，师生拉近了距离，促进了师生的交流。

（4）由地球仪引出中国和澳大利亚，并借助地球仪解说文本的引文内容，帮助学生了解人物（Stella 和 Sarah）关系，随即进入文本的学习。

T: Yunxi is in China. Look, there is a globe.（教师拿出一个地球仪。）

Where is China? Can you find China on the globe?

S: China is here.（在地球仪上找到中国。）

T: My friend Sarah is in China.（将 Sarah 的头像贴在地球仪上的中国。）

She will visit Sydney in April.（教师手指着地球仪上的澳大利亚。）

Which country is Sydney in?

S: It's in Australia.

T: But, What's the weather like in Sydney in April? Sarah doesn't know.

Her friend Stella is in Sydney.（将 Stella 的头像贴在地球仪上的澳大利亚。）

Sarah asks Stella about the weather in Sydney in April.

Stella writes the weather in email to Sarah. Look, this is Stella's reply.

描述较长句子时，教师借用肢体语言帮助学生理解。

PPT 中展示文本的全文，师生一起读课文。

设计意图 由地球仪引出两个国家，持续吸引了学生的注意力，通过让学生自主寻找两个不同的国家，他们直观了解了中国和澳大利亚的地理位置，也对新课的呈现产生了期待。

Step 3. Presentation

（1）找出描述悉尼4月的天气的句子"It is warm in the day and cool at night."。

T: What's the weather like in Sydney in April? Listen and underline.（听录音，在书上画出4月悉尼的天气。）

S: It is warm in the day and cool at night.

学生跟读后，教师在 PPT 中展示句子。师生对照 PPT 进行问答训练。让学生练习，根据意群有节奏（拍手）地认读句子：

warm in the day　　　　cool at night

It is / warm in the day / and cool at night.

（2）引导学生发现中国和澳大利亚同在4月份却处于不同季节的特征。

It is **spring** in April here in Yunxi.　　　　　（China）

It is **autumn** in April here in Sydney. （Australia）

教师将 PPT 和板书做对比。

T：Look，warm，warm / cool，cool / April，April / spring，_____?

S：spring！

T/S：It is **spring** in April here in Sydney.

PPT 中展示该句。让学生自行阅读，判断该句是否正确。

学生默读，判断句子是否正确。

S：It is autumn in April here in Sydney.

（3）听录音，逐句跟读。

学生跟着录音，逐句模仿跟读。至此，文本第一段内容全部学完。

（4）了解并认读"Sydney Royal Easter Show"。

T：In April, there is a large event. Which one is in April?

PPT 展示两个节日的选项（A. Christmas 和 B. Easter）。

S：B！

学生在教师带领下，跟读"Easter is in April."。待学生了解复活节后，教师引入悉尼皇家复活节。

T：In Sydney, the Easter is very large and very important. It is called Sydney Royal Easter Show.

S：（跟读）Sydney Royal Easter Show。

（5）说说 Sydney Royal Easter Show 中的各种活动。带领学生了解 Stella 在回信中推荐的适合在 4 月的悉尼游玩的地方。

T：What can people do in Sydney Royal Easter Show?
　　Look at the pictures and guess.

S：Go to the park / Sing…

T：Let's watch, and then tell us what the people do in the Sydney Royal Easter Show. After watching, you can talk with your partner.

学生两人一组讨论。

待学生讨论完后，教师在 PPT 中展示 3 张图片（如图 8-5 所示）。

 go to the park
 sing with the guitar
 play with the animals

图 8-5 课件设计示例

学生认读 3 组动词短语。师生进行描述问答。

T: When you come to the Sydney Royal Easter Show, you can…

S: You can go to the park.

再练习后面两个句子：

T: When you come to the Sydney Royal Easter Show, you can…

S: You can sing with the guitar / play with the animals.

认读活动短语后，PPT 中出现 visit 的句子："When you come, you can visit the Sydney Royal Easter Show."

T: So, when you come, you can ＿＿＿＿＿＿＿＿＿＿＿＿＿＿．

S: You can visit the Sydney Royal Easter Show.

（6）学习 the largest event。

认读有关 visit 的短语后，PPT 中出现含有 the largest event 的句子："It is the largest event（活动）in Australia."

T: It is… in Australia.

发出指令，让学生听音找出该短语的发音。

重点教授 event 中字母 v 的发音（学生易与 w 的发音混淆）和重读部分。

（7）让学生跟读全文，完成读写课的朗读部分。

T: Let's read the text.

设计意图 通过不同的学习策略引导学生自主学习、合作学习，帮助学生扫清阅读障碍，熟悉、理解文意并能准确地朗读全文。

（8）口头回答回信中的两个问题，教师继续用简笔画引导学生谈论日常活动。

找一名学生读一读文中的两个问题。

T: There are two questions. Who can read it?

S1: What's the weather like in April in your city?

T: What's the weather like in April in Yunxi?

学生可根据黑板上词条的提示回答第一个问题。

S: It is spring in April here in Yunxi.

  Sometimes it is warm and sometimes it is cool.

T: What do you often do?

教师用简笔画带学生复习日常活动。

T: Look! What do they do?

Pictures: fly a kite go for a walk play basketball

     plant trees row a boat ride a bike

S: fly a kite / go for a walk / play basketball / plant trees / row a boat / ride a bike.

教师用简笔画的形式调动了学生的兴趣，同时激发了学生自己的语言。再呈现时，学生说，教师画。若遇到难度较大或较抽象的内容，教师可以直接在黑板上板书这些动词短语。

S: climb trees go hiking watch flowers go to the park…

T: Wow, that's fantastic. Let's write the activities in email.

PPT 中展示空白回信区。

【设计意图】文本内容介绍了悉尼4月的季节、天气特征和该季节的特色活动。在回信时也需围绕这三点进行描述。因此，板书需呈现这三块内容。最后这一环节利用简笔画激活学生的语言，让学生说出自己日常的活动，既进行了口头操练也建构了主体的结构，为最后的书写（回信）做铺垫。

（9）教师以自己的生活为例，示范如何写回信（如图8-6所示）。

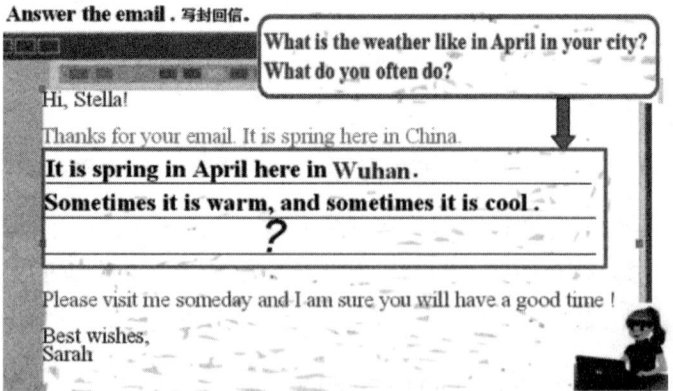

图 8-6 教师示范如何写回信

T: Now, I'll show you my reply. I come from Wuhan.

It is spring in April here in Wuhan.

Sometimes it is warm, and sometimes it is cool.

教师边说边在 PPT 中呈现句子，在回答春季可做的活动时，打上一个大大的问号。PPT 中继续展示春季武汉的特色活动（如图 8-7 所示）。

图 8-7 课件设计示例

T: In spring, Mo Mountain and East Lake are very beautiful. Many people visit there. When you come, you can go for a walk and read in Mo Mountain. You can fly a kite, row a boat, play balls and ride a bike by East Lake. I'm sure you'll have a good time.

（10）根据教师的回信范文，师生一起分析信件的格式（如图 8-8 所示）。

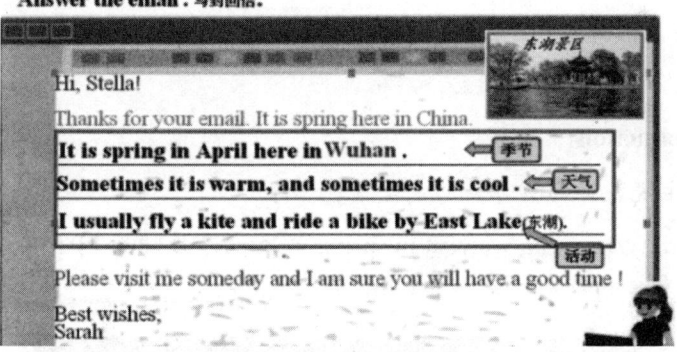

图 8-8 信件文本内容图例

T: Look, this is my reply. I answer the questions from Stella.

The first sentence is about season.

The second sentence is about ＿＿＿＿＿.

S: Weather.

T: The third sentence is about ＿＿＿＿＿.

S: The third sentence is about activities.

T: That's the body of the email.

教师完整呈现 PPT，同学们整体感知信件格式（如图 8-9 所示）。

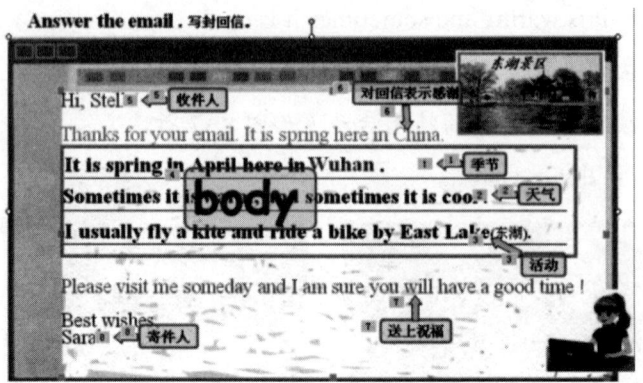

图 8-9　信件文本内容和结构图例

按 PPT 展示，增加"收件人""对回信表示感谢""送上祝福""寄件人"等内容。

T: At first of the email, write the name.

　　Then, thanks for the email.

　　The third part of the email is body.

　　Next part, don't forget to send some wishes.

　　At last, write…

S: My name.

设计意图　以教师给出的范本为例，师生一起讨论构建回信的支架，梳理回信的内容，为最后的书写（回信）扫清障碍。

Step 4. Production

（1）让学生说说郧西县春天的优美景色。

T: Your turn. Where can we visit in spring in Yunxi? 教师用 PPT 帮助学生理解（如图 8-10 所示）。

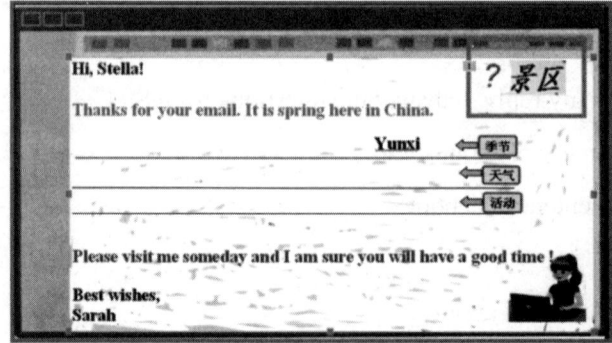

图 8-10　信件格式图例

学生自由说说本地适合在春天游览的景区。

（2）教师给出郧西县有名的两个景点，安排学生两人一组说说春季去该景点如何游玩。

T: When you come to ＿＿＿＿＿＿, you can ＿＿＿＿＿＿.

两人一组讨论。

S: When you come to Wulong River, you can go for a walk.

When you come to Wulong River, you can row a boat.

（3）四人一组帮助 Sarah 回信给 Stella，说说郧西县 4 月的天气和有意思的活动，并选出一封最棒的回信寄给 Stella。注意评分规则。

T: Four children in a group, finish the reply for Sarah. Let's choose the best one and send to Stella. Pay attention, one sentence, one point.

PPT 中展示规则（如图 8-11 所示），并最终呈现教师的范例，帮助学生准确地书写句子（如图 8-12 所示）。

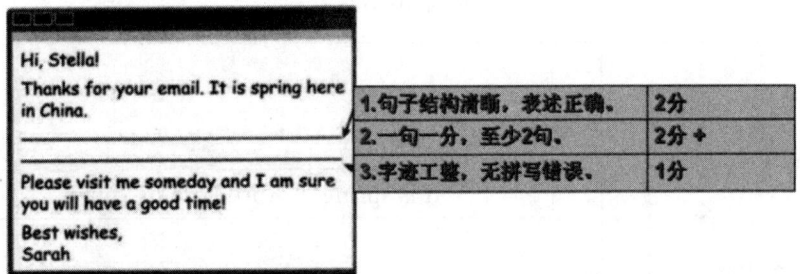

图 8-11 回信书写评价标准

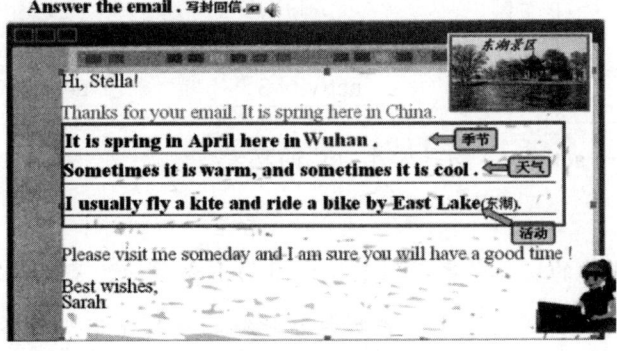

图 8-12 信件回复示例

播放轻音乐，学生开始小组合作完成回信。介于 PPT 版面原因，教师可自制活动的词条，在学生讨论时，将这些活动词条贴在黑板上（可与简笔画的风景图相配合），提供给学生更多的选择。教师巡视小组情况并及时给予帮助、提醒。

设计意图 再次强化书信格式，教师通过 PPT 示范和黑板上板书的提示，帮助学生完成书写（回信）任务。

（4）以小组为单位呈现各自的回信。

大家评比，选出最棒的一篇，教师用手机拍出，现场导入邮箱发出。

T: That's good. Maybe in … is better. Let's count together. One sentence, one point. How many points?…

Ok, Let's send Group X's reply to Stella.

Step 5. Homework

① Read the text answer.

② Finish the email after class and send it to me.

③ Introduce more activities in Yunxi to me.

设计意图 从课堂到生活，将知识拓展延伸。加深学生热爱自己家乡的情感，让学生挖掘更多有关家乡的旅游信息，写下来和大家一起分享。

Boardwork

Stella's reply		
		Sydney
a picture of spring	It is spring in April here in Yunxi.	
	It is warm / cool	
	activity 1	activity 2
	activity 3	activity 4

注：activity 1—activity 4 均是学生自己的思考。

九、教学反思

小学生读写能力的培养是高年级英语学习的重要目标。了解读写课的教学要求，有助于教师更好地理解编者意图、把握教材脉络。在教学中，教师容易形成一种固定的教学模式"话题导入—阅读范文—写作构思—完成写作"。这重视了教的过程却忽略了学生学的感受。为了更高效的课堂，教师可以先解决 body 主干部分的结构再讲解文本结构，通过"话题导入—呈现主体—梳理结构—完善写作—展示成品"的步骤完成读写训练。

在日常教学中除了多媒体的运用，教师也可以试试加入简笔画，方便激活学生的语言，激发学生对阅读和写作的兴趣，综合发展学生的语言和思维能力，促进学生英语语言综合运用能力的不断提高。

日常练笔，学生不可避免会出现各种小的错误，如果一次性统一扣分，容易打击学生书写的积极性，也不便于看清具体错误。建议在每一篇习作后，教师可以从 grammar（语法结构是否清晰），spelling（拼写是否正确），capitalization（大小写是否规范）和 punctuation（标点符号是否正确）上给出具体的评价。

案例 8-5 设计说明

第九章　小学英语游戏活动教学设计与实践

游戏是一种带有特定规则、充满乐趣的活动。喜欢游戏是学生的本能，游戏融入学生的生活中，最能吸引学生。

《义务教育英语课程标准（2022年版）》指出义务教育英语课程内容分三级呈现，建议三、四年级学习一级内容，五、六年级学习二级内容；兼顾小学英语开设起始年级区域差异，设置预备级和三个"级别+"。预备级主要满足一、二年级教学需要，以视听说为主。"级别+"为学有余力的学生提供选择，对各"级别+"的内容要求用"+"标识。一级目标中要求学生对英语学习有兴趣，乐于参与学习活动；二级目标中要求学生能保持对英语学习的积极态度和自信心，主动参与各种学习和运用语言的实践活动。三至六年级的小学生处于8—12岁年龄段，游戏活动最能引起他们的兴趣，学生在愉快轻松的环境里也能更好地掌握知识点。此外，预备级的教学提示指出要通过游戏激发学生的好奇心和求知欲，引导他们积极投入语言学习和实践，要求学生要能在教师指导下用英语做游戏，并在游戏中进行简单的交流。二级主题内容要求中指出学生能掌握运动与游戏，安全与防护。因此游戏活动不仅是教学方法，更是教学目标和要求。

游戏教学法是游戏与教学相结合的方法，将游戏与教学内容紧密结合，可以营造出轻松的氛围。在游戏教学的课堂中，轻松愉悦的课堂氛围和丰富多彩的教学内容，使学生在不知不觉中轻松地学习知识，不仅锻炼学生的语言交流能力，他们的自主学习能力、合作学习能力、探究能力、表达能力等各方面能力也均能获得一定的发展，为学生今后进行英语知识的学习奠定良好的基础。

实际教学中，部分教师重语音、语法、词句等的机械操练而忽视了游戏教学，这主要是因为相比简单的机械操练，游戏教学需要更多的课前准备，如课件、教具制作等。另外，课堂上学生对游戏的反馈是多种多样的，因此备课时需要考虑到的情况也更多。除此之外，游戏的课堂较活跃，相应地，教师需要具备较强的时间把控能力和课堂组织能力。但是，课堂中游戏教学的有效融入，有利于提高学生的学习兴趣，培养学生良好的学习习惯和综合学习能力，进一步促进学生素质的全面发展，因此，游戏活动是教学中不可或缺的一部分。

第一节　小学英语游戏活动教学内容分析

课堂中可以进行的游戏活动多种多样，它们可以很好地活跃课堂气氛，促进课堂教学。总体来说，游戏活动教学内容是在深入分析教材内容、明确教学目标后，挑选出的适合完成游戏活动的部分，包含根据语言主题创设的、尽可能贴近学生真实生活的游戏情境。游戏活动教学内容知识点的分布一般采取"易—难—易"的形式，以容易上口的内容开始，激发学生的学习兴趣。然后，在学生兴趣浓、注意力集中的游戏阶段处理教学重难点部分，采取放慢速度、增加游戏次数等方式加强教学效果。最后，再练习简单的内容，巩固知识点，调整课堂节奏。具体来说，游戏活动分为以下几类。

一、课程导入，激趣型游戏

课堂前几分钟，学生大多处于相对松懈的状态。教师可以通过打地鼠、猜猜看等激趣型游戏营造英语课堂氛围，集中学生注意力，并在一定程度上激发学生思维。与此同时，让学生有效地复习已学词汇、句型，并对新知识产生好奇，从而为后续的新授内容做好铺垫。因此，激趣型游戏一般选用相对开放的游戏，调动学生们的好奇心，从而促使其思考、开口。

二、学习新知，操练型游戏

在学习新知的过程中，学生对新授内容有了基本了解后，需要在实践和练习中加以消化。采用开火车、快闪、Bingo 等操练型游戏的方式，可以让单调枯燥的练习变得趣味十足。操练型游戏的特点在于快速反应，让学生在快呈现和反复操练的过程中巩固知识，避免单调枯燥的学习方式。

三、拓展应用，合作型游戏

在教学的最后环节，教师可以采取合作型游戏，结合主题情境拓展新知，加强知识的运用。合作是将知识转变为能力的一个重要环节，也是促使学生使用英语进行交流的最好时机。这类活动充分发挥英语的工具性，强调小组间的交流和合作，一般可采取角色扮演或合作完成游戏任务等形式。在游戏活动过程中，教师要准备好相应的道具或课件创设情境，增强学生的兴趣。

四、综合评价，竞赛型游戏

竞赛型游戏可以是教学的一个环节，也可以作为整节课的评价方式。小学生的胜负心比较强，竞赛可以激发他们的兴趣，让他们认真学习，积极发言。竞赛中的及时评价可以很好地"以评促学，以评促教"。

第二节 学习者分析

儿童语言能力的发展与其认知能力和客观经验有较大关系，因此小学英语教学要充分认识不同年龄段学生的认知特点、学习动机，尊重语言习得的认知发展规律。

一、三年级学生

根据瑞士儿童心理学家皮亚杰的认知发展理论，三年级学生的认知发展正处于由前运算阶段（2—7岁）向具体运算阶段（7—11岁）过渡的时期，学习主要依靠无意注意，且具体直观注意占优势，课堂注意力不够稳定，在良好的组织下可以连续注意15—20分钟。三年级学生对学习带有比较明显的情绪色彩，新奇、有趣的事物对他们具有较大吸引力，获得荣誉感与教师的表扬是他们的主要学习动力。除此之外，该年级的学生还有以自我为中心、合作意识不强的特点。因此，在游戏教学过程中应多采取个人游戏的形式，并尽可能多地使用具体、直观、生动的事物教学。

二、四年级学生

四年级学生面对课堂更加自信，能积极参与到课堂活动中，能听懂英文课堂指令，熟练掌握26个英文字母，能够进行日常问候、告别、颜色、数字、文具、服装等日常话题的简单表达。

小学生形象思维向抽象思维过渡的重要转折一般发生在小学四年级，学生学习不再简单依赖具体形象，他们可以开始在不同知识点中建立联系，理解能力、表达能力和思维能力得到快速发展。四年级学生的课堂注意力已由无意注意向有意注意发展，开始对自己有一定的要求，自我评价意识开始形成，对教师提出的要求能认真完成，注意力比之前稳定和集中，即使是对自己兴趣不大的事物也可以有较长的持续注意，注意力的稳定性由15—20分钟提高到20—30分钟，可以胜任更加复杂的学习任务。学生各种活动的目的性增强，内在动机开始成为他们的学习动力，但是兴趣、好奇心和外在激励仍然是他们学习的主要动力。此外，四年级学生分配和转移注意力的能力较弱，无法边学边记笔记，也无法快速从游戏中回到课堂教学。

三、五年级学生

根据《义务教育英语课程标准（2022年版）》要求，五年级学生已达到义务教育阶段一级目标要求，并正在学习二级目标要求的内容。五年级学生能根据教师的简单指令做动作、做游戏、做事情，能做简单的角色表演，也能唱简单的英文歌曲、说简单的英语歌谣；能在图片的帮助下听懂、读懂简单的小故事；能交流简单的个人信息，表达简单的感觉和情感；能模仿范例书写词句。

随着认知水平的提高和学习活动的开展，五年级学生对抽象教学内容的注意力也逐渐增强，学习中有意注意占主导地位，能够较好控制自己的情绪，配合教师完成相应的教学活动。但这个年龄段的学生自我意识快速发展，有自己的思想，教师不再是绝对的权威，学生合作意识和竞争意识增强，特别注重规则，讲究公平。值得注意的是，五年级学生学习能力已经显现出差异性，学习风格也初步形成，因此，他们在英语学习中体验到的源于学业的高兴、焦虑、厌倦等情绪发展出现了转折点。

四、六年级学生

通过在小学阶段系统学习英语课程，六年级学生已经可以理解和运用有关个人情况、家庭与朋友、身体与健康、学校与日常生活、文体活动、节假日、饮食、服装、季节与天气、颜色、动物等话题的语言表达。

六年级作为一个承上启下的年级，学生已经对自己的学习有了较为明确的要求和较强的学习动机，当他们感受到从课堂上可以学到知识时，就能够自己组织和控制自己的注意力，保持较长时间的持续学习，一般可连续25分钟左右。并且随着年龄的增长，六年级学生的注意力范围也不断扩大，可以做到一边听课一边做笔记，也能在教师的组织课堂指令下快速从游戏状态回到学习状态。六年级学生虽然学习动机增强，但是学习兴趣却有所减弱，对于游戏教学，更看重意义识记的游戏，对于机械操练的游戏兴趣不大；乐于参与静态的小组游戏活动，对于需要离开座位或上台的游戏活动兴趣不大，其中女生表现尤其明显；教师的言语肯定的激励效果不明显，需要增加竞赛、奖励等激励措施。六年级学生两极分化比较明显，后进生课堂上较自卑，较少主动参与游戏，教师设计游戏活动时要有难有易，照顾到不同层次的学生，让尽量多的学生参与进来。

第三节　小学英语游戏活动教学案例设计

案例 9-1

• Clothes •

一、教学内容

外研版《英语》(Join in)三年级下册 Unit 3 Clothes Part 3。

二、学情分析

经过三年级上学期的学习，学生有了一定的英语基础。学生学习兴趣浓厚，课堂上能积极参与到学习中来，能用所学知识进行简单的口语交际。

本课为本单元第二课时，通过第一课时的词汇教学，学生已掌握 dress, cap, T-shirt, jeans, socks, shoes, trainers, sweater, shorts, shirt, skirt 等服装词汇，为这节课的教学打下了基础。

三、教学目标

①学生能听懂指令并做动作。

②学生能熟练运用句型"Put on your..."发出指令。

③学生学会根据性别、场景、天气选择合适的衣服。

四、课时安排

1 课时。

五、教学重难点

重点：

①学生能运用句型"Put on your..."发出指令并做出相应动作。

②学生能听懂"Turn off the alarm clock." "Get out of your bed."，并做出相应动作。

难点：

①学生能正确朗读单词"cycle helmet"。

②学生能正确朗读句子"Turn off the alarm clock." "Get out of your bed."。

六、教学方法与手段

TPR 教学法、游戏教学法。

七、课前准备

PPT 课件、自行车头盔、穿衣游戏图片。

八、教学过程

Step 1. Warming up

1. Review the cloth words

T：What's this?

（教师将衣服图片贴在黑板侧边。）

T：What are these? They are clothes.（板书课题。）

2. Learn "Put on your…"

T：Do you know how to choose clothes?

　　（板书选项。）

　　A. Gender

　　B. Occasions

　　C. Weather

Shows two occasions：give a speech & ride a bike.

（教师选择国旗下讲话、骑车两个有代表性的场合帮学生快速理解。）

T：Can they wear the same clothes?

　　What can they wear?

　　Teach "Put on your…".

Step 2. Presentation

1. Game 1：Order the pictures

Give 5 pictures：Put on your trainers / shorts / T-shirt / cycle helmet / socks.

T：Can we put on trainers first? No. Try to order the pictures.（让学生为图片排序。）

Listen to the action story and check the answer.

Listen and design the actions.（学生自己设计动作，可以更好理解和记忆指令。）

Choose a student do the actions picture by picture. Others say "yes" or "no".

2. Game 2：Simon says

T：Let's play Simon says. When I say "Simon says…", you do. If not, you just stand.

Teacher gives an example.

T：Simon says "Put on your cycle helmet".

Do the action.

T: Put on your shorts.

T: Don't do. OK?

Students listen and do together.

① Say the sentences in order.

② Say the sentences not in order.

3. Listen and number. Check the answer

（1）Learn the sentences.

　　　Teach picture 1 and picture 2.

　　　Students read picture 3 to picture 7.

　　　Read picture 8 and picture 9. Teach "shout".

（2）Listen and read the whole story.

Step 3. Practice

1. Read the text and fill in the blanks

Today is Sunday. Let's ride a bike. Toby, turn off _____. Get out off bed. _____ your T-shirt. Put on your shorts. Put on your socks and _____. Put on your _____. Open the door. Shout: "Oh, _____!"

T: Why does Toby shout "Oh, no!"?

T: If it is Sunny today, what can he say?

2. Game 3: Dress up

（1）Learn the weather report.

T: Look. Where is it? A park.

　　Toby wants to go to the park. What can he wear?

（将 Toby 贴在黑板上。）

S: Put on your dress. Put on your socks and shoes.

T:（Draw the snow.）Can I wear dress?

S: No. It is too cold.

T: When we choose clothes, we should watch the weather report.

Teacher shows a weather report.

T: It has three parts: weather, temperature, wind.

（2）Groupwork.

T: Toby will go to the park. What can he wear?

① Choose a weather report.

② Choose clothes.

③ Help Toby put on his clothes. Use "Put on your…".

（3）Choose three groups.

T: Which group choose picture one?

　　One come here and stick. Others say the order.

（点评第二组时让学生注意早晚温差，教授"洋葱穿衣法"。）

3. Conclusion

T: Do you know how to choose clothes now?

S: Yes.

T: …

九、教学反思

游戏1采用了绘本教学的图片环游法，展示了TPR中的5幅图片，让学生观察、描述并且排序，再回到文本的正确顺序来验证学生的猜想并且学习每句话。这个游戏过程帮助学生理清了每幅图之间的逻辑关系，以便学生更好地记忆文本。

由于教学主体部分是TPR教学，学生兴趣大，但学生会觉得简单的听做无趣，且会跟随其他同学不思考地重复动作。所以在已经学习了动作后，采取"Simon says"的小游戏，可以在操练的同时重新抓住学生的注意力。游戏由易到难，教师先按书本顺序发出指令，学生操练句型并熟悉游戏规则，然后打乱顺序，观察学生是否掌握知识点。

游戏不仅仅服务于语言知识，还可以渗透教授生活知识。因此，目标知识点的操练选取了给Toby穿衣服的游戏形式，学生需结合场景、天气预报选择正确的服装。游戏过程中学生兴趣浓、参与性强，不仅充分练习了"Put on"句型，还了解了天气预报的组成部分和"洋葱穿衣法"，学生学习效果好。

案例9-1
设计说明

案例 9-2

• Dinner's ready •

一、教学内容

人教版《英语》（PEP）四年级上册 Unit 5 Dinner's ready。

二、学情分析

四年级学生对英语学习已经有了一定的经验并养成了良好的学习习惯，他们对英语学习有强烈的兴趣和求知欲。他们好奇心强，爱说，爱玩，善于模仿，直观形象记忆能力比较强，教师要充分利用这些特点精心设计课堂教学。

三、教学目标

①学生能听、说、认读单词 rice, noodles, fish, beef, soup, vegetable。

②学生掌握"What would you like?""I'd like some...."句型。

四、课时安排

1 课时。

五、教学重难点

重点：学生能听、说、认读单词 noodles, beef, soup, vegetable。

难点：学生能正确认读单词 vegetable。

六、教学方法与手段

游戏教学法。

七、课前准备

PPT 课件、单词卡片、所学食物。

八、教学过程

Step 1. Warming up

1. Greeting

T: Good morning, boys and girls.

Ss: Good morning, teacher.

2. Revision

T: How are you today? Are you thirsty?

S1: No.

T: Are you thirsty?

S2: Yes.

T: Look!（Teacher shows some food.）What's this?

Ss read out the food words.

T: What do you want? You can say "Can I have some…?".

S2: Can I have some orange juice?

T: Here you are.

S2: Thank you.

T: XX, would you like some bread/milk/cake…?

S3: Yes.

T: Here you are.

S3: Thank you.

Step 2. Presentation

1. Game 1：Guess the food

T: I'm hungry. Can I have some rice? Who can find rice?

S4: Here you are.

T: Thank you. Would you like some rice?

S4: No.

T: Oh, you don't like rice. I have some other food. Please look and guess.

（教师展示食物图片，学生们猜食物。学生们读单词。）

2. Learn the dialogue

T: So many food! What would you like?

（学生们回答。）

T: You can say "I'd like some…".

Read after teacher.

Pairwork.

3. Game 2：Find the food

T: Now, who wants to eat?

选择一名学生A上讲台，其他学生齐问"What would you like?"，学生A回答"I'd like some…"。遮住学生A眼睛，将对应食物图片放在一位学生抽屉。学生A睁开眼睛，走下讲台，其他学生读刚才的食物单词。当学生离目标远时，其他学生小声读，越靠近声音越大，直至学生找到食物图片并询问"Can I have some…, please?"。

Step 3. Practice

Game 3: Pass on.

（学生们排成一排，依次询问问题。）

S2 ask S1: What would you like?

S1: I'd like some A.

S3 ask S2: What would you like?

S2: I'd like some A and B.

……

T ask S6: What would you like?

S6: I'd like some A, B, C, …and F.

九、教学反思

本节课授课主题是食物。学生在三年级已掌握了部分食物单词和如何对他人提出需求"Can I have some…?""Yes, here you are."。本节课除了新授的食物单词外，还学习了"What would you like?""I'd like some…"这组对话。因此，本节课在设计中特意将两组对话融合起来，让学生感受两组对话的关系。

案例9-2
设计说明

新课教授过程设置了几个小游戏，每个游戏的设计都是为下一步教学作铺垫。游戏1学习单词，并初步感知"would you like"的意思；游戏2操练新单词并学习新对话；游戏3操练对话。整节课学生学习兴趣浓，活动参与度高，有较好的学习效果。

案例 9-3

• Time •

一、教学内容

外研版《英语》（Join in）四年级下册 Unit 1 Time Part 1。

二、学情分析

本节课授课对象是四年级学生。四年级学生已经有较好的英语基础和听说能力，而且愿意表达自己，能与同学交流、合作。学生已掌握的知识有数字1—12，其中熟练掌握数字1—10。

三、教学目标

①学生能听、说、认读整点、半点。

②学生能针对整点、半点时间进行问答。

③学生初步了解不同国家存在时差。

四、课时安排

1 课时。

五、教学重难点

重点：学生能用"What time is it?"和"It's ... o'clock.""It's half past ..."问答时间。

难点：学生能认、画时钟。

六、教学方法与手段

游戏教学法。

七、课前准备

PPT 课件、时钟。

八、教学过程

Step 1. Warming up

（1）Greeting.

（2）Sing a song：*Ten little Indians.*

（3）Game 1：Quick response.

① Appear and disappear one by one：

One, two, three, four, five, six, seven, eight, nine, ten, eleven, twelve.

② Appear one by one：

Seven, twelve, four, nine, eleven, ten, eight, three, five, two, six, one.（打乱顺序。）

③ What's missing?

Step 2. Presentation

1. Game 2：A riddle

T：It has a round face and two hands. One hand is short and the other one is long. What's this?

（教师边读谜语，边用肢体语言帮助学生理解 round, short 和 long 等生词。）

Ss：Clock.

T: Yes. It's a…

（教师停顿，等学生接 clock。）

T: Clock can tell us time.

（教师展示本课题目。）

2. Game 3: Body clock

① Teacher draws a big circle.

T: Who can write the numbers?

（教师让学生按钟表形式写数字 1—12。）

T: Great! The clock has two hands. One is short, and the other is long.

  Long hand point 12. Short hand, ready.

  One o'clock. Two o'clock… Twelve o'clock.

  Let's play body clock. Do and say.

  First in order. Then, change the order.

② T: Well done. Now, look at me. What time is it?（让学生初步感知句型"What time is it?"。）

Ss: One o'clock.

T: It's…（教授完整答句。）

Play three rounds.

③ T: Who can ask me?

S1: What time is it?

T: It's…o'clock. Can you ask again?

S1: What time is it?

T: Very good. Read after him. Ready, go.

④ Students work in pairs.

3. Draw a clock

T: Look, the long hand point to number…?

Ss: Six.

T: Yes, it's half past…（停顿几秒，让学生猜测理解 half past 表示半点。）It's half past one. Can you draw?

  Choose some pictures（some good, some bad）.

T: Which one is the best?

T: Yes, the short hand is in the middle of 12 and 1.

（让学生自己画时钟，通过对比不同学生的时钟，让学生自己找到画半点需要注意的地方。）

4. Learn "It's half past…"

Draw some other clock.

（学生自由画半点时钟，教师选几个供学生讨论。）

T: What time is it?

Ss: It's…

Step 3. Practice

1. Finish part 1

Pair work: ask and answer about the clocks in part 1.

Listen and finish part 1.

2. Learn jet lag

（教师展示世界地图和4张带有标志性建筑的城市图片。）

T: Look. Beijing, London, New York, Paris.

　　What time is it in Beijing?

Ss: It's nine o'clock in the morning.

T: What about London, Paris and New York?

　　London: one o'clock in the morning.

　　Paris: two o'clock in the morning.

　　New York: eight o'clock in the evening (the day before).

（让学生们观察并总结：伦敦、巴黎、纽约的时间分别比我们晚8小时、7小时和13小时。）

（教师出示另一个北京时间。学生2人一组练习，问答其他城市的时间。）

九、教学反思

本节课由几个游戏串联，课堂气氛轻松愉悦，所有活动都围绕教学目的进行，整体流程设计比较合理，一环扣一环，由数字到时间的表达，再到时间的问答，循序渐进，便于学生理解和接受。

英语课程是面向全体学生的，本节课通过丰富的操练方式和新颖的游戏设计让学生们都积极踊跃参与其中。游戏过程中教师适时给予学生评价，采用激励性的语

案例9-3
设计说明

言不断鼓励他们，调动他们的学习积极性，同时起到维持课堂纪律的作用。本节课通过各种游戏的设计，不仅让学生操练了课本上的句型，锻炼了学生能力，还进行了适当的拓展和延伸，提高了学生综合人文素养，形成跨文化意识。

📖 案例9-4

• Adventures •

一、教学内容

外研版《英语》（Join in）五年级下册 Unit 6 Adventures Part 4。

二、学情分析

本节课为五年级下册第六单元第三课时，上一课时已学习 big dogs, sleeping alone, spiders, horror films, the cold, hot food, rats, the dark 等词汇以及句型"I'm afraid of..."和"I'm not afraid of..."。学生可以使用句型表达自己是否害怕，但是根据情境、有逻辑性地完成小短文有难度。

三、教学目标

①学生能熟练运用句型"I'm afraid of..."和"I'm not afraid of..."。
②学生能根据情境，小组合作完成小短文。

四、课时安排

1课时。

五、教学重难点

重点：学生能运用句型"I'm afraid of ..."和"I'm not afraid of ..."。
难点：学生能根据情境正确补充小短文。

六、教学方法与手段

游戏教学法、情境教学法、小组合作法。

七、课前准备

PPT课件、恐怖箱、任务单、勇气徽章。

八、教学过程

Step 1. Warming up

（1）Look and say.

big dogs, sleeping alone, spiders, horror films, the cold, hot food, rats, the dark, the sea.

T: Are you afraid of the sea?

T: Let's watch a video. Are you afraid of the sea now?

（2）Let's get on the "Brave" ship and have an adventure. What will you take?

（让学生自己思考得出答案。）

T: Ok. Let's go.

Step 2. Presentation

（1）T: Welcome to the BRAVE island. Today you need to get 5 treasure boxes. Here is the map.（如图 9-1 所示）

图 9-1 地图

（2）Box 1: Practice "I'm afraid of…" "I'm not afraid of…"

T: Find the key. Are you afraid of spiders? What about you? You?

（找出藏在蜘蛛和蜘蛛网下面的钥匙，如图 9-2 所示。）

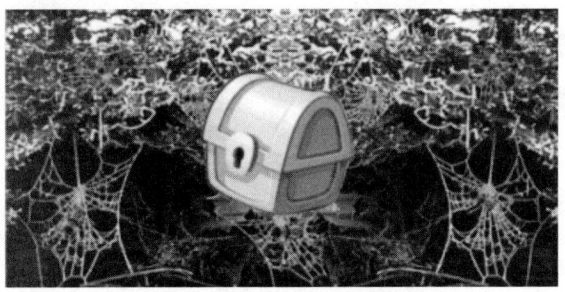

图 9-2 扫除蜘蛛，找到钥匙

S1: I'm afraid of spiders.

T: Me too. What about you?

S2: I'm not afraid of spiders.

T: OK，you go there and clean the spiders.

Get the key.

（3）Box 2：Practice A and B.

T：The key is in the Horror box. Are you brave? Find the key.

S3 takes a thing.

Try again.

Describe afraid or not afraid.

（教授"and""but"。）

（4）Box 3：Finish part 4a.

Pirate：Do you want the key? Finish part 4a. Right, I will give you the key. Wrong, I will kill you!

Finish part 4a & Check the answer.

Pirate：Ok. Here you are.

（5）Box 4：Practice the short text.

T：I'm in the house. What can you see in the house?

Oh, I'm scared. I am not afraid of the dark. I am not afraid of the cold. I am not afraid of ghosts. But I am afraid of pirates. I need a gun. What about you? Discuss in groups.

（6）Box 5：Read the puzzle.

T：We need the code.

Read the puzzle.

> I'm an animal.
>
> I'm not afraid of dogs.
>
> I'm not afraid of crocodiles.
>
> And I'm not afraid of lions.
>
> But there's one thing I'm afraid of：rats!

T：Yes. It's "elephant".

Step 3. Practice

（1）Show the letter.

Congratulations! You get all the brave coins. You can have the next adventure now.

Where do you want to go? The moon, the desert, the mountain or the jungle?

（2）Teacher gives an example.

（3）Group work：write your own text.

九、教学反思

本节课用游戏创设一起去 BRAVE island 探险的课堂情境，通过设置小游戏、小任务让学生学习和操练句型。由于整节课学生都在游戏情境中，学生的学习兴趣大，且游戏的设置由易到难，照顾到了不同层次的学生，即使是后进生也能积极参加到学习游戏中，所有同学的学习积极性都很高，最后呈现的文本也多种多样。

案例 9-4 设计说明

案例 9-5

• In town •

一、教学内容

外研版《英语》（Join in）五年级下册 Unit 4 In town Part 2。

二、学情分析

本课为五年级下学期第四单元的第二课时，在第一课时学生已掌握 museum, park, church, train station, tourist office, police station, hospital, bus stop, post office 等城市主要建筑物词汇。

五年级下学期学生在课堂上更加沉稳，参与活动的积极性降低，相较于个人参加的、展示自我的活动，学生更愿意参加集体性的活动。

三、教学目标

①学生能掌握 turn left, turn right, go straight 等短语。
②学生能掌握问路的方法，并能够用简单的句子给他人指路。

四、课时安排

1 课时。

五、教学重难点

重点：学生能用"Excuse me, where is the...?"和 turn left, turn right, go straight 进行问路。

难点：学生能看地图指路。

六、教学方法与手段

游戏教学法、TPR 教学法。

七、课前准备

PPT 课件、手绢、地点卡牌。

八、教学过程

Step 1. Warming up

1. Greeting

T: Good morning, boys and girls.

Ss: Good morning, teacher.

2. Game 1: Penguins' game

T: Are you happy today?

Ss: Yes.

T: I'm happy too. Let's play "Penguins' game".

Stand up. Left, left, right, right, go, turn around, go, go, go!

（学生跟随教师做动作。）

T: Good! Now, a group stands in a line. Let's jump to the blackboard. Which group is number one? Ready? Go.

（教师播放音乐。）

Step 2. Presentation

1. Game 2: Quick response

T: Great! Let's play another game: Quick response.

Round 1.

T: I say, you say and do. Ok? Let me see which group is the fastest.

T: Turn left. Turn left. Turn left. Turn right. Turn right. Turn right. Go straight. Turn around. Go straight.

Round 2.

T: Group leader, hands up! You say the order. Ok? For example. Group 2, turn left. Group 2 do and say. Group 2's leader say Group 4, go straight. Group 4 do and say. Group 4's leader say… Ok? Let's try.

2. Game 3: Guide

T: Tired? Please sit down. Here are some cards. Can you read?

Ss: Hospital, bus stop, school, park, museum…

Round 1.

（教师将词卡放在学生桌上。）

T: How can I get to the museum? You say and I do.

（选择右前方较远的地点，尽量让学生用到所学的所有短语。）

Ss: Go straight. Turn right. Turn left.

Round 2&3.

T: Thank you. Who wants to play?

　　I'll cover his eyes. Can you help him?

（更换词卡位置。）

　　Now, you can choose a place and ask them.

S: Excuse me, where is the…?

Step 3. Practice

Game 4: Show the way

T: Well done.

（教师播放 PPT。）

Bob: Hello. Can you help me? How can I get to the…?

（教师展示地图。）

T: Work in groups. Draw the way. Try to say in English.

（学生展示并读出他们的地图，选出最佳路线。）

九、教学反思

　　五年级下学期学生对指路这个主题兴趣较小，开课前教师通过 Penguins' game（兔子舞比赛）的游戏方式来活跃课堂气氛并帮助学生通过身体记忆记住 left 和 right 这一对容易记混的反义词。

　　接下来教师采取 TPR 教学法，通过快速反应游戏让学生掌握 turn left, turn right, go straight 三个词组。这个环节中要注意的是做"go straight"活动时空间有限，所以开课前搬桌子时要留足够空间，根据练习时实际需要穿插 turn around 指令。

　　以上两个游戏完成后学生可以很好地听、说、做指令动作，但也会开始出现疲惫感。第三个游戏让学生能坐下休息，并尝试运用短语指路。第一轮示范可以帮助学生理解以走路人的视角发出指令，第二轮给走路的学生蒙眼不仅可以增加游戏趣味性，更能让其他学生的指路指令变得有真实性。

案例9-5
设计说明

第四个游戏让学生们在相对复杂的地图上画出路线,并尝试描述,这个部分的难点是有部分学生描述时没有注意走路者已经转弯了,对应的地图视角也应该转变。除此之外,学生在表述时会发现不知道怎么表达在第 n 个路口左/右转,这正是下节课要教授的内容,因此这一环节也起到承上启下的作用。

参考文献

1. 中华人民共和国教育部. 义务教育英语课程标准（2022年版）[M]. 北京：北京师范大学出版社，2022.

2. 钟启泉. 教学设计 [M]. 上海：华东师范大学出版社，2022.

3. 乌美娜. 教学设计 [M]. 北京：高等教育出版社，1994.

4. 卜玉华，齐姗，等. 乡村小学英语教学 [M]. 上海：华东师范大学出版社，2020.

5. 朱浦. 小学英语教学关键问题指导 [M]. 北京：高等教育出版社，2016.

6. 李静纯. 小学英语故事教学 [M]. 北京：外语教学与研究出版社，2013.

7. 王笃勤. 英语阅读教学 [M]. 北京：外语教学与研究出版社，2012.

8. 王笃勤. 小学英语教学策略 [M]. 北京：北京师范大学出版社，2010.

9. 〔美〕卡罗尔. 语言心理学 [M]. 缪小春，等译. 上海：华东师范大学出版社，2007.

10. 〔美〕余国良，范海祥. 英语口语教学活动设计 [M]. 北京：外语教学与研究出版社，2016.

11. 张志远. 儿童英语教学法 [M]. 北京：外语教学与研究出版社，2002.

12. 王蔷. 我国小学英语课程政策与实施分析 [J]. 中国外语，2011（4）.

13. 马荷燕. 探讨提高小学英语语音教学质量的有效措施 [J]. 中国校外教育，2016（4）.

14. 李燕芳，郑渝萍，董奇. 小学生英语学习动机发展及教师教育行为对其的影响 [J]. 中国特殊教育，2010（2）.

15. 邱丽花. 主题语境引领下的小学英语词汇教学探究 [J]. 中小学外语教学，2021（1）.

16. 周琴. 浅谈核心素养理念指导下的小学英语词汇教学改革 [J]. 华人时刊（校长），2019（2）.

17. 丁丽. 提高小学英语听力水平的有效对策 [J]. 科学大众（科学教育），2015（3）.

18. 张玉玲. 提高小学英语听力的方法和技巧 [J]. 中国科教创新导刊，2010（12）.

19. 刘晓斌，谢秋竹，邓家璇，何安平. 看视能力培养新亮点——从高中英语新教材语篇中的多模态类词切入 [J]. 英语学习，2021（2）.

20. 凌应强. 小学高年级对话语篇中的信息流以及对话教学新模式 [J]. 中小学外语教学（小学篇），2015（8）.

21. 梅晓燕. 阅读：英语语感培养途径 [J]. 小学教学参考，2020（21）.

22. 刘鑫. 小学生学习英语的心理特点及认知规律 [J]. 课程教材教学研究（小教研究），2011（7）.

23. 旭红. 英语教学要遵循儿童认知特点 [J]. 中国教育学刊，2016（1）.

北京大学出版社
教育出版中心 精品图书

21世纪高校广播电视专业系列教材
电视节目策划教程（第二版）	项仲平
电视导播教程（第二版）	程晋
电视文艺创作教程	王建辉
广播剧创作教程	王国臣
电视导论	李欣
电视纪录片教程	卢炜
电视导演教程	袁立本
电视摄像教程	刘荃
电视节目制作教程	张晓锋
视听语言	宋杰
影视剪辑实务教程	李琳
影视摄制导论	朱怡
新媒体短视频创作教程	姜荣文
电影视听语言——视听元素与场面调度案例分析	李骏
影视照明技术	张兴
影视音乐	陈斌
影视剪辑创作与技巧	张拓
纪录片创作教程	潘志琪
影视拍摄实务	翟臣

21世纪信息传播实验系列教材（徐福荫 黄慕雄 主编）
网络新闻实务	罗昕
多媒体软件设计与开发	张新华
播音与主持艺术（第三版）	黄碧云 睢凌
摄影基础（第二版）	张红 钟日辉 王首农

21世纪数字媒体专业系列教材
视听语言	赵慧英
数字影视剪辑艺术	曾祥民
数字摄像与表现	王以宁
数字摄影基础	王朋娇
数字媒体设计与创意	陈卫东
数字视频创意设计与实现（第二版）	王靖
大学摄影实用教程（第二版）	朱小阳
大学摄影实用教程	朱小阳

21世纪教育技术学精品教材（张景中 主编）
教育技术学导论（第二版）	李芒 金林
远程教育原理与技术	王继新 张屹
教学系统设计理论与实践	杨九民 梁林梅
信息技术教学论	雷体南 叶良明
信息技术与课程整合（第二版）	赵呈领 杨琳 刘清堂

教育技术学研究方法（第三版）	张屹 黄磊

21世纪高校网络与新媒体专业系列教材
文化产业概论	尹章池
网络文化教程	李文明
网络与新媒体评论	杨娟
新媒体概论（第二版）	尹章池
新媒体视听节目制作（第二版）	周建青
融合新闻学导论（第二版）	石长顺
新媒体网页设计与制作（第二版）	惠悲荷
网络新媒体实务	张合斌
突发新闻教程	李军
视听新媒体节目制作	邓秀军
视听评论	何志武
出镜记者案例分析	刘静 邓秀军
视听新媒体导论	郭小平
网络与新媒体广告（第二版）	尚恒志 张合斌
网络与新媒体文学	唐东堰 雷奕
全媒体新闻采访写作教程	李军
网络直播基础	周建青
大数据新闻传媒概论	尹章池

21世纪特殊教育创新教材·理论与基础系列
特殊教育的哲学基础	方俊明
特殊教育的医学基础	张婷
融合教育导论（第二版）	雷江华
特殊教育学（第二版）	雷江华 方俊明
特殊儿童心理学（第二版）	方俊明 雷江华
特殊教育史	朱宗顺
特殊教育研究方法（第二版）	杜晓新 宋永宁 等
特殊教育发展模式	任颂羔

21世纪特殊教育创新教材·发展与教育系列
视觉障碍儿童的发展与教育	邓猛
听觉障碍儿童的发展与教育（第二版）	贺荟中
智力障碍儿童的发展与教育（第二版）	刘春玲 马红英
学习困难儿童的发展与教育（第二版）	赵微
自闭症谱系障碍儿童的发展与教育	周念丽
情绪与行为障碍儿童的发展与教育	李闻戈
超常儿童的发展与教育（第二版）	苏雪云 张旭

21世纪特殊教育创新教材·康复与训练系列
特殊儿童应用行为分析（第二版）	李芳 李丹

特殊儿童的游戏治疗	周念丽
特殊儿童的美术治疗	孙 霞
特殊儿童的音乐治疗	胡世红
特殊儿童的心理治疗（第三版）	杨广学
特殊教育的辅具与康复	蒋建荣
特殊儿童的感觉统合训练（第二版）	王和平
孤独症儿童课程与教学设计	王 梅

21世纪特殊教育创新教材·融合教育系列

融合教育本土化实践与发展	邓 猛等
融合教育理论反思与本土化探索	邓 猛
融合教育实践指南	邓 猛
融合教育理论指南	邓 猛
融合教育导论（第二版）	雷江华
学前融合教育（第二版）	雷江华 刘慧丽
小学融合教育概论	雷江华 袁 维

21世纪特殊教育创新教材（第二辑）

特殊儿童心理与教育（第二版）	杨广学 张巧明 王 芳
教育康复学导论	杜晓新 黄昭鸣
特殊儿童病理学	王和平 杨长江
特殊学校教师教育技能	昝 飞 马红英

自闭谱系障碍儿童早期干预丛书

如何发展自闭谱系障碍儿童的沟通能力	朱晓晨 苏雪云
如何理解自闭谱系障碍和早期干预	苏雪云
如何发展自闭谱系障碍儿童的社会交往能力	吕 梦 杨广学
如何发展自闭谱系障碍儿童的自我照料能力	倪萍萍 周 波
如何在游戏中干预自闭谱系障碍儿童	朱 瑞 周念丽
如何发展自闭谱系障碍儿童的感知和运动能力	韩文娟 徐 芳 王和平
如何发展自闭谱系障碍儿童的认知能力	潘前前 杨福义
自闭症谱系障碍儿童的发展与教育	周念丽
如何通过音乐干预自闭谱系障碍儿童	张正琴
如何通过画画干预自闭谱系障碍儿童	张正琴
如何运用ACC促进自闭谱系障碍儿童的发展	苏雪云
孤独症儿童的关键性技能训练法	李 丹
自闭症儿童家长辅导手册	雷江华
孤独症儿童课程与教学设计	王 梅
融合教育理论反思与本土化探索	邓 猛
自闭症谱系障碍儿童家庭支持系统	孙玉梅
自闭症谱系障碍儿童团体社交游戏干预	李 芳
孤独症儿童的教育与发展	王 梅 梁松梅

特殊学校教育·康复·职业训练丛书 （黄建行 雷江华 主编）

信息技术在特殊教育中的应用	
智障学生职业教育模式	
特殊教育学校学生康复与训练	
特殊教育学校校本课程开发	
特殊教育学校特奥运动项目建设	

21世纪学前教育专业规划教材

学前教育概论	李生兰
学前教育管理学（第二版）	王 雯
幼儿园课程新论	李生兰
幼儿园歌曲钢琴伴奏教程	果旭伟
幼儿园舞蹈教学活动设计与指导（第二版）	董 丽
实用乐理与视唱（第二版）	代 苗
学前儿童美术教育	冯婉贞
学前儿童科学教育	洪秀敏
学前儿童游戏	范明丽
学前教育研究方法	郑福明
学前教育史	郭法奇
外国学前教育史	郭法奇
学前教育政策与法规	魏 真
学前心理学	涂艳国 蔡 艳
学前教育理论与实践教程	王 维 王维娅 孙 岩
学前儿童数学教育与活动设计	赵振国
学前融合教育（第二版）	雷江华 刘慧丽
幼儿园教育质量评价导论	吴 钢
幼儿园绘本教学活动设计	赵 娟
幼儿学习与教育心理学	张 莉
学前教育管理	虞永平
国外学前教育学本文献讲读	姜 勇

大学之道丛书精装版

美国高等教育通史	[美]亚瑟·科恩
知识社会中的大学	[英]杰勒德·德兰迪
大学之用（第五版）	[美]克拉克·克尔
营利性大学的崛起	[美]理查德·鲁克
学术部落与学术领地：知识探索与学科文化	[英]托尼·比彻 保罗·特罗勒尔
美国现代大学的崛起	[美]劳伦斯·维赛
教育的终结——大学何以放弃了对人生意义的追求	[美]安东尼·T.克龙曼
世界一流大学的管理之道——大学管理研究导论	程 星
后现代大学来临？	[英]安东尼·史密斯 弗兰克·韦伯斯特

大学之道丛书

以学生为中心：当代本科教育改革之道	赵炬明
市场化的底限	[美]大卫·科伯
大学的理念	[英]亨利·纽曼
哈佛：谁说了算	[美]理查德·布瑞德利
麻省理工学院如何追求卓越	[美]查尔斯·维斯特

大学与市场的悖论	［美］罗杰·盖格
高等教育公司：营利性大学的崛起	［美］理查德·鲁克
公司文化中的大学：大学如何应对市场化压力	
	［美］埃里克·古尔德
美国高等教育质量认证与评估	
	［美］美国中部州高等教育委员会
现代大学及其图新	［美］谢尔顿·罗斯布莱特
美国文理学院的兴衰——凯尼恩学院纪实	［美］P.F.克鲁格
教育的终结：大学何以放弃了对人生意义的追求	
	［美］安东尼·T.克龙曼
大学的逻辑（第三版）	张维迎
我的科大十年（续集）	孔宪铎
高等教育理念	［英］罗纳德·巴尼特
美国现代大学的崛起	［美］劳伦斯·维赛
美国大学时代的学术自由	［美］沃特·梅兹格
美国高等教育通史	［美］亚瑟·科恩
美国高等教育史	［美］约翰·塞林
哈佛通识教育红皮书	哈佛委员会
高等教育何以为"高"——牛津导师制教学反思	
	［英］大卫·帕尔菲曼
印度理工学院的精英们	［印度］桑迪潘·德布
知识社会中的大学	［英］杰勒德·德兰迪
高等教育的未来：浮言、现实与市场风险	
	［美］弗兰克·纽曼等
后现代大学来临？	［英］安东尼·史密斯等
美国大学之魂	［美］乔治·M.马斯登
大学理念重审：与纽曼对话	［美］雅罗斯拉夫·帕利坎
学术部落及其领地——当代学术界生态揭秘（第二版）	
	［英］托尼·比彻 保罗·特罗勒尔
德国古典大学观及其对中国大学的影响（第二版）	陈洪捷
转变中的大学：传统、议题与前景	郭为藩
学术资本主义：政治、政策和创业型大学	
	［美］希拉·斯劳特 拉里·莱斯利
21世纪的大学	［美］詹姆斯·杜德斯达
美国公立大学的未来	
	［美］詹姆斯·杜德斯达 弗瑞斯·沃马克
东西象牙塔	孔宪铎
理性捍卫大学	眭依凡

学术规范与研究方法系列

如何为学术刊物撰稿（第三版）	［英］罗薇娜·莫瑞
如何查找文献（第二版）	［英］萨莉·拉姆齐
给研究生的学术建议（第二版）	［英］玛丽安·彼得 等
社会科学研究的基本规则（第四版）	［英］朱迪斯·贝尔
做好社会研究的10个关键	［英］马丁·丹斯考姆
如何写好科研项目申请书	［美］安德鲁·弗里德兰德等
教育研究方法（第六版）	［美］梅瑞迪斯·高尔等
高等教育研究：进展与方法	［英］马尔科姆·泰特
如何成为学术论文写作高手	［美］华乐丝
参加国际学术会议必须要做的那些事	［美］华乐丝
如何成为优秀的研究生	［美］布卢姆
结构方程模型及其应用	易丹辉 李静萍
学位论文写作与学术规范（第二版）	李 武 毛远逸 肖东发
生命科学论文写作指南	［加］白青云
法律实证研究方法（第二版）	白建军
传播学定性研究方法（第二版）	李 琨

21世纪高校教师职业发展读本

如何成为卓越的大学教师	［美］肯·贝恩
给大学新教员的建议	［美］罗伯特·博伊斯
如何提高学生学习质量	［英］迈克尔·普洛瑟等
学术界的生存智慧	［美］约翰·达利等
给研究生导师的建议（第2版）	［英］萨拉·德拉蒙特等
高校课程理论——大学教师必修课	黄福涛

21世纪教师教育系列教材·物理教育系列

中学物理教学设计	王 霞
中学物理微格教学教程（第三版）	张军朋 詹伟琴 王 恬
中学物理科学探究学习评价与案例	张军朋 许桂清
物理教学论	邢红军
中学物理教学法	邢红军
中学物理教学评价与案例分析	王建中 孟红娟
中学物理课程与教学论	张军朋 许桂清
物理学习心理学	张军朋
中学物理课程与教学设计	王 霞

21世纪教育科学系列教材·学科学习心理学系列

| 数学学习心理学（第三版） | 孔凡哲 |
| 语文学习心理学 | 董蓓菲 |

21世纪教师教育系列教材

青少年心理发展与教育	林洪新 郑淑杰
教育心理学（第二版）	李晓东
教育学基础	庞守兴
教育学	余文森 王 晞
教育研究方法	刘淑杰
教育心理学	王晓明
心理学导论	杨凤云
教育心理学概论	连 榕 罗丽芳
课程与教学论	李 允
教师专业发展导论	于胜刚
学校教育概论	李清雁
现代教育评价教程（第二版）	吴 钢
教师礼仪实务	刘 霄
家庭教育新论	闫旭蕾 杨 萍
中学班级管理	张宝书
教育职业道德	刘亭亭
教师心理健康	张怀春

现代教育技术	冯玲玉	中学各类作文评价指引	周小蓬
青少年发展与教育心理学	张清	中学语文名篇新讲	杨朴 杨旸
课程与教学论	李允	语文教师职业技能训练教程	韩世姣
课堂与教学艺术（第二版）	孙菊如 陈春荣		
教育学原理	靳淑梅 许红花		

21世纪教师教育系列教材·学科教学技能训练系列

教育心理学（融媒体版）	徐凯	新理念生物教学技能训练（第二版）	崔鸿
高中思想政治课程标准与教材分析	胡田庚 高鑫	新理念思想政治（品德）教学技能训练（第三版）	
			胡田庚 赵海山

21世纪教师教育系列教材·初等教育系列

小学教育学	田友谊	新理念地理教学技能训练（第二版）	李家清
小学教育学基础	张永明 曾碧	新理念化学教学技能训练（第二版）	王后雄
小学班级管理	张永明 宋彩琴	新理念数学教学技能训练	王光明
初等教育课程与教学论	罗祖兵		

王后雄教师教育系列教材

小学教育研究方法	王红艳	教育考试的理论与方法	王后雄
新理念小学数学教学论	刘京莉	化学教育测量与评价	王后雄
新理念小学音乐教学论（第二版）	吴跃跃	中学化学实验教学研究	王后雄
初中历史跨学科主题学习案例集	杜芳 陆优君	新理念化学教学诊断学	王后雄
青少年心理发展与教育	林洪新 郑淑杰		
名著导读12讲——初中语文整本书阅读指导手册	文贵良		

西方心理学名著译丛

| 小学融合教育概论 | 雷江华 袁维 | 儿童的人格形成及其培养 | ［奥地利］阿德勒 |
| | | 活出生命的意义 | ［奥地利］阿德勒 |

教师资格认定及师范类毕业生上岗考试辅导教材

		生活的科学	［奥地利］阿德勒
教育学	余文森 王晞	理解人生	［奥地利］阿德勒
教育心理学概论	连榕 罗丽芳	荣格心理学七讲	［美］卡尔文·霍尔
		系统心理学：绪论	［美］爱德华·铁钦纳

21世纪教师教育系列教材·学科教育心理学系列

		社会心理学导论	［美］威廉·麦独孤
语文教育心理学	董蓓菲	思维与语言	［俄］列夫·维果茨基
生物教育心理学	胡继飞	人类的学习	［美］爱德华·桑代克
		基础与应用心理学	［德］雨果·闵斯特伯格

21世纪教师教育系列教材·学科教学论系列

		记忆	［德］赫尔曼·艾宾浩斯
新理念化学教学论（第二版）	王后雄	实验心理学（上下册）	［美］伍德沃斯 施洛斯贝格
新理念科学教学论（第二版）	崔鸿 张海珠	格式塔心理学原理	［美］库尔特·考夫卡
新理念生物教学论（第二版）	崔鸿 郑晓慧		

21世纪教师教育系列教材·专业养成系列（赵国栋 主编）

新理念地理教学论（第三版）	李家清	微课与慕课设计初级教程	
新理念历史教学论（第二版）	杜芳	微课与慕课设计高级教程	
新理念思想政治（品德）教学论（第三版）	胡田庚	微课、翻转课堂和慕课设计实操教程	
新理念信息技术教学论（第二版）	吴军其	网络调查研究方法概论（第二版）	
新理念数学教学论	冯虹	PPT云课堂教学法	
新理念小学音乐教学论（第二版）	吴跃跃	快课教学法	

21世纪教师教育系列教材·语文教育系列

其他

语文文本解读实用教程	荣维东	三笔字楷书书法教程（第二版）	刘慧龙
语文课程教师专业技能训练	张学凯 刘丽丽	植物科学绘画——从入门到精通	孙英宝
语文课程与教学发展简史	武玉鹏 王从华 黄修志	艺术批评原理与写作（第二版）	王洪义
语文课程学与教的心理学基础	韩雪屏 王朝霞	学习科学导论	尚俊杰
语文课程名师名课案例分析	武玉鹏 郭治锋等	艺术素养通识课	王洪义
语用性质的语文课程与教学论	王元华		
语文课堂教学技能训练教程（第二版）	周小蓬		
中外母语教学策略	周小蓬		

博雅教学服务进校园

教辅申请说明

尊敬的老师：

您好！如果您需要北京大学出版社所出版教材的教辅课件资源，请抽出宝贵的时间完成下方信息表的填写。我们希望能通过这张小小的表格和您建立起联系，方便今后更多地开展交流。

教师姓名		学校名称		院系名称	
所属教研室		性别		职务	职称
QQ			微信		
手机（必填）			E-mail（必填）		
目前主要教学专业、科研领域方向					
希望我社提供何种教材的课件					
书　号		书　　名		教材用量（学期人数）	
978-7-301-					
您对北大社图书的意见和建议					

填表说明：

（1）填表信息直接关系课件申请，请您按实际情况**详尽、准确、字迹清晰**地填写。

（2）请您填好表格后，将表格内容拍照发到此邮箱：pupjfzx@163.com。咨询电话：010-62752864。咨询微信：北大社教服中心客服专号（微信号：pupjfzxkf，可直接扫描下方左侧二维码添加好友）。

（3）如您想了解更多北大版教材信息，可登录北京大学出版社网站：www.pup.cn，或关注北京大学出版社教学服务中心的官方微信公众号"北大博雅教研"（微信号：pupjfzx，可直接扫描下方右侧二维码关注公众号）。

北大社教服中心客服专号　　　　　"北大博雅教研"微信公众号